Maker & EDU 创客教育

"十三五"
国家重点图书出版规划项目

BBC micro:bit

中国电子学会现代教育技术分会策划
micro:bit 教育基金会联合推出



# 爱上micro:bit

## BBC 为中小学生编程设计的微电脑创客教育新利器

梁森山 谢作如 主编

▶创意·互联·编程

人民邮电出版社
北京

**图书在版编目（CIP）数据**

爱上micro:bit ：BBC为中小学生编程设计的微电脑创客教育新利器 / 梁森山，谢作如主编. -- 北京 ：人民邮电出版社，2018.10
（创客教育）
ISBN 978-7-115-49064-3

Ⅰ. ①爱… Ⅱ. ①梁… ②谢… Ⅲ. ①程序设计—青少年读物 Ⅳ. ①TP311.1-49

中国版本图书馆CIP数据核字(2018)第209676号

## 内 容 提 要

micro:bit 是一款专为 K12 阶段教育定制的学习工具，在帮助教师、学生快速入门方面，具有很多优势。micro:bit 既是一个能够表达创意的微型电脑，又是支持科学探究的数字检测工具；不仅能够驱动小车、制作机器人，也能够作为智能采集装置，设计酷炫的互动媒体作品。

本书共分为上、下两篇。上篇以 micro:bit 的基础应用为主，介绍如何用 MakeCode 和 Mixly 等图形化编程工具给 micro:bit 编程，也介绍了如何结合 Scratch 编写有趣的互动作品。下篇则介绍 micro:bit 的高级应用，如用 Arduino IDE 来编程，适合"怀旧"的创客；结合 Processing 做互动媒体，适合对科技艺术感兴趣的朋友；再如用 Python 来编写程序，适合高中教师入门，为高中新教材的教学打下基础。本书整理的附录部分也非常值得一读，其一是精选的 10 个跨学科 STEAM 教学案例；其二是 Python 语言基础，介绍了 micro:bit 的专用库函数。

不管是小学生、中学生、大学生，还是对创客活动感兴趣的教师、家长，所有对创客教育、STEAM 教育感兴趣的人都可以阅读本书。

希望这本书，能让你我一起爱上 micro:bit！

◆ 主　　编　梁森山　谢作如
　责任编辑　周　明
　责任印制　彭志环
◆ 人民邮电出版社出版发行　　北京市丰台区成寿寺路 11 号
　邮编　100164　　电子邮件　315@ptpress.com.cn
　网址　http://www.ptpress.com.cn

◆ 开本：690×970　1/16
　印张：16.5　　　　2018 年 10 月第 1 版
　字数：361 千字　　2018 年 10 月北京第 1 次印刷

定价：79.00 元

读者服务热线：(010)81055488　印装质量热线：(010)81055316
反盗版热线：(010)81055315
广告经营许可证：京东工商广登字 20170147 号

# 编 委 会

主编：梁森山、谢作如

编委：吴俊杰、周茂华、戴建浜、傅骞、管雪沨、曾祥潘

李旸、张敬云、秦赛玉、李琦、佘波、周源远

# 序 1

## 像micro:bit一样思考

我基本上不研究前沿技术，只研究成熟技术，但是我很关心采用了前沿技术的板子到我手里的时间。记得在micro:bit刚刚发布不久，谢作如老师就通过朋友搞到了两块micro:bit，从英国漂洋过海地来到了我在北京的家里。那是一个朴素的纸盒，里面填充着一些那种纸条堆积起来的填充物，看起来很像是一只小鸟的巢，里面有一个牛皮纸袋子，袋子的边缘用铝条固定，精致地折了起来。袋子只有信用卡大小，打开袋子以后，一块小小的micro:bit就走进了我的生活，这样，一走进就是两年。

那时候micro:bit的图形化界面还没有做好，10英镑，折合一百多元人民币的价格对我来说并不具备太大的吸引力，Arduino在网上也能找到十几元钱一块的，直到我明白了老外的玩法，我才觉得这个世界越来越有趣了。

首先，micro:bit有一个基金会做背后推广的工作，这个项目跟英国广播公司（BBC）有关，而英国广播公司曾经参与过一个传统的低成本的信息技术普及项目，就是OLPC项目——俗称100美元学生电脑项目。一连串的事情看来是有历史沿革的。micro:bit的设计、外形、定位具有天然的教育基因，设计足够克制，它只明显地提供几个连接导线夹子的接口，俗称“金手指”，方便任何年龄段的人，特别是孩子使用这个东西，也符合科学老师、计算机老师的使用习惯。金手指的设计配合表面的表情LED，使得micro:bit有一种天然的萌感。应本书主编梁森山的邀请，我做这篇序的时候，micro:bit的出货量上来就是一百万片，显然这些东西会在中国深圳制造，它的工艺很好，体现了一种电路裸板的天然的美感。micro:bit所用的主控芯片和Arduino的主控芯片是两家不同公司的产品，Atmel间接通过Arduino取得了开源硬件界头把交椅的位置，而其他人也看在眼里，讲了那么多年开源、社区的故事，怎么不会迎头赶上呢？只不过和Arduino的草根范儿不同，micro:bit从出生开始就含着ARM这把金勺子。micro:bit是一个天然的用软件生态来覆盖硬件生态的项目，微软有至少20个工程师来维护它的软件生态，包括蓝牙连接、手机App、在线编程系统等一系列的东西。micro:bit的运算能力足以在上面安装一个微型的操作系统，完成一个类似Windows一样的“你和微软共享一台电脑”的目的，它虽然是一款开源硬件，但是还有足够的想象空间。

好的，这就是我眼中的micro:bit，大家喜欢的micro:bit，适合入门教学的micro:bit，已经安排好全球生态的micro:bit。

在2017年暑假的第5届STEAM教育大会期间，老师们一起吃饭聊天，大家觉得需要一本micro:bit的零门槛、无痛入门书籍，于是大家你一言我一语，你说想写这个案例，我说应该加这样一个章节，并且推选梁森山担任这本micro:bit的书的主编。于是半年过去了，这本凝聚了我的学习过程和诸多体会的《爱上micro:bit》问世了，着实欣喜，书写得真好，我为共同参与这本书集体创作的其他作者感到由衷的自豪。不是么?有这样纯粹的有责任感和使命感，又有如此执行力的创客教育生态圈是多么难得啊。

一群人走得远，在我们看到micro:bit的故事的同时，也应该看到未来的各种趋势和可能性。我们是否能够学着像micro:bit一样去思考，或者像Arduino一样去思考，创造出一条具有中国特色的新路来呢? 谢作如老师2018年启动了一个面向中小学人工智能的一线教学开源硬件项目——“虚谷号”，管雪沨老师启动了一个低成本的Scratch传感器编程教学项目叫“掌控”，我也启动了一个基于激光切割的开源结构件项目——Laserblock，还有成都的张子红老师的开源传感器板项目、我还不太熟悉的“老张”的开源硬件漂流项目……它们都代表着一种来自实践者的勇气和最初的梦想。这本书的大部分作者同属一个共同的机构——中国电子学会现代教育技术分会，我相信这个融合了各种不忘初心的人的团队，能够抓住STEAM与创客教育赋予这个时代的机会，赢得挑战。

看完这本书，好像未来的路才刚刚开始呢? 好兴奋……那么，像micro:bit一样思考之后，你的独立的思考又是怎样的呢?

北京景山学校创客名师　吴俊杰

2018年5月

# 序 2

## 让更多的孩子爱上micro:bit

### 为什么选择micro:bit

早在2015年，我就听说过micro:bit，当时只知道BBC推出了一款帮助青少年学习编程的迷你电脑，也没有特别放在心上。应该是2016年12月吧，青树基金会的张昱女士给我寄了一块micro:bit，我随手测试了一下，结果被意外“惊艳”了。

2016年，正好是国内“创客教育”成为热词的时候，全国有很多地区出台创客教育方面的政策，建空间，做培训。创客教育越热，我却越焦虑，因为很多学校花了很大一笔资金建好一个“高大上”的创客空间后，就没有下文了。《中国教育报》批评说，在没有师资的情况下就大兴土木建创客空间的做法显然是错误的。但是，我们有什么办法吸引更多的教师加入创客教育的队伍?

我做过很多场教师培训。我常常说，给老师们培训再多的创客教育理论，还不如陪他们做一场工作坊。有了图形化编程软件ArduBlock、Mixly之后，Arduino的编程已经变得很简单。但由于种种原因，Arduino在Windows环境下安装驱动程序有时会不成功，下载程序也偶尔会失败，不够稳定。驱动难装、下载不稳定，对创客来说是小事，但对教师来说就是大问题了。记得有一次我在成都做培训，老师们的电脑都是自带的，我不得不请了好几位外援，才解决了帮老师装Arduino驱动程序的问题。

青树基金会是一家关注农村教育的基金会，一直希望能帮助农村学校开展创客教育。因为这个缘故，基金会执行人张昱女士和我联系得比较频繁。但是，在城镇学校推广Arduino尚且举步维艰，何况在农村学校。小规模试了几次，我感觉困难重重。基金会的合作伙伴——香港理工大学的Clifford Choy教授推荐了micro:bit。张昱想先让我们测试，就给我和吴俊杰分别寄了一套，这才有了前面说的“意外的惊艳”。

Arduino最初并不是为K12阶段的孩子设计的，难度还是偏高了点。和Arduino相比，micro:bit则是一款专为K12阶段教育定制的学习工具，在帮助教师、学生快速入门方面，具有很多优势。如，用虚拟磁盘的方式完成程序烧录（daplink技术），很完美地解决了驱动程序安装难的问题；微软开发的MakeCode环境，让大家通过浏览器就能编程，还支持仿真调试；板子上集成了常见的传感器，让教学更加方便等。

当然，micro:bit让我惊艳的理由还有一个，那就是它原生支持Python

（MicroPython）。新修订（2018年发布）的高中信息技术课程标准中，不仅增加了“开源硬件项目设计”模块，还在必需模块中提出要“知道信息系统与外部世界的连接方式，了解常见的传感与控制机制”。所以，全新编写的高中教材中都要加入开源硬件方面的内容。但是，高中教材的编程语言基本上采用Python，而Arduino使用的是C++，两种语言放在同一套教材中，那不是很怪异吗？micro:bit的出现，至少可以帮我化解这一尴尬。

虽然说micro:bit很好，很适合用于教学，但要普及推广，还需要解决两个问题。一是需要大量外围的电子模块，让现有的Arduino电子模块能够直接用于micro:bit。这个问题其实容易解决，只要说服DFrobot、Seeed Studio就可以了。二是需要离线版的编程工具，中国太大，学生太多，在线编程环境总让人不够放心。这个问题也很快得到了解决，“大神”张路提醒我，用几个命令就能搭一个本地MakeCode服务器。于是我写了一个教程，西安的向金老师提供服务器，做了MakeCode服务器的国内镜像。后来在Python IDE方面，DFrobot开发了BXY，盛思开发了MPython，这里不再具体介绍了。

2017年4月左右，我开始通过猫友汇、好好搭搭等微信群推广micro:bit。果不其然，这块板子得到很多人的喜爱，案例、教材层出不穷，很多创客企业乘势推出了基于micro:bit的周边设备。2017年10月，我代表中国电子学会现代教育技术分会和BBC的micro:bit教育基金会负责人Zach Shelby达成了战略合作协议，我、周茂华等任micro:bit中国大使，在各自的学校开设课程并编写教材。

### 为什么要写这本书

2016年8月，由中国电子学会现代教育技术分会主办的第五届中小学STEAM教育大会在蓬莱召开。我带着BBC的micro:bit基金会捐助的器材，做了一场micro:bit工作坊。会议休息期间，大家正围绕这块板子聊天，《无线电》主编房桦建议我们写一本名为《爱上micro:bit》的书，与之前《爱上制作》《爱上Arduino》之类的书籍相互呼应。

考虑到micro:bit方面的书籍资源还很少，我们欣然答应，并很快就确定了本书的定位和大纲。但是因为相应的资源匮乏，部分章节拖了后腿，加上大家对书稿的质量要求高，前前后后差不多用10个月时间才总算定稿。

在本书编写过程中，micro:bit的书逐步出版，和市场同类书籍比较，本书有几个特点：一是涉及的技术广，有MakeCode、Python、Scratch，还涉及Processing和Arduino。二是内容综合，涵盖了机器人、互动媒体、科学探究等。毫不夸张地说，这本书把micro:bit的价值挖得最深。在这本书里，micro:bit既是一个能够表达创意的微型电脑，又是支持科学探究的数字检测工具；不仅能够驱动小车、制作机器人，也能够作为智能采集装置，设计酷炫的互动媒体作品。三是写作团队强大，如Mixly部分是Mixly

团队负责人傅骞教授带着学生戴建浜亲自操刀，边改软件边写的。

希望这本书，能让你我一起爱上micro:bit！

## 本书的读者对象

所有对创客教育、STEAM教育感兴趣的人都可以阅读本书，不管是小学生、中学生、在校大学生，还是对创客活动感兴趣的教师、家长。当然，如果你学过Scratch编程，正想开始研究开源硬件，那就更应该看看这本书。本书具体的读者对象如下。

第一类：中小学生，可以在老师的指导下学习，也可以自学。但是，请别停止脚步，更精彩的开源硬件世界等你探索。

第二类：在校大学生。我希望非计算机专业的大学生学习本书，尤其希望将来从事技术教育的大学生学习本书，为你未来的岗位做点积极的准备。艺术专业的学生可以把本书当作开源硬件的入门书籍。

第三类：教师。正在从事技术课程教学或者综合实践活动课程教学的老师，这本书会给你带来新的教学思路。

第四类：家长。重视家庭教育、喜欢和孩子做点亲子项目的家长，可以对照这本书自学，无论是做一个互动游戏还是做一个实验装置，你的孩子都会对你刮目相看的。

第五类：入门级创客。毫无疑问，micro:bit是一款最简单、最容易上手的开源硬件，Arduino能完成的项目，micro:bit大都可以完成。

## 如何阅读本书

本书共分为上、下两篇。上篇以micro:bit的基础应用为主，介绍用MakeCode和Mixly等图形化编程工具给micro:bit编程，也介绍了如何结合Scratch编写有趣的互动作品，梁森山、戴建浜和周源远编写。下篇则介绍micro:bit的高级应用，如用Arduino IDE来编程，适合“怀旧”的创客；结合Processing做互动媒体，适合对科技艺术感兴趣的朋友；再如用Python来编写程序，适合高中教师入门，为高中新教材的教学打下基础；由梁森山、谢作如、周茂华、吴俊杰、李琦等编写。

因为本书涉及的技术广，所以大部分章节只是点到为止，不敢深入。读者完全可以跳过某些章节，直接选择自己感兴趣的内容。虽说是点到为止，但任何一个章节的内容，也足以开一门9课时左右的校本课程了。

本书整理的附录部分也非常值得一读。其一是精选的10个跨学科STEAM教学案例；其二是Python语言基础，介绍了micro:bit的专用库函数。

### 勘误和支持

这是目前国内关于micro:bit方面最综合的一本书，很多方面缺少参照资源，要一点一点去研究。因为涉及的方向较多，作者又分别来自全国各地，时间仓促，书中难免出现一些错误或者表述不准确的地方，恳请读者批评指正。欢迎发送邮件到xiezuoru@vip.qq.com，期待得到你们真挚的反馈。书中全部源文件和涉及的部分软件，可以在以下地址下载。

http://box.ptpress.com.cn/a/1/RC2018000025

### 关于虚谷计划

因为micro:bit易用，加上中国电子学会现代教育技术分会和猫友汇的推广，所以在普及方面，它很快就要追上Arduino了。有网友问，是不是小学就用micro:bit，初中用Arduino，高中用树莓派?

不，从micro:bit到Arduino，并非是换一块板子这么简单，编程语言的迁移就是最大的门槛，几乎要重新开始学习；而从Arduino到树莓派，又是一个全新的硬件体系。从micro:bit到Arduino，再到树莓派的学习路线是有问题的。

正如我一开始纠结于Arduino的技术门槛太高，却想不出好的解决方案一样，我们根本就没有想过要全新开发一块新的板子，忘了“不满是创新的源泉”这一至理名言。直到2017年11月在朋友提醒下，我才有了一个很好的解决方案：在micro:bit、Arduino和树莓派的基础上，全新设计一款为教育定制的开源硬件。这就是中国电子学会现代教育技术分会“虚谷计划”的由来，请大家耐心等待并积极参与这一开源项目。

### 最后的致谢

首先感谢BBC基金会的micro:bit团队，他们为青少年的教育设计了优秀的工具，让更多的孩子能够接触开源硬件，学习编程并设计有趣的智能作品，为创客教育的普及提供了可能。

感谢周茂华、管雪沨、秦赛玉、李旸、张敬云、余波、周源远、曾祥潘等老师，虽然大家各自工作繁忙，但都能按计划交稿。

感谢李琦和吴俊杰老师，他们完成了这本书中最精彩的部分——STEAM教学项目。张敬云同学还专门整理了附录“10个跨学科STEAM教学案例”。

感谢Mixly团队的傅骞教授和戴建浜同学，他们为了配合这本书的出版，特意加班加点升级Mixly，使其能够支持micro:bit。

感谢青树基金会的张昱女士，是她最早为我们提供了micro:bit，让我们知道有这么一款优秀的开源硬件，创客教育的大家族中多了一款利器。

特别感谢DFrobot、盛思等创客企业对micro:bit的支持，它们的工程师为micro:bit的周边生态做了很多工作，现在micro:bit通过各种扩展板，能够正常使用绝大多数电子模块了。

最后感谢周俊豪、梁一茁、谢集3位小朋友，他（她）们不仅见证了这本书从无到有的过程，还参与了部分案例的设计。正因为孩子们对micro:bit的喜欢，我们才有动力去写这本书。

温州中学特级教师、教育部综合实践活动课程指导纲要研制项目组成员　谢作如

2018.6.16

# 目 录

## 上 篇

## 基于 MakeCode、Mixly、Scratch 的图形化编程

# 下 篇

## 基于 Arduino、Processing、Python 的 STEAM 项目学习

# 上篇

## 基于 MakeCode、Mixly、Scratch 的图形化编程

# 1 初面 micro:bit

从小听爸爸妈妈讲故事，在学校里和同学聊天，老师每天在教室里讲课，外出与小伙伴聚会，和好朋友说悄悄话……这些日常交流，都需要语言，对此我们习以为常，不以为奇。

可是我们该怎样与电脑交流呢？毕竟电脑又听不懂我们说的话。

你也许听说过编程，没错，程序就是我们与电脑交流的语言，只不过用的媒介不是声音，而是代码和指令，告诉电脑我们的想法、我们想做什么、我们想要什么。

图 1-1　初面 micro:bit

看到图1-1里长着两只小眼睛的板子了吗？它有一个很不错的名字，叫作micro:bit，来自英国，是英国的一家叫BBC的公司联合了其他好多高科技公司，专门为中小学生学习编程而特意设计的。Micro在英文里是“微”“小”的意思；bit是binary digit（二进制数字）的缩写，是表示信息的最小单位，音译为“比特”。micro:bit合在一起，中文名就叫它“小比特”吧，当然你也可以另给它取个你喜欢的名字。其实micro:bit，也就是“小比特”，是一个微型的电脑，看看图1-1里的样子，是不是还有点小可爱呢？让我们一起来认识这位新朋友吧。

再来仔细观察一下micro:bit正面，中间有5×5共25个小点点，每个小点都是一个小小的LED（发光二极管），可以认为这是小比特的显示器，虽然很小，但是它的原理和电脑显示器、液晶电视机的原理是一样的。5×5 LED点阵屏两边放置了两个按钮，为了区分，分别给它们贴个标签，一个叫A，另一个叫B，相当于电脑的键盘。当然啦，只有两个按钮，跟电脑键盘比，少是少了点，但“麻雀虽小，五脏俱全”，一样可以鼓捣出精彩的玩法。

背面的电路比较复杂，现在先不介绍，你在后续的课程和项目中会陆续学到、用到。

初次见面，希望你会“爱上micro:bit”——这位“小比特”同学。

## 1.1 开箱即用

最简易版的micro:bit纸袋包装内有3件宝贝，一件是我们的小可爱micro:bit板子，一件是电池盒，还有一件是USB线，如图1-2所示。

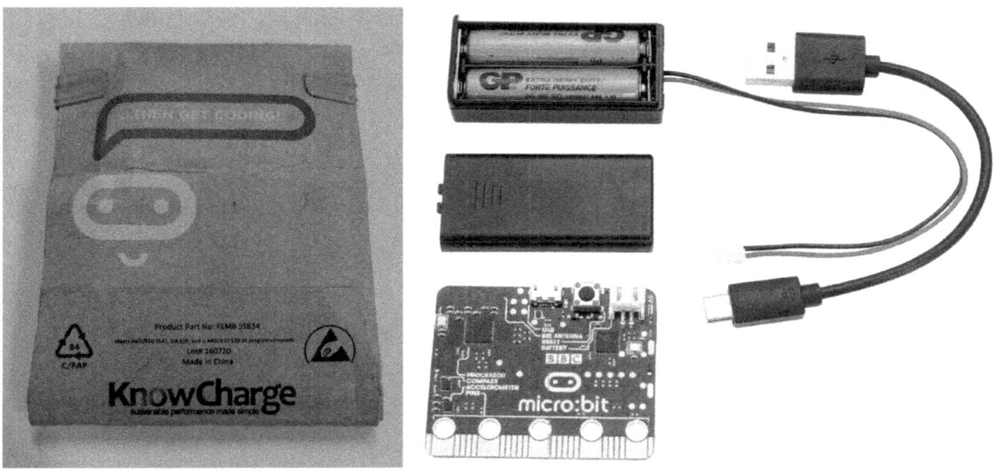


图 1-2　纸袋包装和里面的 micro:bit 套件

电池盒我们会在后续的课程里用到，现在我们只用micro:bit板子和USB线就可以了，按照图1-3所示，用USB线的小头端连接micro:bit板子，大头端插入电脑的USB口。

图 1-3　用 USB 线连接 micro:bit 和电脑

## 1.2　发现U盘

电脑会提示发现新硬件，然后进入自动安装驱动程序的步骤，稍等一两分钟，会提示新硬件已经安装完毕，可以使用了。这时，电脑会出现一个名为“micro:bit”的U盘图标，在Windows系统的电脑里能看到图1-4所示的盘符，表明micro:bit已经做好准备，随时待命了。

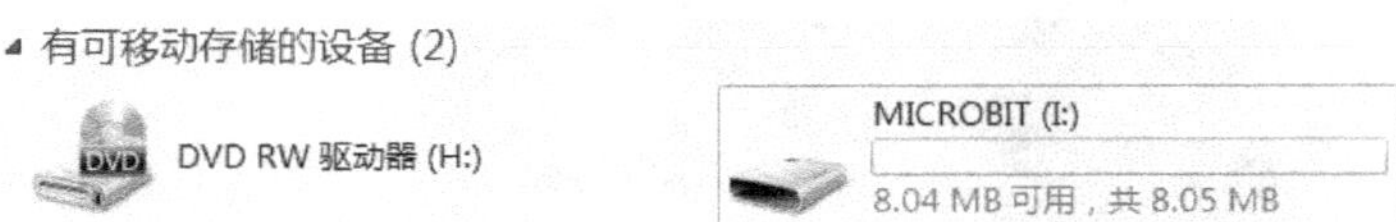


图 1-4　发现 U 盘

双击U盘图标，进入U盘存储空间，会发现“DETAILS.TXT”和“MICROBIT.HTM”两个文件，如图1-5所示。

图 1-5　U 盘里的内容

双击其中的“MICROBIT.HTM”文件，会在网页浏览器里打开一个网页，在网络正常的情况下，你会看到图1-6所示的网站。网页上的小伙伴是英国的朋友，他们也在使用micro:bit学习编程，而且已经把好多创意用micro:bit实现了，还发现了不少好的玩法，是不是越来越期待了呢？好吧，让我们快点用鼠标单击图1-6上方的“Let's Code”链接。

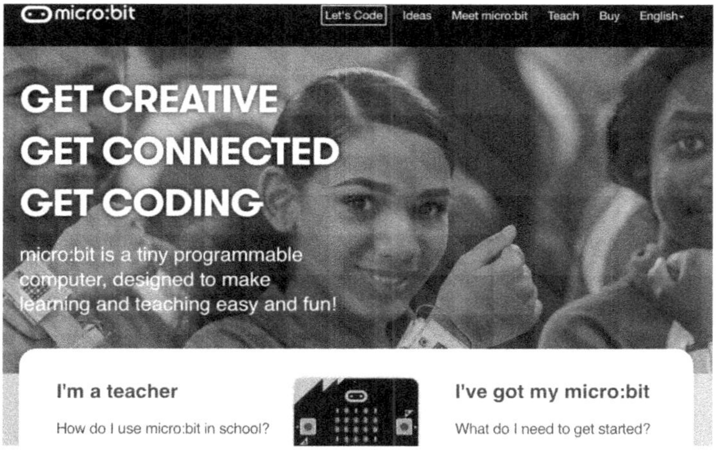


图 1-6　micro:bit 官方网站

浏览器会转入新的界面，找到图1-7所在的位置，再次用鼠标单击“Let's Code”链接。

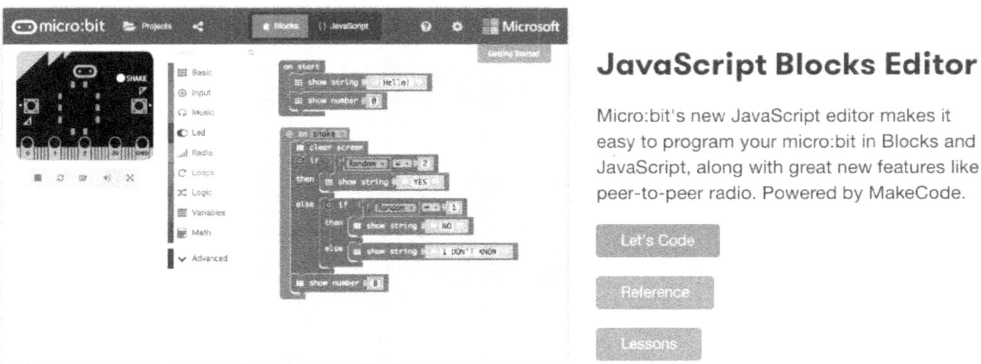


图 1-7　选择编程

会有一段micro:bit小眼睛的Loading（读取）过程，然后快速进入真正的编程界面，如图1-8所示。看看左侧的图案，是不是又见到micro:bit小比特了呢？真正的编程要开始啦!

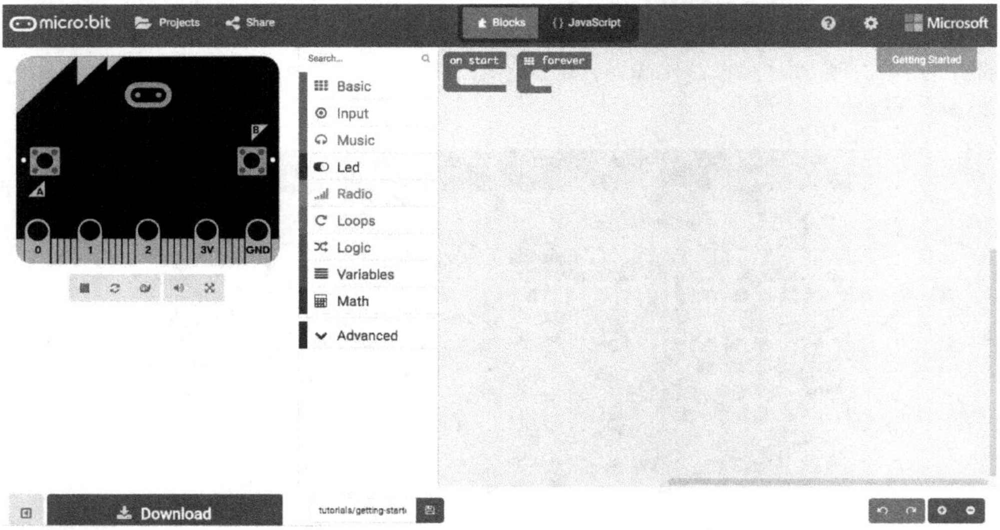


图 1-8 MakeCode 图形化编程界面

上面的步骤很琐碎，是为了让大家快速上手，后续可以直接通过micro:bit官网的MakeCode网页进入编程界面。

## 补充阅读：界面简介

图1-8可以分成左、中、右3个部分。

左侧是“仿真区”，micro:bit图案实际上是个模拟器，用来快速预览micro:bit程序的运行效果，没有micro:bit板子的同学，可以先在模拟器上试运行你的代码，等有了硬件的时候再下载到板子上。

中间竖列是编程模块区，简称“模块区”，BBC的工程师把micro:bit板子上的功能分成一个个小的可编程模块，有些像乐高积木，是编程最基本的元素，需要什么功能就在模块区查找，拖动到右侧的编程区即可。

右侧是编程区，也叫“代码区”，是放置编程代码的区域，通过组合不同的代码，告诉micro:bit该怎样做，以实现我们的想法和创意。

## 1.3 Hello micro:bit

细心的同学肯定已经发现，当micro:bit通过USB线连接电脑到之后，小比特就在不停地“变脸”，5×5的LED点阵屏上一直有画面在闪动，喜欢动手的同学肯定也偷偷地按下了A按钮或B按钮，而且LED点阵屏也会有响应。这是因为在micro:bit出厂的时候，就内置了一个小的游戏实例，希望你能喜欢。

怎么样，酷酷的小游戏，是不是引发了你的好奇心呢?

心动不如行动，让我们开始我们的编程之旅吧！

那就先跟micro:bit打个招呼吧。怎样才能做到呢? micro:bit听不懂我们的语言，它能听懂的语言是“代码”，这其实也没什么高深的，下面我们通过一个具体例子，一步一步了解并掌握如何编写代码。

首先用鼠标单击“模块区”的“Basic”按钮，会显示图1-9所示的界面，将鼠标指针移动光标到“show string“Hello!””，用鼠标左键按住图标并拖动到编程区内的“on start”框内，松开鼠标。把鼠标指针指向“Hello!”，将其改成“Hello micro:bit！”这样就实现了类似电影序幕的功能，程序会在正式“放映”之前播放序幕和欢迎信息。

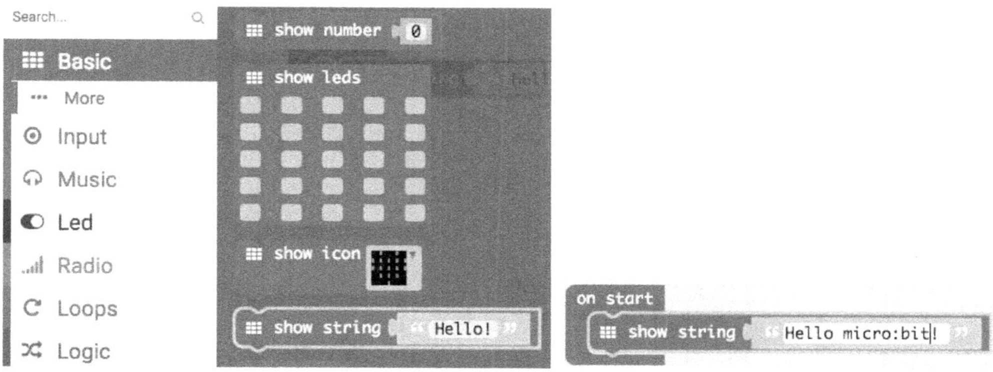


图 1-9　放映“Hello microbit！”

接下来，再回到“Basic”选项，跟上面的操作一样，这次选中“show leds”按住鼠标左键拖动到“forever”框内，如图1-10所示，在“show leds”上的小方块上用鼠标左键单击，绘制图案，是不是很像个笑脸?

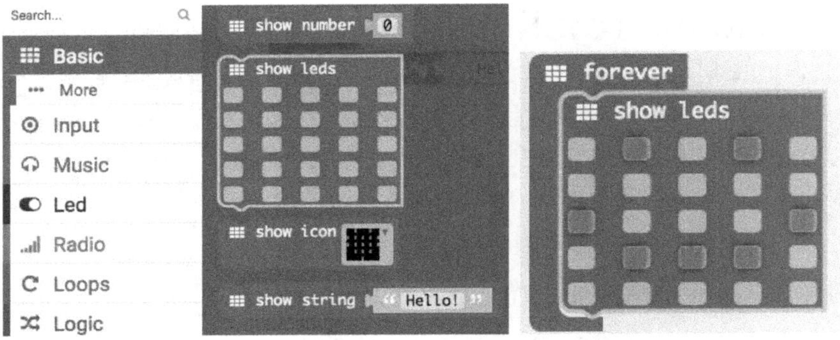


图 1-10　显示笑脸

上述操作完成后，左侧的micro:bit模拟器会显示程序的运行效果，如图1-11所示。

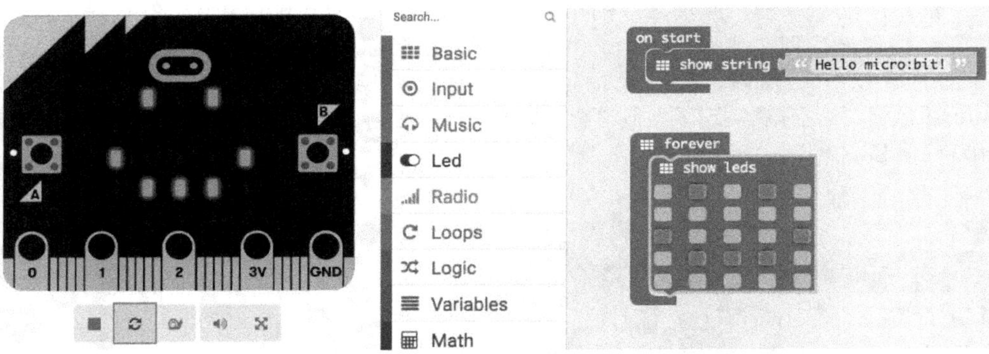


图 1-11　模拟运行效果

## 1.4　下载程序

在上面的操作过程中，同学们应该已经看到micro:bit模拟器的运行效果，但真实的运行情况如何，我们需要把代码下载到micro:bit板子里才知道。单击左下角的"Download"按钮，如图1-12所示。

图 1-12　"Download"下载程序

Mac系统会弹出"存储为"对话框，单击"存储"按钮，如图1-13所示；Windows系统会弹出"另存为"对话框，单击"保存"按钮。

图 1-13　存储到 micro:bit 所在的 U 盘

你会看到micro:bit背面的LED指示灯会不停地快速闪烁，表明程序正在下载。下载完成后，micro:bit会自动运行代码，效果如图1-14所示，先是滚动显示"Hello micro:bit！"字符串，最后停止在我们设计的"笑脸"图案上。

好了，我们的第一个作品就完成了！是不是很好玩呢？是的，编程就是如此简单！接下来，如果对自己的作品还算满意，可以单击"仿真区"上方的"Share"图标，会生成一个网络链接，可以把今天的成果分享给你的好朋友。

## 补充阅读：美颜贴

裸露的LED的发光效果有些刺眼，不宜长期注视，你能不能想个好办法，解决这个问题呢？三年级（5）班的一茁同学就想到了一个不错的主意，把妈妈日常用的便签纸裁剪成一个micro:bit点阵屏大小的贴纸，给micro:bit定制了一个专用美颜贴，敷在micro:bit的屏幕上，图1-14所示就是贴了美颜贴之后的效果，是不是看起来好多了呢？后续一茁同学又测试了几种透明不干胶的贴纸，效果各不相同，可以做出不同的美颜效果，表达不一样的心情。为了方便大家，一茁同学还开了一个"micro:bit美颜贴"淘宝店，有兴趣的同学可以去店里逛逛哦，说不定有惊喜呢。

图 1-14　美颜后的 micro:bit 笑脸

**补充阅读：实体编程**

最初的电脑代码比较抽象，工程师开发了专门与电脑打交道的“机器码”；后来为了便于记忆，又发明了一套助记符，就是人们常说的“汇编语言”；再后来人们陆续发明了C、C++、Python等语言，为了提高与电脑沟通的效率，提出“面向对象”的编程思想和方法。在软件的世界里，“对象”是一个一个“虚拟的”可编程功能模块，而我们的micro:bit的可编程功能模块，每一个模块都对应一个相应的“实体”，不再是纯“虚拟的”，可以认为代码就是实物，实体就是代码，虚和实通过编程和代码关联在一起，在这个层次上，我们把micro:bit的这种编程方式称为“面向实体的编程”，简称“实体编程”。

类似micro:bit实体编程的这类语言越来越多，像知名的Scratch、Blockly等都可以看作实体编程语言，都能够导通“虚实”（虚拟与实体）和“软硬”（软件与硬件）。千万不要以为实体编程就是逗小孩的玩意，好看不中用，Google实验室推出的图形化编程软件App Inventor很可能是未来移动编程的重要发展方向。

## 1.5　学习资源

micro:bit是BBC专为英国推动STEM教育而开发、设计的装备载体，主要聚焦在K12阶段的编程与信息技术课程，BBC为此联合ARM、微软研究院、英国兰卡斯特大学等众多公司和机构，共同推出了配套的课程资源，特别是线上的学习社区。自从2016年3月在英国免费发放micro:bit以来，microbit.org 官方网站的访问量已达1300万，编码模拟器运行次数将近1000万，编译次数达200万。这里对已有的、相对成体系的课程资源做一个简单的汇编，以供各位老师和同学们参考、学习、甄别。

### 1.5.1 micro:bit官网

mirco:bit官网上提供了超过200个项目实例和最简易的入门课程，涵盖各个应用场景。为了增加micro:bit的娱乐性，BBC在英国推出了直播课堂“Doctor Who and microbit”，以及“机器人替代教师”系列专题视频，将micro:bit与当下最热门的机器人OhBot、Marty、Ottobock、Pepper、Meccanoid等结合。

### 1.5.2 微软MakeCode

微软MakeCode团队专门为micro:bit开发了BlocksEditor在线图形化编程平台，并结合设计思维编写了14周的入门课程。课程面向6~8年级（11~14岁）的学生，帮助他们更好地理解信息技术的概念，通过动手制作实现创新、创造。课程对在校教授“入门信息技术科学”的老师也可提供借鉴。

| 入门课程 | |
|---|---|
| Beautiful Image | 用LED显示美丽的图样 |
| Lucky 7 | 在 LED 屏幕上显示数字 |
| Answering Machine | 使用字符串显示文字信息 |
| Game of Chance | 学习用按键作字符串控制 |
| Smiley | 学习用按键作笑脸图形转换 |
| Magic Logo | 学习用加速度传感器去作向上、向下图形控制 |
| Snowflake Fall | 用无线循环制作动画 |
| Screen Wipe | 用按键清除屏幕图案 |
| Flashing Heart | 有暂停控制的图形显示 |
| Blink | 用坐标控制LED |
| Night Light | 用亮度参数去控制LED的亮度 |
| Game Counter | 做一个计分器 |
| Happy Birthday | 播放熟悉的歌曲 |

| 中阶课程 | |
|---|---|
| Magic 8 | 学习用状况控制制作简单游戏 |
| Guess the Number | 学习随机挑选数字 |
| Counter | 学习使用变量去控制及记录 |
| Love Meter | 利用手指触控去产生一个爱的传感器 |
| Rock Paper Scissors | 利用状况控制去制作一个剪刀、石头、布的游戏 |
| Truth or Dare | 制作一个“真心话大冒险”的转盘装置 |
| Spinner | 学习用摇动传感器制作控制 |
| Die Roll | 学习用摇动传感器制作一个骰子 |
| Looper | 学习使用序列循环 |
| Strobe Light | 利用巢状循环去显示图案 |
| Temperature | 学习使用温度传感器 |
| Digi Yoyo | 进阶循环控制及变量控制 |
| Rotation Animation | 学习使用布尔值制作循环控制 |
| Compass | 制作一个指南针 |
| Zoomer | 利用加速传感器制作一个力量感测装置 |
| Glowing Pendulum | 利用加速传感器制作一个摆锤装置 |
| Classic Beatbox | 制作一个简单音调发生装置 |
| Light Beatbox | 随音调产生不同亮度 |

| 创客级课程 | |
|---|---|
| The Watch | 制作一个手表 |
| Hack your Headphones | 做个黑客专案，黑掉你的耳机 |
| Banana Keyboard | 用水果来产生音乐 |
| Telegraph | 来玩个电报游戏 |
| Ornament Chain | 来玩个电报传递游戏 |
| Hero | 做个传统的《吃豆人》游戏 |

### 1.5.3 国内资源

国内STEAM与创客教育等科创类教育领域，受多方政策及利好消息的影响，正在形成对micro:bit的研究热潮，校内校外共同关注基于micro:bit的课程、培训和赛事活动，形成了线上线下联动的机制，共同推进了micro:bit的传播。

目前由中国电子学会现代教育技术分会牵头主编的图书有《爱上micro:bit》。

另有单行本的《micro:bit入门指南》和《MicroPython入门指南》，都是不错的参考书。

网络资源也慢慢多起来。DF创客社区是国内最活跃、最高产的创客社区之一，除了沉淀优质教程内容，还有多位老师在平台上分享了micro:bit的使用体验。

| | |
|---|---|
| **前言** | **2** |
| **自动下载程序到micro:bit** | **3** |
| **第一课：开始使用micro:bit** | **5** |
| **第二课：学会数数** | **11** |
| **第三课：屏幕橡皮擦** | **15** |
| **第四课：聪明的micro:bit** | **18** |
| **第五课：智能夜灯** | **21** |
| **第六课：温度计** | **23** |
| **第七课：指南针** | **26** |
| **第八课：骰子游戏** | **31** |
| **第九课：手表** | **36** |
| **第十课：状态指示器** | **39** |
| **第十一课：电报机** | **42** |
| **第十二课：计分器** | **45** |
| **第十三课：智能闹钟** | **47** |
| **第十四课：探究加速度（物理体验课）** | **50** |
| **第十五课：萤火虫（生物体验课）** | **53** |

图 1-15 向金老师的 micro:bit 开源教程

吴俊杰老师还组织了micro:bit的漂流活动，分享的两节公开课已经选录到本书第5章。指尖新空间的向金老师开发了micro:bit教程（含视频），课程内容如图1-15所示。国内micropython网络社区也聚集了大量的学习资源，社区负责人是一个MicroPython和micro:bit爱好者，社区本着开放、公益的原则在2016年还众筹了国内的第一个本土化micro:bit版本newbit。社区以推广和交流MicroPython/micro:bit为主要目的，分为文档和固件、MicroPython编程、micro:bit、开源与DIY等多个版块。社区以最新技术介绍、学习交流、作品展示为主，汇集了众多的技术专家和爱好者，是学习、交流 MicroPython/micro:bit的场所。

## 1.6 创客爸爸

micro:bit适合在学校或者在家自学。一方面，我们期待学校能够以micro:bit为契机，带动micro:bit与学科教学的日常结合，也希望它能够跟中小学的信息技术课程匹配起来。为了孩子的未来，为了给孩子更好的教育，那么作为家长，特别是爸爸，我们能为孩子的成长做些什么呢?

也许你不是教育工作者，但是对于编程，特别是编程背后的数学技能与逻辑思维，你一定能给孩子帮助。哪个父母不乐于见到孩子“从创意到实现”的过程呢? 那就做孩子的编程小助手吧!

希望本书能够带着你和孩子一起“爱上micro:bit”，让你扮演一回创客爸爸。

本章的案例实际上是主编在家教自己三年级女儿的入门教程，图1-14中给micro:bit配做的美颜贴，就是女儿的创意。

除了老师和学校统一组织的教学活动，micro:bit同样可以用来自学，因为micro:bit把学习的门槛降到了足够低的程度，现有的大部分课程资源，实际上也非常适合自学。不过还有个小小的前提条件，你需要购买一套micro:bit套件，目前micro:bit已经公开发售，而且价格适中。

图1-16所示是micro:bit官网的中英文界面对比，micro:bit追求“创意”，在micro:bit官网首页宣传栏里，依次排列着“创意”“编程”“互联”，把创意摆在了第一位，体现micro:bit对未来教育的理解，也是家长对孩子未来教育的期许和诉求。

图 1-16 创意 · 编程 · 互联

## 1.7 再识micro:bit

你一定好奇，怎么突然冒出一个micro:bit？这一节让我们一起捋一捋，micro:bit的前世今生。

有人把micro:bit追溯到1981年BBC推出的微型电脑BBC micro，也许并不为过。但BBC推出micro:bit的直接动因，则是2014年英国的课程改革。从2014年9月开始，英国用编程与计算科学（Code and Computing Science，CCS）课程取代了原本课程标准中的信息和通信技术（Information and Communication

Technology，ICT）课程。新的课程包含电脑科学、信息技术、数字素养3个方面。

2015年3月，针对CCS课程设计的micro:bit初步定型，主板上嵌有5×5共25个可编程的红色LED、2个按钮、5个I/O扩展环，还包括一个运动传感器和蓝牙接口，板子大小为4cm×5cm，接上电池可以独立工作。

2015年7月，BBC正式对外发布了micro:bit，并把micro:bit定位在微型电脑，通过免费发放的形式，向数百万英国在校学生推出编程学习课程，这被视为BBC推出的“最雄心勃勃的教育计划”。由于量产过程中的种种原因，实际上直到2016年3月，BBC才正式向初一年级新入学的学生发放micro:bit板子，同年6月，完成全年级80%发放进度，7月份开始登陆element14、微软线上商店等零售网络。

2016年10月，micro:bit发起者BBC宣布成立micro:bit教育基金会（MEF），BBC给予基金会独立性，负责全球范围内的技术支持和课程支持。

BBC不是一个人在战斗，而是联合29家公司和机构共同打磨出micro:bit，其中包括多家全球顶级科技公司，如图1-17所示。基金会CEO Zach Shelby表示：“micro:bit是BBC这30年来寄予期望值最高的教育项目。在20世纪80年代，BBC micro微型电脑将整个英国带入电脑时代，而这一次，BBC将通过与29个组织的合作，将编程教育推广到更多国家。”

图 1-17　micro:bit 生态图

时至今日，micro:bit已在英国等地推行了一年多，它的用户体验如何？BBC试图通过micro:bit编程学习推动STEM教育的目标能否实现？为此，来自伦敦国王学院的学者，在对英国15所学校的在校师生进行面对面访谈后，发布了一篇专业研究报告《酷炫地创造——小学生们对BBC micro:bit的使用体验》（*"Creating cool stuff" - Pupils' experience of the BBC micro:bit*）。

研究主要聚焦在用户感知、设备使用中可能的障碍和促进因素、配套资源利用情况，以及在泛学科（多学科、跨学科融合）应用4个方面。结果发现，装备（硬件）的可触摸性（实体感知性）对于激发学生兴趣，帮助学生理解编程和电子产品制作方面起着相当重要的作用。研究表明，90%的学生认同"任何人都可以用micro:bit进行编程"；86%的学生和85%的老师认为micro:bit让CCS课程变得更加有趣；80%的使用者认为编程并没有想象中那么困难；愿意将电脑列入在校学习课程的学生比例由36%提高至45%，其中，愿意将电脑列入在校学习课程的女生比例由23%提高至39%。

在跨学科应用方面，除了将micro:bit应用于STEM（科学、技术、工程、数学）教育四大学科，有很多老师在艺术（STEAM教育）、纺织、体育课上进行尝试：将LED缝制在衣服上，增加录音模块辅助语言学习中的发音矫正，在体育课上利用加速度计进行跑步数据追踪……

micro:bit是否将取代Arduino在创客教育领域的地位？显然，现在下结论还为时过早，但与Arduino相比，micro:bit具有免安装驱动、电子模块集成度高、支持时下最热门的多种编程语言等多项优势，节省了教学资源成本，同时大大增加了可玩性和扩展空间。这里引用DF社区的一个对比表格（见表1-1）来说明两者的差别。

表1-1 micro:bit与Arduino UNO的对比

| | micro:bit | Arduino UNO |
|---|---|---|
| 适合人群 | 学生（小学以上）与爱好者 | 学生（高中以上）与爱好者 |
| 处理器 | 32位ARM Cortex M0 | ATmega328P |
| 尺寸 | 43mm × 52mm | 53mm × 69mm |
| 编程环境 | 在线编程工具+本地编程工具 | 本地编程工具（Arduino IDE） |
| 编程语言 | 图形化编程工具、Micro Python、Scratch | C、C++ |
| 板载元件 | I/O信号口、蓝牙、加速度计、电子罗盘、可编程按钮、LED点阵屏 | I/O信号口 |
| 连接外部设备 | 鳄鱼夹、扩展板 | 跳线、扩展板 |
| 兼容电压 | 3V | 3~5V |

除了Arduino，micro:bit还招致了与 Raspberry Pi（树莓派）的比较（见图1-18）。《Electronics Weekly》的作者Steve Bush"非常粗略地"用"micro:bit

等同于教育性的嵌入式电脑，而Raspberry Pi等同于教育性的台式电脑”的说法区分了两者。比如，Raspberry Pi 可以直接与键盘、鼠标和显示器连接，但micro:bit没有这样的硬件接口；为了让它得以编程，就必须得连接到一台主机（可能是 Raspberry Pi）或智能手机上。

也许，micro:bit被定义为一个互补的设备，而非Raspberry Pi、Arduino和Galileo的竞争者更合适。

目前国内安创空间、DF创客社区、中国电子学会现代教育技术分会已率先加入micro:bit的全球生态体系建设。其中中国电子学会现代教育技术分会是唯一入选的非营利生态合作伙伴，推选谢作如、吴俊杰、余波和周茂华4位核心委员作为micro:bit在国内的推广大使，并在全国遴选3所学校作为micro:bit的试点校，目前入选的温州中学、深圳第二高级中学、武汉育才第二小学已经分别在小学、初中、高中阶段开始教学实践。MEF与中国电子学会现代教育技术分会的生态合作是全方位的，本书及规划中的系列丛书也是合作的一部分，后续还会共同组织专门针对中国的micro:bit课程开发、师资培训和全国性的赛事活动。

希望这一章的讲解，能够带你无痛进入micro:bit的精彩世界，后续章节会有更多精彩、好玩的项目。爱上micro:bit，让我们边走边玩。

图 1-18　树莓派 Zero（上）、micro:bit（下左）与 Arduino UNO（下右）

# 2 Mixly 米思齐

## 2.1 认识Mixly

Mixly(米思齐)是北京师范大学米思齐创客教育团队基于Google的图形化编程引擎Blockly开发的一套开源软件，本书的所有操作对应的是Mixly 0.998版本，该版本支持JavaScript和MicroPython两种脚本语言。MicroPython是Python语言的子集，继承了Python语言的主要特性，本书以MicroPython为脚本语言，其语法与Python 3.0以上版本相似。

### 2.1.1 下载安装

最新版本的Mixly可以从其官方网站下载，有Windows和Mac版本，如图2-1所示。软件为绿色版，不需安装，自行下载并解压缩后即可使用。其中Windows 系统的用户只能使用Windows 7及以上版本，Mac版需预装Java环境。

图 2-1　下载 Mixly 软件

下载、解压缩之后的Mixly文件夹内容如图2-2所示。

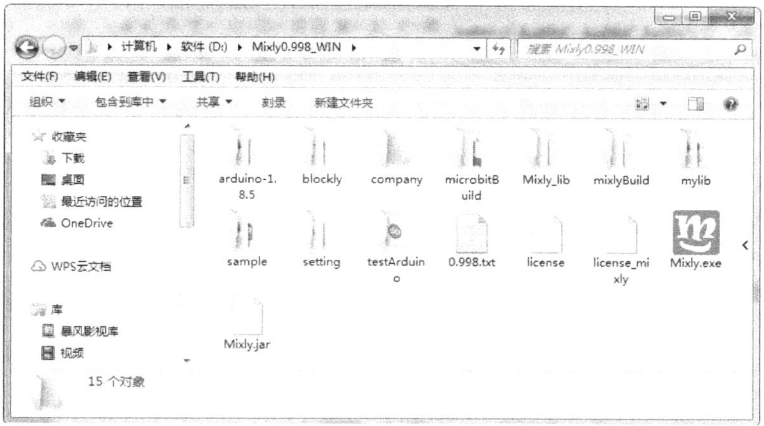


图 2-2 Mixly 文件夹

其中各个文件和文件夹的功能如下。

- Arduino-1.8.5：Arduino官方的程序开发工具，支持文本编程。
- Blockly：Mixly软件中支持图形化编程的主要代码。
- Company：第三方公司开发的图形块。
- microbitBuild：micro:bit图形块相对应的代码。
- Mixly_lib：Mixly依赖的一些Java库文件。
- mixlyBuild：Arduino编译的目录。
- mylib：Mixly的扩展库，导入软件的扩展库将被存放在该文件夹内。扩展库是指预先写好的程序文件，主要用于简化代码和扩展功能。
- Sample：系统自带的例程序，可以在Mixly软件中通过“打开”命令打开。
- Setting：系统配置文件。
- test Arduino：系统临时文件。
- Mixly.jar：Mixly程序，Mac版本双击该文件即可运行Mixly软件。
- Mixly.exe：Mixly软件的启动程序，Windows各版本双击该文件即可运行Mixly软件。

### 2.1.2 连接硬件

用USB线将micro:bit主控板和电脑连接，电脑会自动安装驱动程序，并在“我的电脑”里生成一个新的U盘盘符。因为Mixly自带串口监视的功能，所以我们还要下载、安装Mbed串口驱动程序mbedWinSerial，Mac系统无需安装。在前面解压好的Mixly 文件夹里找到Mixly.exe，双击运行，出现如图2-3所示的界面，此时我们需要单击下拉框

，选择正确的板卡型号Microbit[py]，再选择正确的串口号

（不同电脑显示的串口号可能不同）。

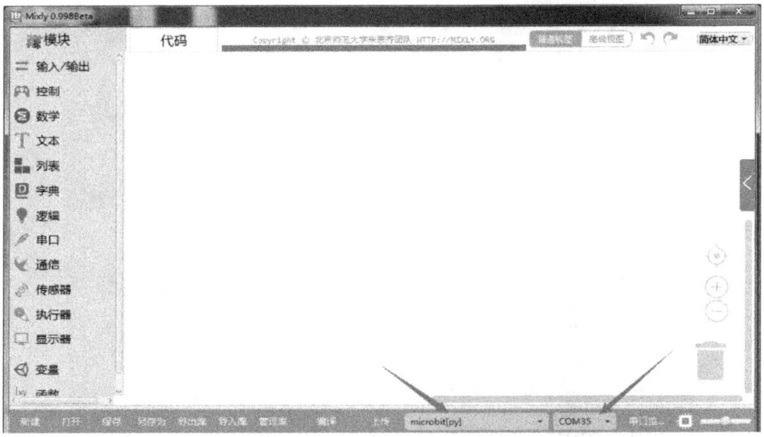


图 2-3　板卡、串口设置界面

## 2.2 多彩显示

在micro:bit主控板的正面（按钮A、B朝上）有一个5×5的LED点阵屏，可以显示数字、字母、符号和小图案，编写不同程序，可以显示出多种意想不到的效果。

### 2.2.1 简单任务

程序是电脑执行的一组代码指令。在Mixly软件中，我们将以拖曳代码块的方式快速生成这样的代码指令，这些代码指令经过电脑编译后将转成micro:bit主控板可以执行的代码。在图2-4中，左侧的图形化代码块与右侧的文本代码是对应的。单击屏幕右侧的“<”或“>”即可开启或关闭“代码同步”视图。

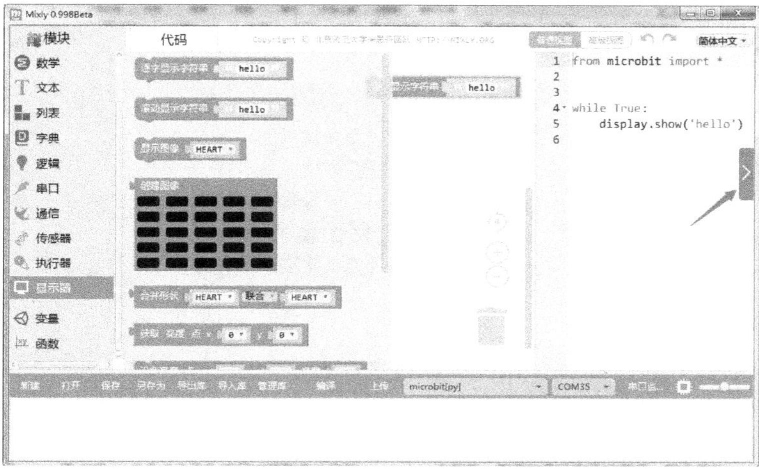

图 2-4　代码同步界面

拖动左边“显示器”模块中的“显示图像”和“创建图像”图形块到视图，使用鼠标左键逐一点亮如图2-5所示的LED，亮度有10个等级，由自己定义，最终形成一个大写的字母“M”。单击“上传”就可以把程序上传到micro:bit主控板，程序如果没有语法错误，则会在左下角显示“上传成功”（见图2-6），此时micro:bit主控板会自动识别并立即执行该程序。

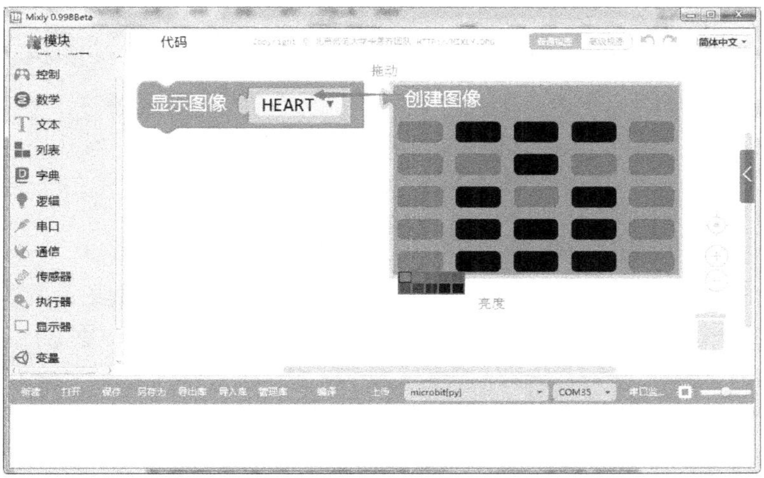

图 2-5　绘制大写的“M”

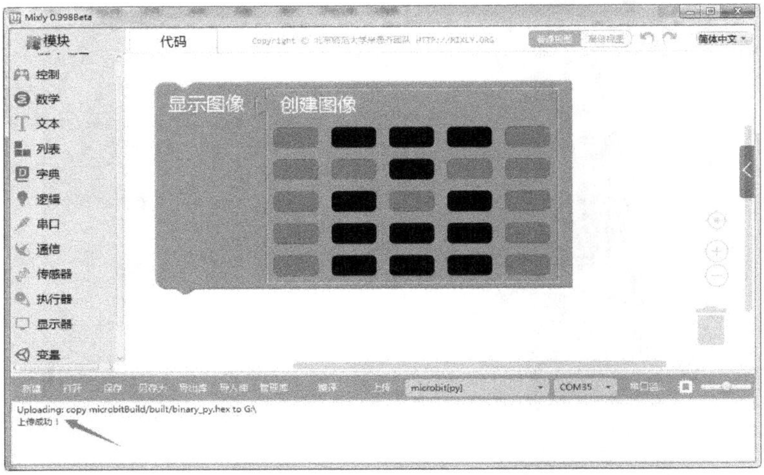


图 2-6　上传成功

这时我们就可以在micro:bit主控板5×5的LED点阵屏上看到一个红色的“M”。那么，新的问题来了，如果我们要显示的字符不止一个，要怎么办呢？不要着急，我们还有另外一个专门显示字符串的图形块，下面我们就用 显示器 模块下的“逐字显示字符串”图形块让micro:bit主控板向米思齐打个招呼吧！

把“显示图像”图形块快速向左拖进模块区或直接拖入删除，再拖出“逐字显示字符串”图形块，输入“hello Mixly”，如图2-7所示，单击“上传”（记住，每次程序有变动都要重新上传）。上传成功后我们就可以看到“hello Mixly”这个字符串“一个字接着一个字”地出现在屏幕上。

图 2-7　显示字符串

单击“逐字”右边的下拉三角形，选择“滚动”，其他保持不变，如图2-8所示，单击“上传”。上传成功后，我们发现这个字符串以“滚动”的形式显示了。

图 2-8　显示字符串

在 显示器 模块下并没有单独的“显示数字”图形块，如果要显示数字，还是要用到“逐字显示字符串”图形块，比如我们要滚动显示“123”，可以如图2-9所示。

图 2-9 以字符串形式显示数字

在上面的这个例子中，从严格意义上来说，“123”直接被当作字符串处理了。我们也可以通过把数字强制转换成字符串的形式来显示数字。在“数字”模块中找到数字图形块 0，在“文本”模块中找到转字符串图形块 转字符串 0，拖到“滚动显示字符串”图形块中，如图2-10所示。

图 2-10 把数字强制转换成字符串显示

你可以尝试直接把 123 接在“滚动显示字符串”图形块中，发现是接不上去的，这说明在Mixly中，不同的图形块在连接时要求数据类型要匹配，不匹配是接不上去的，这样可以避免一些不必要的错误。数字和字符串是不同的数据类型，在混合使用时要进行强制类型转换。

图像类型是MicroPython中有别于数字和字符串的另外一个重要类型，前面例子中显示的大写“M”是一个图像类型，我们可以通过 显示器 模块下的“显示图像”图形块显示软件内置的几个图像，如图2-11所示。

图 2-11 显示“心”形

图2-11所示程序显示的是一个心形图案，单击右边的下拉三角形，可以看到有“HAPPY、SMILE、YES”等内置图像，大家一起来试一试吧。

在欣赏漂亮图案的同时，我们可能会想能不能显示中文呢？答案是否定的，你可以试着在“逐字显示字符串”图形块中输入一个汉字，上传成功后在屏幕上观察显示的效果，出现的是一些我们看不懂的符号。但是，我们可以通过手绘的形式来显示一些简单的汉字，比如显示“开”，如图2-12所示。

图 2-12　显示汉字“开”

除此之外，我们还可以通过模块下的图形块点亮指定LED点阵屏指定坐标上的LED。让micro:bit主控板的LED和标志朝上，25个LED的坐标如图2-13所示，如我们可以用点亮第二列第三行的LED，其中亮度有0~9十个数可选，“0”为熄灭，“9”为最亮。

(0，0) (1，0) (2，0) (3，0) (4，0)
(0，1) (1，1) (2，1) (3，1) (4，1)
(0，2) (1，2) (2，2) (3，2) (4，2)
(0，3) (1，3) (2，3) (3，3) (4，3)
(0，4) (1，4) (2，4) (3，4) (4，4)

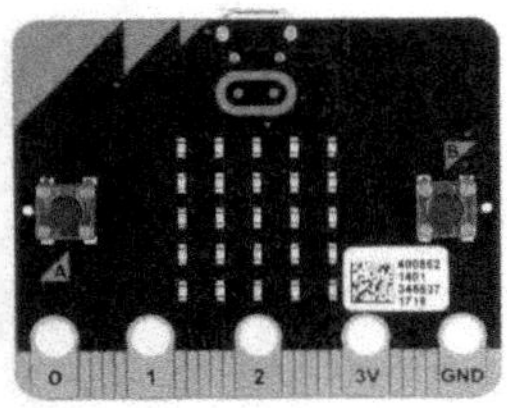


图 2-13　LED 点阵屏坐标

在这一小节，我们接触到的LED是最常见的输出设备，输出设备是将内存中主板处理后的信息以能为人或其他设备接受的形式输出的设备。在micro:bit主控板中，输出有数字输出和模拟输出之分，如图2-14所示。

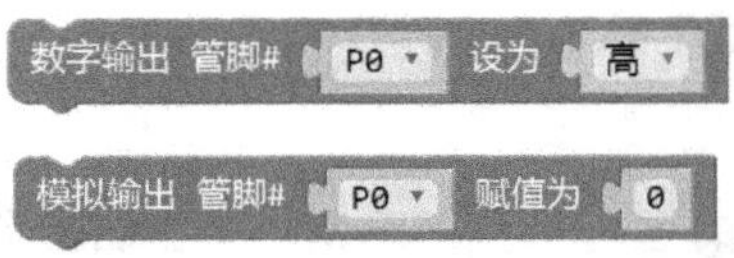


图 2-14　数字输出和模拟输出

“数字输出”输出的是高电平（1）或低电平（0）;“模拟输出”通过脉宽调制(PWM)技术来控制LED的明亮度。在刚才这个例子中，我们用图形块来控制单个LED的亮度，比如我们设置（1，2）、（2，2）、（3，2）三个LED的亮度分别为1、4、9，形成明显的渐变效果，如图2-15所示。

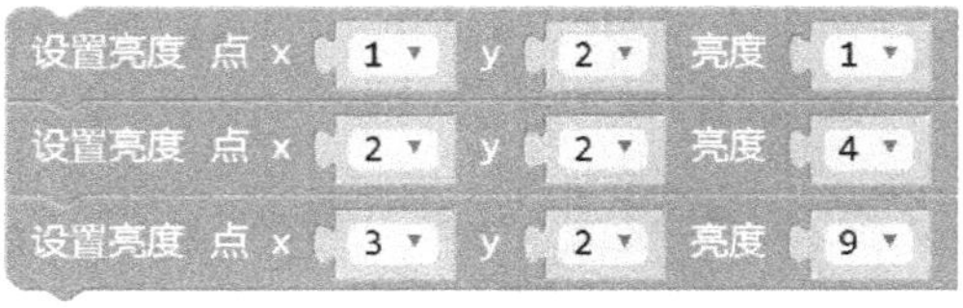


图 2-15　设置 LED 的亮度

**扩展阅读：脉冲宽度调制（PWM）**

PWM 是一项通过数字方法来获得模拟量的技术。数字控制形成一个方波，方波信号只有开、关两种状态（也就是我们数字管脚的高电平和低电平）。通过控制开与关所持续时间的比值就能模拟到一个 0~5V 变化的电压。高电平所占用的时间就叫作脉冲宽度，所以 PWM 也叫作脉冲宽度调制。

### 2.2.2　心跳感觉

有了上面的初次体验，你心里有没有一点小小的激动呢？在生活中每个人都体会过心跳的感觉，下面我们就用 micro:bit 来模拟一下心脏跳动。这次我们为了让两个图形在切换时有所间隔，需要用到一个新的图案——延时图形块，它在 控制 模块下，如图 2-16 所示。

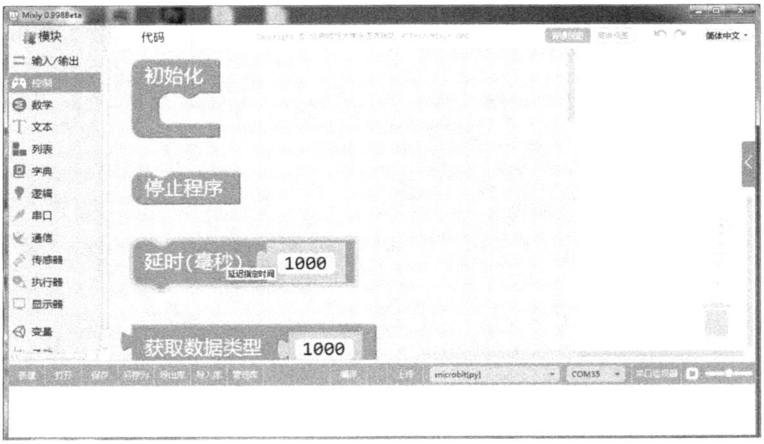


图 2-16　延时图形块

此处的“延时”可以理解为“冻结”“暂停”的意思，即“在这段时间内，保持之前指令造成的状态，不做任何改变”。图 2-17 所示的代码在“延时”指令之前，点亮了“大”心脏的 LED，那么在执行“延时”的这 500 毫秒内，LED 将保持“点亮”的状态，相当于主控板被“冻结”，不再执行其他代码。待延时过后再点亮“小”心脏的LED，又延时500毫秒。

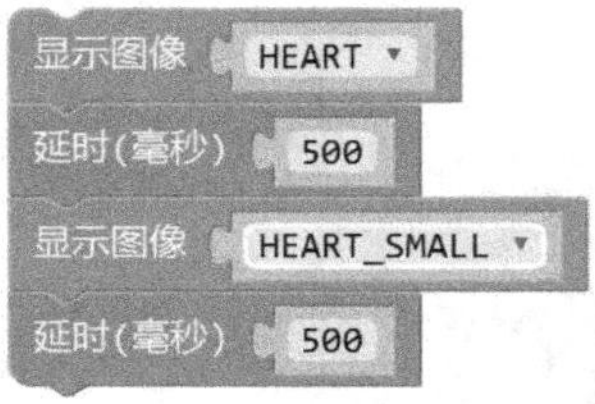


图 2-17　心跳感觉

当然，我们还有更直观的编程办法，如图2-18所示。

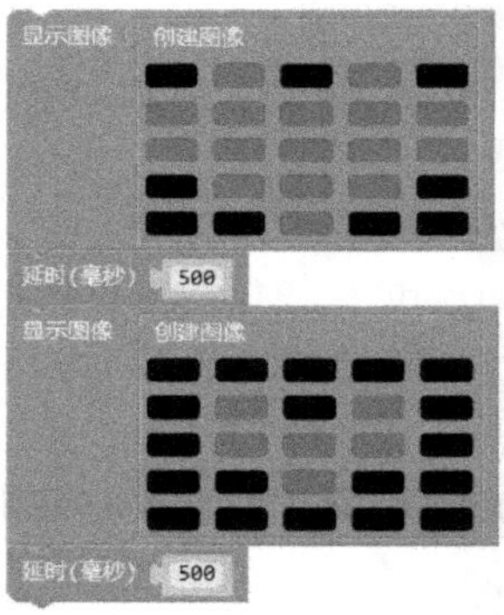


图 2-18　心跳感觉的另外一种编程方法

观察上面这个案例的执行效果，我们会发现一大一小心脏一直在跳动。但为什么是“一直”在跳动呢？程序代码明明只有4句话，大小心脏却一直在循环切换。因为程序外面有一个“死循环”（见图2-19），这样可以确保我们编写的程序被不断地重复执行。

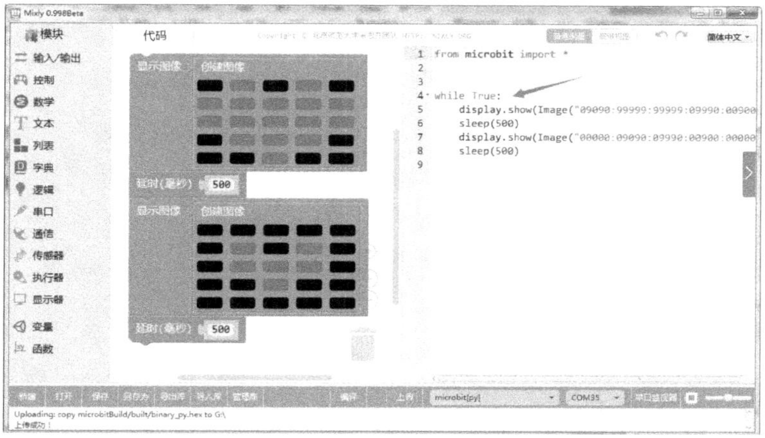


图 2-19　心跳感觉

**扩展阅读：死循环**

打开右边的代码窗口你就会发现，程序自动在代码外面加进了一个while True循环，在这个循环内的所有程序将会重复不断地执行（称作“死循环”），直到电源关闭或上传新的程序。换句话说就是，你以后放在代码窗口里面的任何代码，如果没有进行特殊设置，程序默认是不断重复执行的。

### 2.2.3　计时秒表

运动会百米赛跑的起跑线上，裁判对着秒表喊：“3，2，1，跑……”这是我们在运动会上最常见的一幕。下面我们就模拟这个过程，给裁判制作一个倒计时秒表，秒表上的数字从3开始倒计时到1，当运动员看到“GO”时，就可以起跑了。

前面我们刚说过，如果没有进行特殊设置，程序默认是不断重复执行的。但在这个程序中，我们又不希望程序一直重复执行，只想让这个程序执行一次，不然就得重新倒计时了。这时候就得把程序放在初始化图形块里，如图2-20所示。初始化图形块里的程序在主板每次通电或复位后执行一次，之后就不再执行。这个图形块可以在控制模块下找到。

图 2-20　倒计时秒表程序

假设我现在要写一个从9或者更大的数开始倒计时的程序，采用以上同样的方法会显得很不简洁，有没有更好的办法呢？肯定有。

我们首先定义一个变量，并用这个变量来存储数字的初始值9，这个图形块可以在 变量 模块中找到。在MicroPython中，变量无需声明，可以直接赋值。我们一般把变量赋初值的操作放在初始化里，如图2-21所示。

图 2-21　赋值变量

相对于变量来说，常量就是一个不变的量，比如图2-21中的数字9。

**扩展阅读：常量与变量**

变量不但可以用来表示数据的值或内容，也可以用来存放不同的数据，就像日常生活中的盒子。现实中的盒子有不同类型，如放食物的盒子、放工具的盒子等，这就是变量类型的概念；同时盒子里的东西会随着需要而变化，这也是它被称为变量的原因。你必须给变量起个名字(叫作变量名)，Mixly支持中文的变量名，变量的数据类型由后面的值决定。

变量有了初值以后，我们就可以让程序每间隔1秒，给变量的值减1，减完后再显示出来，如图2-22所示。

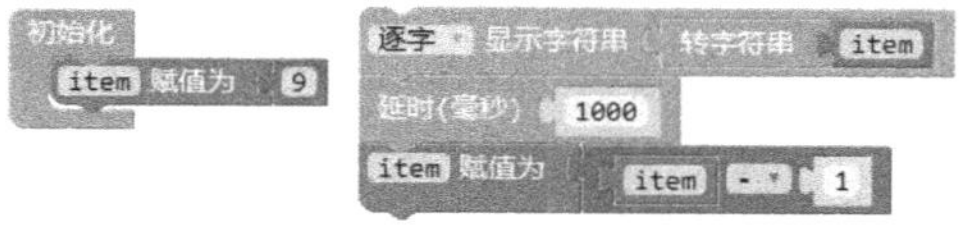


图 2-22　简化的倒计时程序

上面这个程序先显示变量item的数值9，然后间隔一秒，变量item的值减少1，程序循环执行，继续显示数字8……这个程序虽然能满足我们的要求，但是新的问题出现了：当item的值为0时并不能停下来，会继续变成-1、-2、-3……这并不是我们想看到的，怎么办？

我们可以用一个“选择结构”来解决这个问题。

到目前为止，我们介绍的例子程序都是逐条书写、从上往下依次逐条执行的。这种结构被称为顺序结构，顺序结构是最简单的程序结构，它和选择结构、循环结构是组成程序的3种基本结构。选择结构的代码块为 ，在 控制 模块下。选择结构是依照是否满足条件来决定是否执行特定指令的控制结构，即“如果……就……”，当关系表达式的值为“真”时，执行“语句体”；选择语句的另外一种变式是“如果……就……，否则……”，当关系表达式的值为“真”时，执行“语句体1”，否则执行“语句体2”，如图2-23所示。

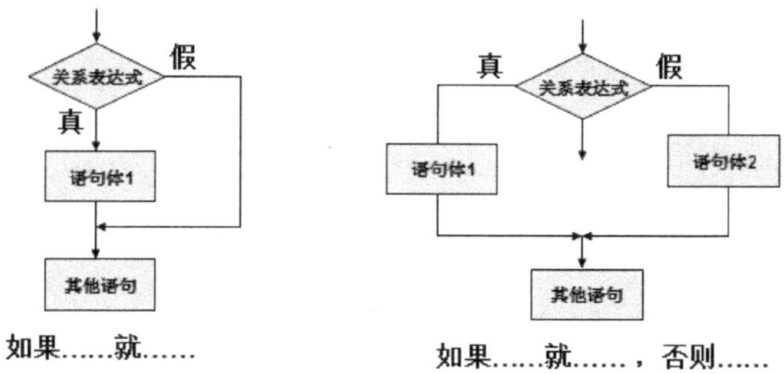


图 2-23　选择结构流程图

运用选择结构修改刚才的程序，从“逻辑”模块中拖出 比较图形块，从“控制”模块中拖出 停止程序 图形块，当item等于0时，比较运算符返回值为真，执行“停止程序”，如图2-24所示。

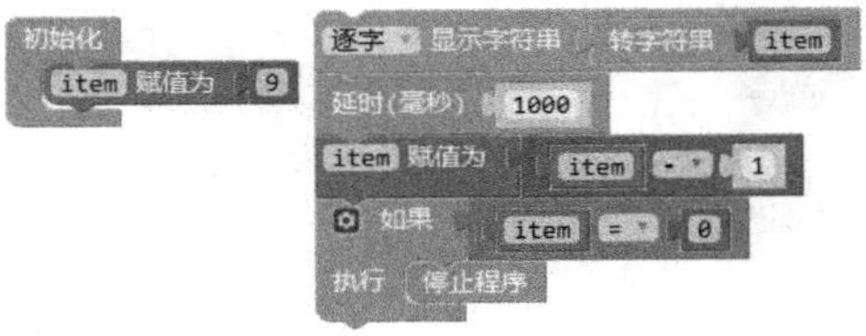


图 2-24　完整的倒计时程序

## 扩展阅读：数学运算符和逻辑运算符

数学运算符是用来进行加、减、乘、除的符号，它们的图形块是深蓝色的，这些图形块返回的结果是整型或浮点型。比较运算符是用来比较两个数大小的符号，它们的图形块是浅蓝色的，这些图形块返回的结果是布尔型，即真或假。

### 2.2.4　箭头动画

在日常生活中，为了指示方向，我们经常会看到形形色色的箭头，比如某些十字路口的红绿灯，有几个指向不同方向的箭头。在Mixly中，我们可以很轻松地做出一个箭头来，从“显示器”模块下找到，拖到编辑区，单击下拉三角形，就可以看到8个不同方向的箭头，如图2-25所示。

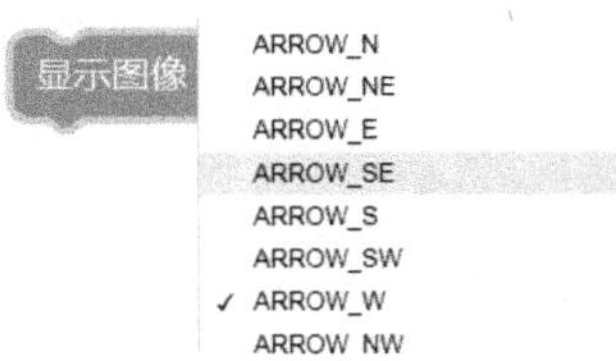


图 2-25　显示箭头

选择“ARROW_W”后上传，观察效果。这个方法虽然简单，但制作出来的箭头是静止的，我们想要给箭头添加动画效果，让箭头动起来，不断向它指示的方向移动。这要求用到Mixly的高级功能，请大家单击右上角的高级视图，然后拖出“显示器”模块下的图形块到编辑区（见图2-26）。

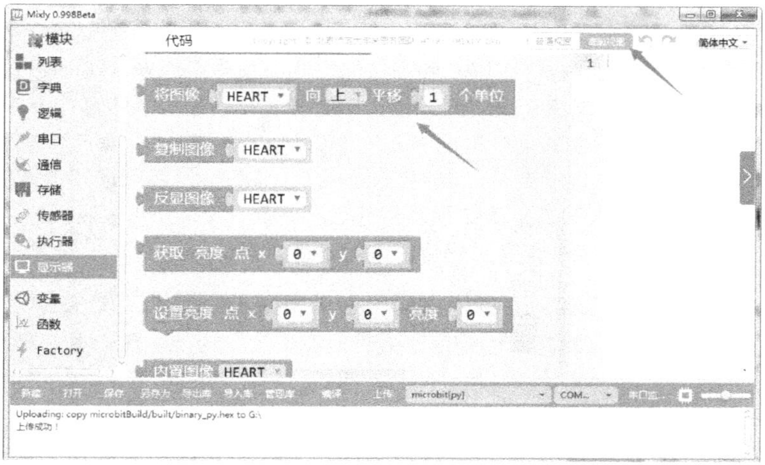


图 2-26　高级视图的图像平移功能

这个图形块的功能是把图像向指定的方向移动若干个单位，如果值为负数则往反方向移动。我们设定一个位移的整数变量x，让x间隔一定的时间增加或减少，根据人的视觉暂留特性，就会出现动画效果。在图2-27所示的程序中，我们先定义一个图像变量item为向西的箭头，程序一开始就让这个箭头平移-5个单位，也就是向东移5个单位，刚好消失在屏幕外；然后每间隔200毫秒，让变量x的值加1，每循环一次，箭头往西方向移动一步；当x等于5时，箭头移出屏幕外，程序从头开始。怎么样？你也试试看吧。

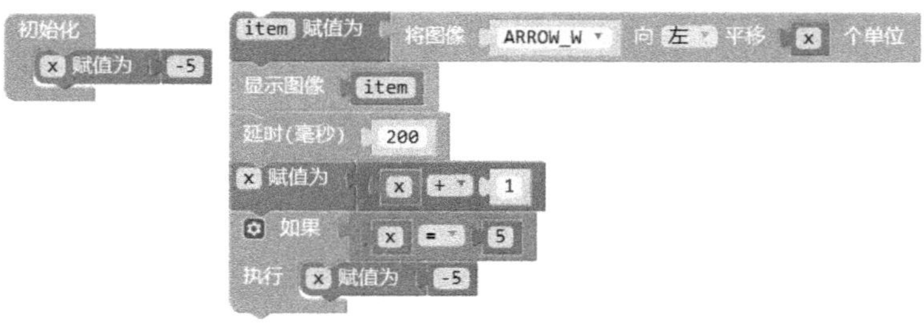


图 2-27　箭头动画程序

## 扩展阅读：视觉暂留

所谓视觉暂留就是人在看到一个物体后，即使该物体快速消失，也还是会在眼中留下一定时间的持续影像，如果在这个时间段内下一个图像马上出现，就会给人一种连续的感觉。动画就是根据这个特性做出来的。

### 2.2.5 呼吸灯

什么？灯也会像我们一样呼吸吗？呼吸灯的“呼吸”是指灯光在micro:bit控制之下完成由暗到亮、再由亮到暗逐渐变化的过程，感觉像是在呼吸。呼吸灯广泛应用于手机、无线路由器之上，比如当你的手机里面有未处理的通知，或者未接来电、未查收的短信时，呼吸灯就会由暗到亮进行变化，像呼吸一样那么有节奏，起到通知提醒的作用。我们现在要编写程序完成如下的实验效果：程序上传后，micro:bit主控板最中间的LED慢慢变亮，再慢慢变暗，如此反复，好像人呼吸一样。

改变灯的亮度，我们用LED的模拟输出工具，为了让LED慢慢变亮，我们要使LED的亮度值慢慢变大。要实现这个功能，我们虽然可以用类似前面“倒计时程序”的写法来写，但这边有一种新的、更简便的做法，就是使用循环结构。循环结构与顺序结构、选择结构是组成程序的3种基本结构。在很多情况下，程序需要重复执行一个程序段，这种结构被称为循环结构，这个被重复执行的程序段被称为循环体（见图2-28）。这个图形块在模块下可以找到。

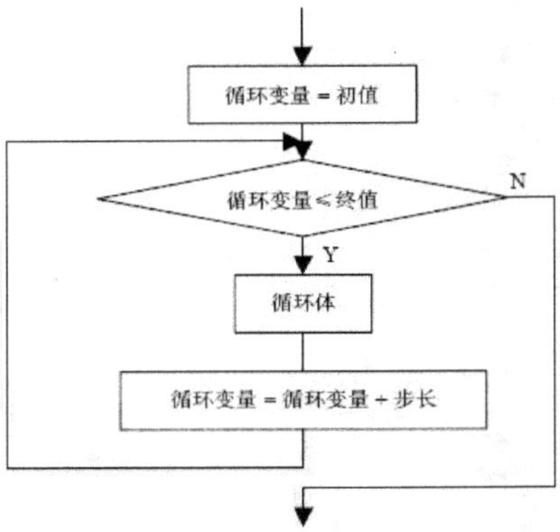


图 2-28　循环结构流程图

下面这个程序由两个循环结构组成，是循环结构，i是循环变量，在这边代表亮度，i的值会从初值0开始，一直按每一次步长为“1”增加，一直增加到终值9。而里面的这个循环体也会被执行10次。反之，循环结构则是让亮度i的值从初值9按每一次步长为“－ 1”减少，直到等于0。为了让效果更明显，我们在两个循环体内各加一个50毫秒的延时，改变这个值可以看到呼吸灯的呼吸速度随之改变（见图2-29）。

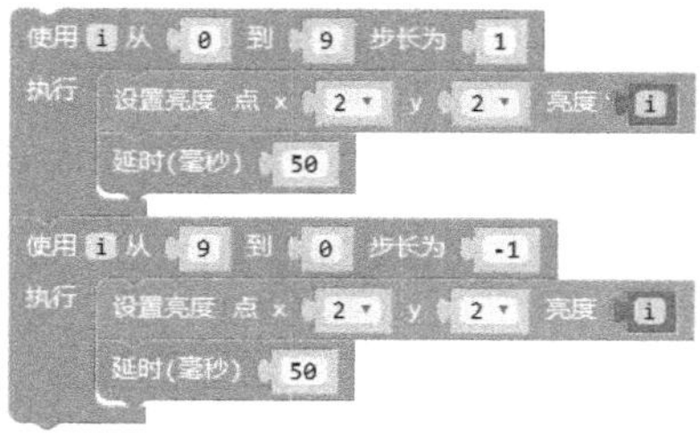


图 2-29　单个点的呼吸灯效果

上面是LED点阵屏上坐标为（2，2）的LED的呼吸灯效果，我们可以把这部分代码转换成函数，在我们需要时随时调用。函数是预先定义的功能模块（由代码组成），编写函数的目的是一次性编写好程序后可以重复使用它，提高程序的重用性和可读性，从而减少重复编写程序的工作量。函数要先定义才能使用，我们可以从“函数”模块中拖出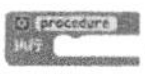，修改函数名为“呼吸灯”，单击左上角的小齿轮，拖入3个变量，分别命名为x、y、延时，再次单击小齿轮隐藏，如图2-30所示。

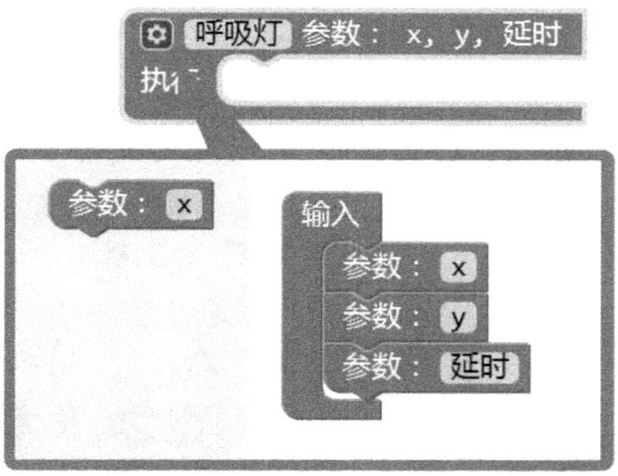


图 2-30　定义函数

将呼吸灯的代码块拖入函数内，并从“变量”模块中拖出x、y、延时3个图形块替换到图2-31右侧所示的位置，再从“函数”模块中拖出“执行呼吸灯”调用函数图形块，从“数学”模块中拖出生成随机整数图形块，接在调用函数的x、y后面，如图2-31左侧所示修改相应参数，这样一个很酷的呼吸灯就做好了，赶紧试一试吧。

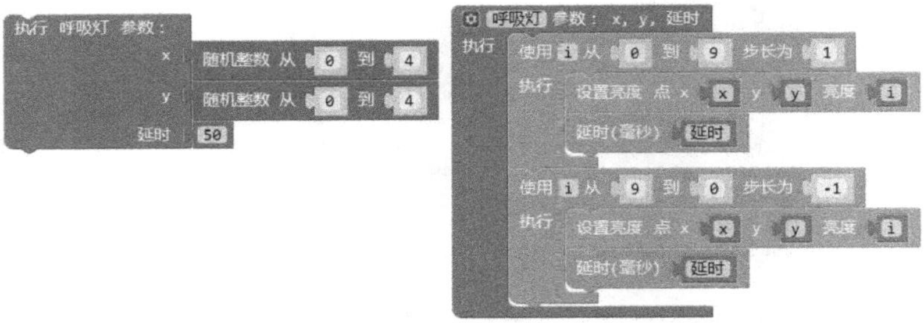


图 2-31 呼吸灯程序

**扩展阅读：随机数**

用于返回指定范围内的随机数，包括随机整数和随机小数。生成的随机数包括我们设定的初值和终值。

### 2.2.6 综合案例——擦除效果

在街上，我们经常会看到大大小小的显示屏具有很炫的“擦除”或“显示”效果，我们能不能也来模仿做一个呢？当然是可以的，我们现在要让LED从左上角往右下角显示，再从右下角往右上角擦除。我们首先用“列表”来自定义一个图像序列，列表是最常用的MicroPython数据类型，它是一种无序的可重复的数据序列，可以随时添加和删除其中的元素。如图2-32所示，我们先定义9个图像变量。

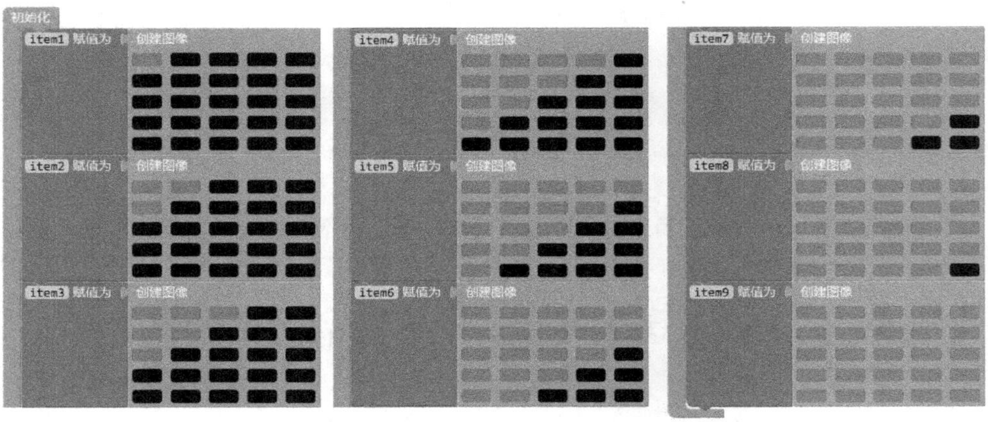


图 2-32 定义图像变量

右键单击“初始化”左上角，在出现的菜单中选择“折叠块”命令，如图2-33所示。

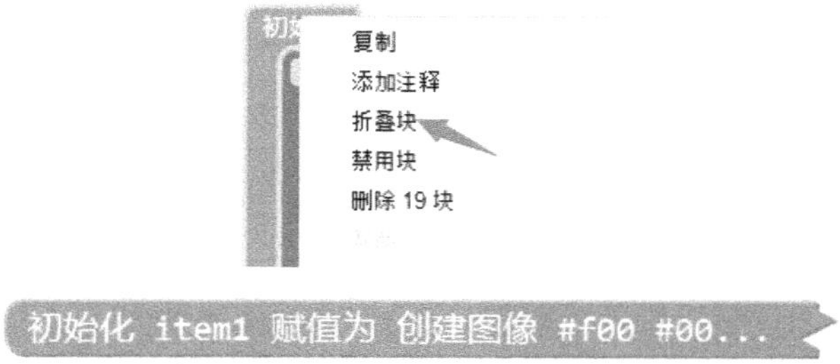


图 2-33　折叠后的效果

再从 列表 模块中拖出“初始化列表”图形块，逐一按顺序从“变量”模块中拖出9个变量接上，如图2-34所示。

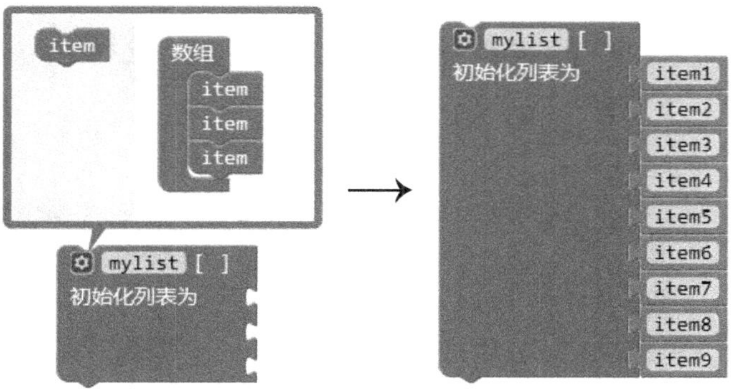


图 2-34　定义列表

切换到高级视图，拖出 显示器 模块的 动画显示图像 ALL_CLOCKS 延时 120 毫秒 等待 循环 清除 图形块，把 mylist 从“变量”模块中拖出接上，该模块的作用是按顺序播放列表里面的变量。图形块 逆序 mylist 的主要作用是把列表的所有元素颠倒过来。完整的程序如图2-35所示。

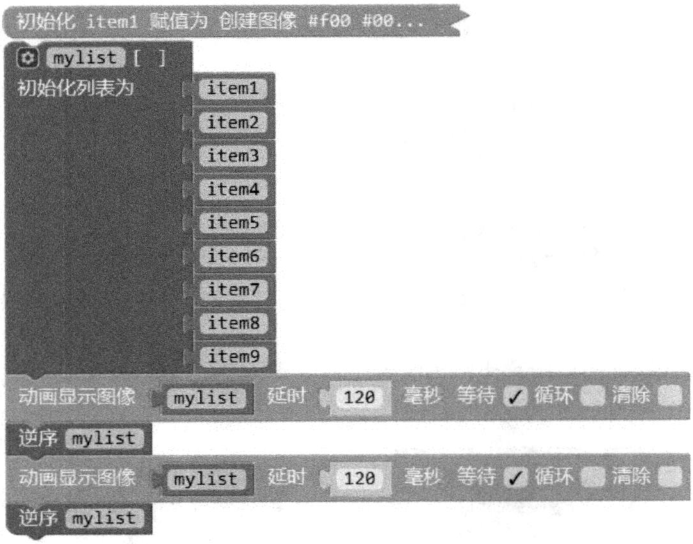


图 2-35　擦除效果

**扩展阅读：列表、元组、字符串、字典和集合**

这些都是MicroPython中常见的数据类型，其中列表、元组和字符串都是序列，字符串是字符的序列，列表和元祖是任意类型的序列，元组和列表在结构上没有什么区别，唯一的差异在于元组是只读的，不能修改。字典和集合都是无序的，集合就是数学课中所讲的集合，没有什么特殊的定义。集合最好的应用是去重，所以集合内的元素没有重复的。字典存储键值对数据。

## 2.3　玩转按钮

按钮是一种常用的控制电子元件，是常用来接通或断开“控制电路”（其中电流很小），从而达到控制电子设备运行目的的一种开关。micro:bit主控板上自带了A和B两个按钮，它们是我们接触到的第1种数字输入设备，“输入设备”是用户和设备之间进行信息交换的主要装置之一。

那么我们如何判断按钮被按下呢？按钮有3种触发方式，在模块下我们可以找到3个与按钮有关的图形块，如图2-36所示。

图 2-36　按钮被按下的 3 种方式

其中“按钮A被按着”和“按钮A被按下”返回的是布尔型的值，“按钮A被按下”在按钮被按下的瞬间触发，它只会被执行一次；“按钮A被按着”在按钮被按住时触发，它有可能被执行多次；而“按钮A被按下的次数”返回的是整型的值，计算在延时期间按钮A被按下的次数。

### 2.3.1 延时灯

我们晚上睡觉时，是不是特别希望关灯后，灯能自动延迟几秒，等我们爬上床后再灭？这就是延时灯。下面我们要编程实现如下的实验效果：按下按钮，LED立刻被点亮；3秒后，LED熄灭。

找到 传感器 模块下的 按钮 A 被按下？ 图形块，接在选择结构后面成为判断条件，当按钮A被按下时，选择语句的判断条件 按钮 A 被按下？ 的返回值为true，此时将执行选择结构里面的语句，否则不执行，如图2-37所示。

图 2-37　判断按钮的选择结构

完整的代码如图2-38所示，按钮被按下时，LED点阵屏上显示“HAPPY”的图像，3秒后选择结构里的语句执行结束。下面的 清除显示内容 图形块不是选择结构里面的语句，无论选择结构的判断条件是否得到满足都将会被执行，该块的作用是让LED点阵屏上的所有LED熄灭。

图 2-38　延时灯程序

### 2.3.2 计数器

比赛时，我们常常需要计算一下各个项目（如仰卧起坐、引体向上等）执行的次数，下面我们就来做一个比赛的计数器，帮助我们计数。我们要实现以下功能：按钮A每按一次加1，按钮B每按一次减1，按钮A和按钮B同时被按着时清零。

为了能实现“同时”，我们要用到逻辑运算符“且/或”图形块，在 逻辑 分类下，默认为“且”。使用 且 时，只有当“且”两侧的条件均为“真”时，才会返回“真”。使用 或 时，只要“或”的两侧有一个条件为“真”，就返回“真”。而使用 非 时，原来为“真”则返回“假”，原来为“假”则返回“真”，详细逻辑及返回值的变化见表2-1。

表2-1 逻辑关系符

| 符号 | 说明 |
| --- | --- |
| 且 | 如果两者均为1，则结果为1；只要有一个为0，则结果为0 |
| 或 | 只要两者有一个为1，则结果为1；两者均为0，则结果为0 |
| 非 | 原来为1，则结果为0；原来为0，则结果为1 |

程序完整的代码如图2-39所示，为了保证每次按下按钮只会增加1或减1，我们用“按钮被按下”实现按钮A的增加功能和按钮B的减少功能，用“按钮被按着”实现同时按下按钮A和B清零的功能，“逐字显示字符串”图形块一直循环执行，显示item变量的值。

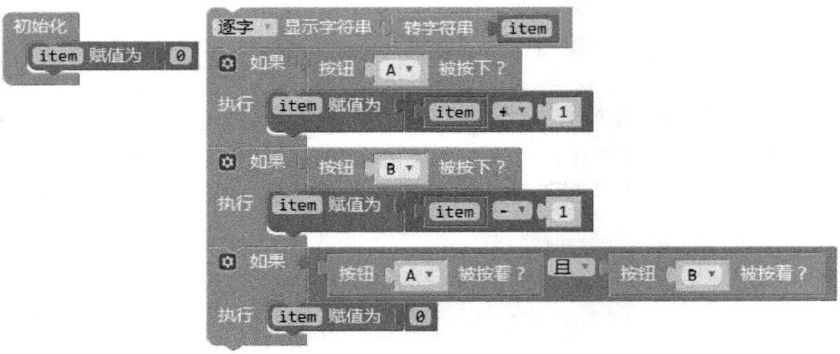


图2-39 计数器程序

### 2.3.3 单键开关

能不能用一个键来控制灯的开和关呢?

答案是肯定的。首先我们要赋值一个状态变量state，当按钮A被按下时在“真”和“假”之间进行切换，再拖入一个选择语句，我们要用到选择结构的变式“如果……就……，否则……”，单击左上方的齿轮，出现一个矩形框，拖入一个 否则 ，单击一下齿轮隐藏矩形框。如图2-40所示，使用“状态变量”来作为一个事件的开关是我们编程常用的技巧。

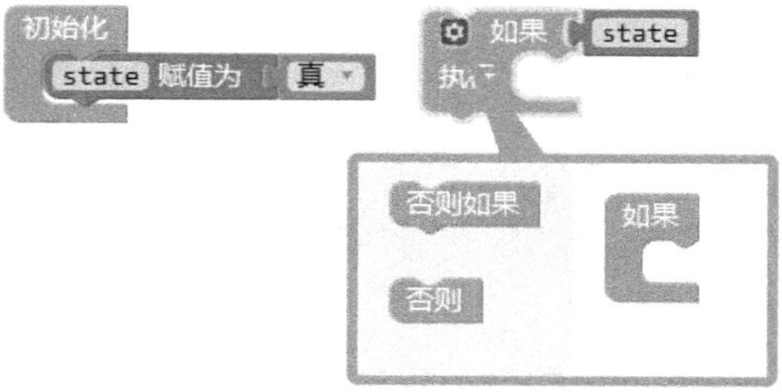


图 2-40　选择分支结构

完整的程序如图2-41所示，当状态变量为真时，LED点阵屏最中间坐标为（2，2）的LED亮度为0，即不亮；为假时灯的亮度为9，即最亮。你也可以在选择语句的两个分支里多加几个LED试试。

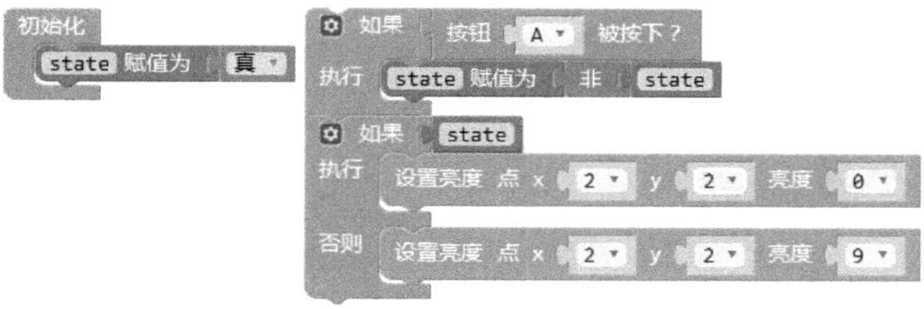


图 2-41　单键开关程序

### 2.3.4　综合案例——抢答器

学校马上要开展辩论赛了，我们急需一个抢答器，按按钮A抢答成功时，LED点阵屏显示A；按按钮B抢答成功时，LED点阵屏显示B；有人抢答成功后，延迟3秒继续下一轮抢答。

大家知道，抢答器有一个特点，当一方抢答成功后，另一方的抢答按钮就得失效。为了实现这个目的，我们需要用到2.2.3小节中提到的逻辑比较运算块 ，它与  都属于逻辑运算符，拖出这个图形块，单击“=”右侧的小三角展开下拉菜单，可以看到有6个符号，用来比较块左右两侧的值的大小关系。在条件判断中，我们经常用到比较运算，比较之后的结果会返回真（代表条件成立）或假（代表条件不成立）。

Mixly中涉及的比较运算符和说明参见表2-2。

表2-2　比较运算符

| 符号 | 说明 | 符号 | 说明 |
|---|---|---|---|
| = | 如果两者相等则结果为1 | ≠ | 如果两者不等则结果为1 |
| < | 如果左边小于右边则结果为1 | > | 如果左边大于右边则结果为1 |
| ≤ | 如果左边不大于右边则结果为1 | ≥ | 如果左边不小于右边则结果为1 |

在程序设计中有若干相对的概念，如“高/低”“真/假”“1/0”等。事实上，在Mixly中，“高”“真”“1”这3个概念是一致的；“低”“假”“0”这3个概念也是一致的。

完整的程序如图2-42所示，程序先初始化，显示“go”，然后开始抢答。当A按钮先被按下时，则显示字符“A”，并让变量state的值为假，这时候按钮B失效，等A显示3秒后，恢复初始状态，重新开始抢答。反之，显示字符“B”，A按钮失效，显示3秒后恢复抢答状态。

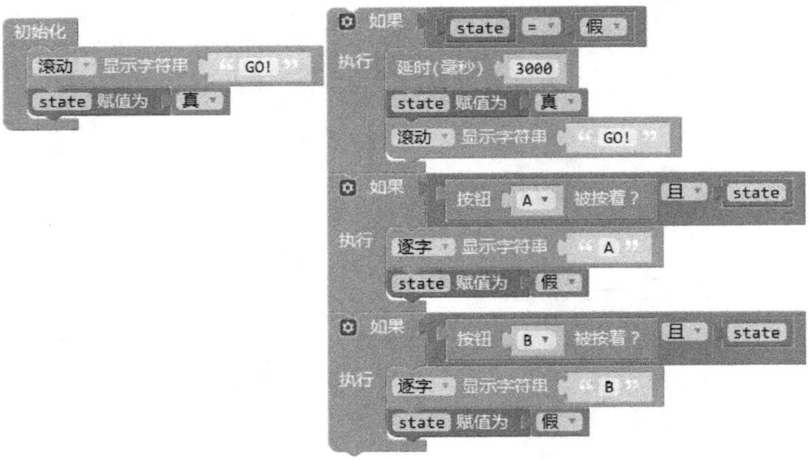


图2-42　两路抢答器程序

如果需要四路、八路或更多路的抢答器，可以在该原型上加以修改，外接更多的按钮实现。micro:bit共提供20个数字或模拟输入接口给大家使用，一定可以满足你的需求，比如我们要在P0、P1上再加两路抢答按钮，就可以在原来的基础上再添加如图2-43所示的程序。

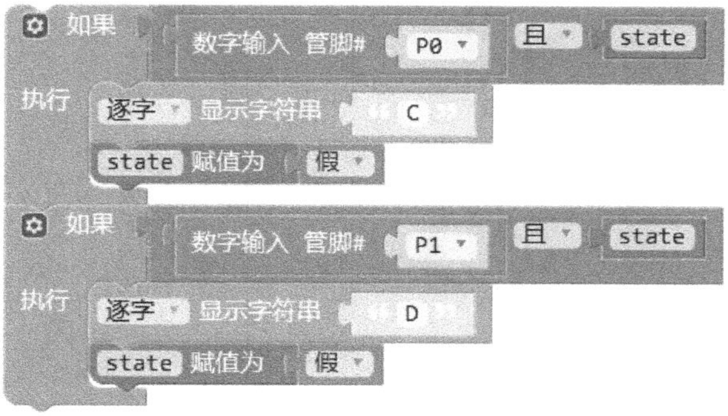


图 2-43　外加两路抢答按钮程序

外接的两路抢答按钮如果成功的话，将在屏幕上显示“C”或“D”。

## 2.4　声音控制

声音是多媒体中不可缺少的部分。Micro:bit支持播放音乐，通过音乐模块，可以播放各种旋律、乐曲和声调。音乐默认是通过Micro:bit上的P0管脚播放的，通过小夹子和导线连接P0和GND到耳机、蜂鸣器或有源音箱上就可以播放了（耳机尽量不要直接戴在耳朵上，以免对听力造成损伤）。连接方法如图2-44所示。

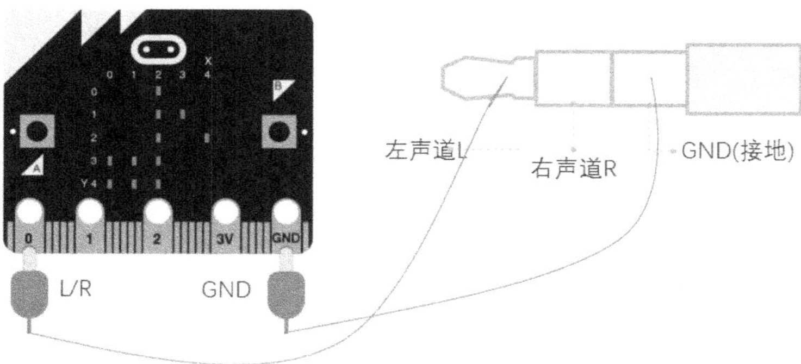


图 2-44　音频插头连接方法

P0口接在左声道或右声道都能听到声音，让micro:bit发出声音的方法有4种。

第一种是通过高低电平来控制。高电平“响”，低电平“不响”。从 ⇄ 输入/输出 模块中拖出  图形块，按图2-45所示进行设置，让声音间隔每480毫秒响一次，每次响20毫秒，你也可以修改默认管脚P0，让它在其他管脚也能发出声音。

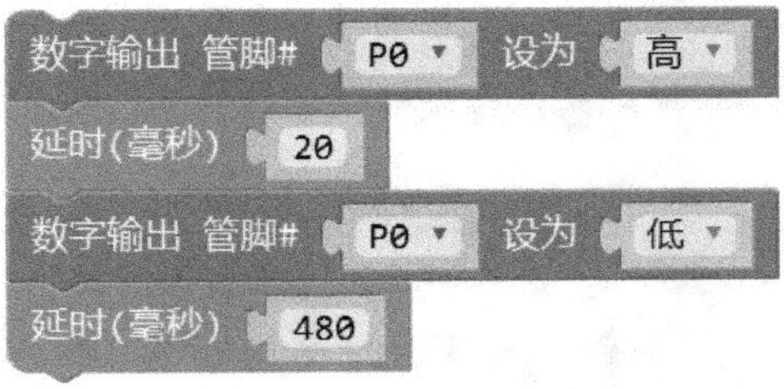


图 2-45　通过高低电平控制声音

第二种是播放指定频率的声音。在 执行器 模块中拖出 播放声音 管脚# P0 频率 NOTE_C3 图形块，更换频率为“NOTE_A4”，打开代码窗口，你会发现Mixly自动把这句话转换成“music.pitch(round(440)，pin=pin0)”，说明“NOTE_A4”对应的是国标标准音440Hz。我们也可以将440这个数字直接接在频率后面，图2-46所示的两个图形块的执行效果是一样的。

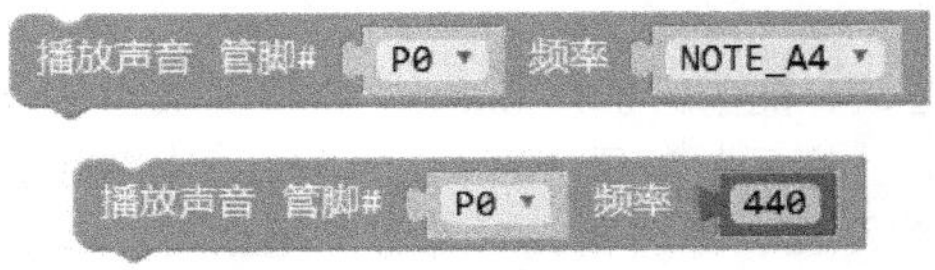


图 2-46　播放指定频率的声音

第三种是播放内置音乐。micro:bit内置了大量的MIDI音乐，我们拖放 执行器 模块中的“播放内置音乐”图形块，单击下拉三角形，可以选择播放不同的音乐，如图2-47所示。

图 2-47　播放内置音乐

第四种是模拟说、唱、读功能。我们可以在 执行器 模块中分别拖出图2-48所示的图形块，上传试听一下吧。

图 2-48　模拟说唱读功能

### 2.4.1 警报声

在日常生活中，我们常常会听到各式各样的警报声，下面我们就来模拟一下警报声的效果。我们让声音的频率从880Hz以每次增加16Hz、每次持续6毫秒的速度播放，增加到1760Hz后再倒回来，如此反复。切换到高级视图，编写图2-49所示的代码块，听听看吧，是不是很像警报声？

图 2-49　播放警报声

当然，你也可以通过更改循环语句的初值和终值来扩大声音的频率范围，以及修改持续时间延长声音的播放时间，如图2-50所示，上传成功后你将听到另外一种警报声。

图 2-50　播放另外一种警报声

### 2.4.2 制作门铃

很多同学家里都装有门铃，常见门铃的声音是“叮，咚……”，连续3次。在这个程序中，我们要用到前面学到的循环结构，作用是按照我们设定的次数，重复执行里面的循环体。在 控制 下找到如图2-51所示的图形块并拖出，默认循环的次数为10次。

图 2-51　重复执行循环结构

修改重复次数为3次，添加按钮触发功能，完整程序如图2-52所示。

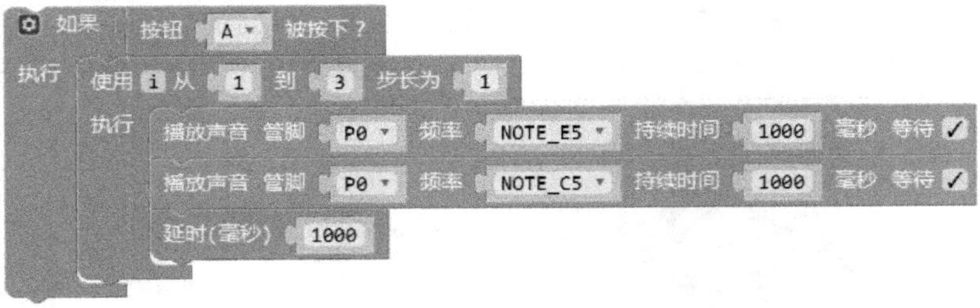


图 2-52　门铃程序

到目前为止，我们只学习了一种循环结构，在MicroPython中，还有两种循环结构，如图2-53所示，左边的循环可以顺序执行调用列表中的每一个元素，右边的循环在满足条件时才执行循环体。

图 2-53　另外两种循环结构

这些循环语句在一些情况下是可以互相替换的，比如上面程序我们也可以如图2-54所示这样写。

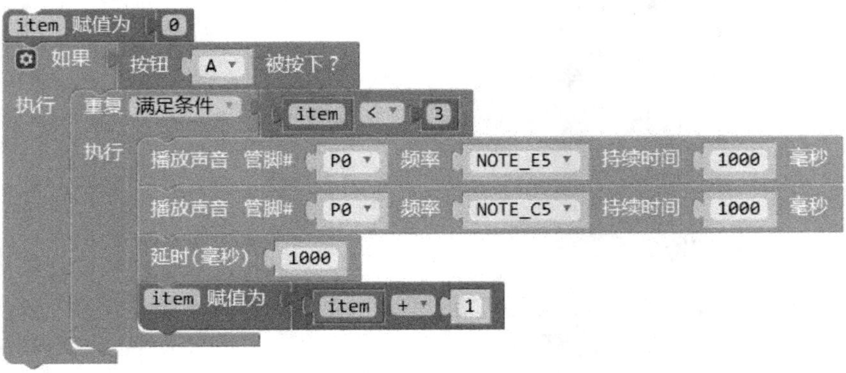


图 2-54　门铃程序的另一种写法

### 2.4.3　综合案例——生日快乐歌

让micro:bit给我们唱首生日快乐歌吧！可主板内置并没有这首歌，怎么办？不着急，我们自己来写，首先从网络上找到《祝你生日快乐》的简谱，如图2-55所示。

图 2-55　歌曲简谱

我们使用“列表”来存储每一小节，从 列表 模块中拖出 mylist = [ 0,0,0 ] 图形块，第一小节“ 5 5 6 5 1 7 - ”我们可以如图2-56所示这样存储。

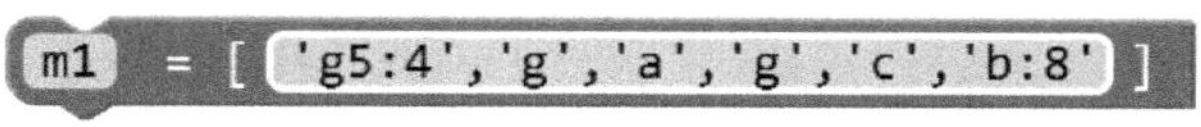

图 2-56　用列表存储第一小节

列表m1中被单引号引用的元素是字符串，每一个字符串对应的是一个音。第一个音'g5:4',':'前面的数字表示音高，':'后面的数字代表这个音的时值。这里的时值与分辨率有关，图2-57所示的“设置节奏”图形块包括了对分辨率的调节，我们一般把它放在初始化当中。

图 2-57　设置节奏

默认的分辨率为4，相当于将音乐中的一拍平均分成4份，'b:8'中的8代表两拍，由于':'后面的数字只能是整数，在这种情况下最小能表示16分音符的时值（即每个音是1/4拍）。'g5:4'表示C5这个音符的时值为1拍，如果之后的音的音高和时值都与前一个音相同，则可省略':'与其前后的数字。注意：':'不能使用中文全角字符。

切换到高级视图，播放声音我们用 执行器 模块中的“播放音符列表”图形块，如图2-58所示。它可以按顺序播放列表里的音符，“等待”被打钩意思是要等这个图形块执行结束后才能执行下一句，“循环”被打钩意思是循环播放这个图形块。

图 2-58　播放音符列表

完整的程序如图2-59所示。

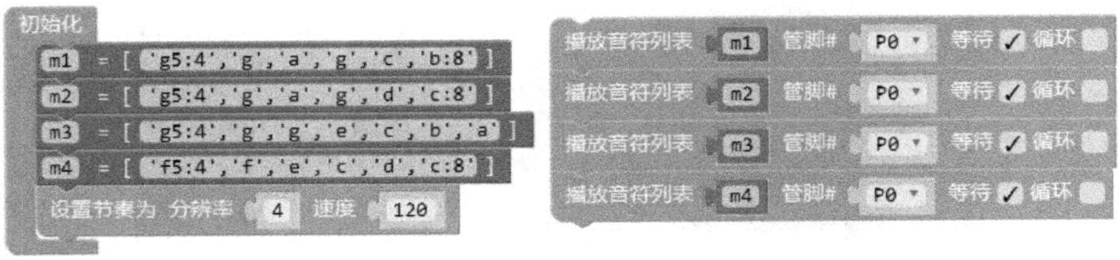


图 2-59　生日快乐歌完整程序

## 2.5　感知世界

在micro:bit主控板中，内置了温度、光敏、重力加速度、磁力计等传感器，这些传感器是模拟输入设备。通过这些传感器，我们可以感知到外界的变化，实现许多很有意思的创意，下面就让我们动手来试一试吧。

### 2.5.1　温控灯

温度检测是我们日常生活中一项非常常见的工作，在日常的很多设备中也都有温度检测的功能，比如温度报警器、温室恒温系统、空调系统等。为了观察micro:bit主控板感应外界温度的变化情况，让结果更直观，Mixly集成了串口输出的功能，这个图形块在 串口 模块下，有 Serial 打印 和 Serial 打印（自动换行），如图2-60所示，我们选择后者，因为这个图形块会在输出每一行的数据后自动回车。

图 2-60　串口打印

在 传感器 模块中找到 获取主板温度 图形块，这个图形块会读取主控板温度的值，拖到串口打印命令的后面，接上去。为了让串口打印速度慢一点，我们加了500毫秒的等待时间。上传成功后，打开为右下角的 串口监视器，你就可以看到如图2-61所示的画面。

图 2-61　串口打印温度值

其中每个数字都代表当前获取到的外界温度，用嘴巴对着主控板吹吹气，数值过会儿就升高了，你也来试一试吧。

接下来我们编写程序，程序一开始先获取一个温度值，这时LED不亮，之后温度每升高1℃，主板上自底向上点亮一个LED。

完整的程序如图2-62所示，程序初始化先读取温度传感器的值赋值给变量x，然后变量y实时获取当前的温度值，比较x、y的值，显示图像让柱形图像向上移动的位置为“(y-x)-5”，这样一开始位置是-5，柱形图像在屏幕外，所有LED都不亮，以后每增加一度就会往上移一格。当然，这个程序在温度变化超过5℃时底部会出现黑格，大家可以根据实际需要调整程序。

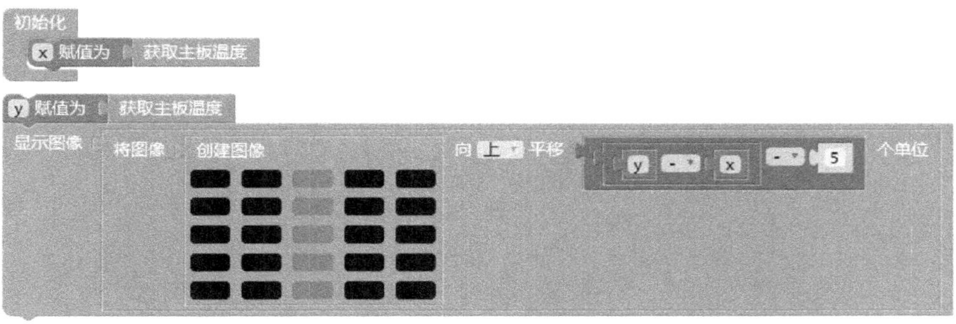


图 2-62　温控灯程序

> **注意!**
>
> micro:bit主控板温度传感器的读取范围为-15~75℃，请勿超过这个范围，以免损坏主控板。

### 2.5.2　记步器

大家喜欢运动吗？慢跑是比较健康的有氧运动方式，我们经常听到有人说“我今天跑了多少步”“我今天走了多少圈”之类的话，但这些数据一般是借助手机App算出来的，如果我们没有智能手机该要怎么算？能不能自己动手来做一个记步器呢？

利用micro:bit自带的重力传感器，就可以做出一个记步器。其原理是我们在跑步时会挥动手臂，把计步器带在手臂上，面朝上，当手臂挥到最底端时，重力传感器的 

图形块将返回一个字符串的数值“face up”，此时，计数器加1。

下面我们从“传感器”模块中拖出 

和 

两个图形块，修改“所有识别的”为“当前”，修改“摇晃”为“朝上”，再使用判断语句判断，当获取到的手势朝上时，“步数”加1，如图2-63所示。

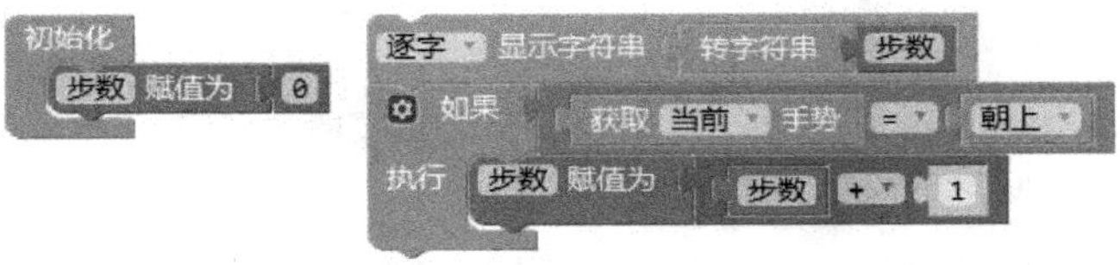


图2-63　计步器程序

测试上面这个程序，你会发现每挥臂一次会被加上好多步，这是为什么呢？

这是因为我们手臂在最底部时，  一直满足条件，程序又执行得比较快，选择语句有可能被执行很多次。要解决这个问题，我们要添加一个“软件防抖”功能，通过一个循环语句在判断获取到的当前手势是“朝上”时，延时20毫秒，然后再判断，如果还是“朝上”，继续延时，直到不“朝上”，循环结束，执行下一个语句，步数加1，如图2-64所示。

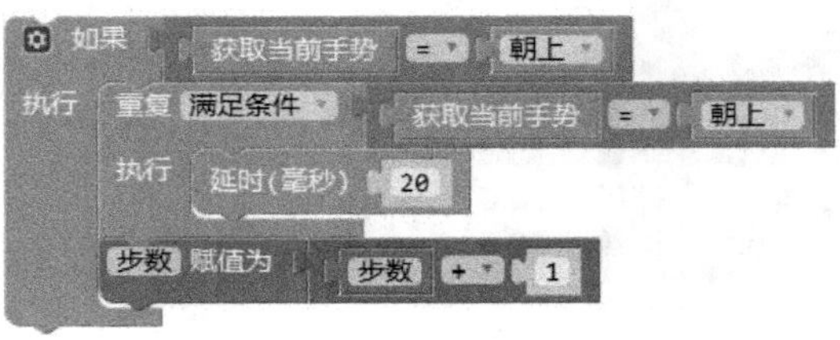


图2-64　软件防抖

这样可以保证每挥动一次手臂，步数只会被加1次，完整的程序如图2-65所示。

图 2-65　修改后的计步器

## 2.5.3　重力感应灯

micro:bit内置的重力传感器还可以感应到摇晃的动作，在 传感器 模块下有两个判断摇晃手势的图形块，如图2-66所示。

图 2-66　摇晃手势图形块

它们的区别在于“当前摇晃”一判断到有摇晃动作就执行，里面的语句可能会执行多次；而“发生过手势摇晃”里面的语句只会在发生第一次摇晃后执行一次。下面我们就应用“摇晃”这个功能，来做一个不用开关的重力感应灯，当主控板感应到摇晃时，LED点阵屏点亮；再次感应到摇晃时，LED点阵屏熄灭，其中变量state作为一个状态变量，当“发生手势”触发时，反转当前的状态。程序如图2-67所示。

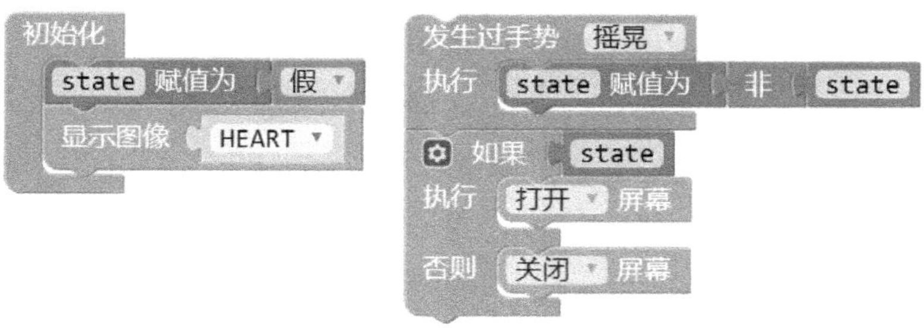


图 2-67　重力感应灯程序

这个图形块在 显示器 模块下，相当于LED点阵屏的总开关。

### 2.5.4 指北针

指北针是一种用于指示方向的工具，广泛应用于各种方向判读，譬如航海、野外探险、城市道路地图阅读等领域。它也是登山探险不可或缺的工具，基本功能是利用地球磁场作用，指示北方方位。它必须配合地图寻求相对位置才能让人知道自己身处的位置。它与指南针的作用一样，只是磁针的北极指向地理的北极，利用这一性能可以辨别、指示方向。下面我们就用micro：bit自带的磁力计来制作一个指北针。

首先编写串口打印代码来观察磁场的变化情况，在 传感器 模块中找到 获取指南针 磁场强度 图形块，修改“磁场强度”为“角度”，接在串口打印图形块上，上传图2-68所示的程序。

图 2-68 获取罗盘角度

上传成功后，micro:bit主控板上的LED点阵屏会滚动显示提示信息“draw a circle”（画一个圆），这时我们要将micro:bit拿起来进行校正，慢慢旋转，让点阵屏四周中间3点点亮，组成一个圆形（见图2-69），就完成了校正，校正成功后会出现一个笑脸。打开串口监控器，可以看到罗盘角度随着我们的旋转而改变。

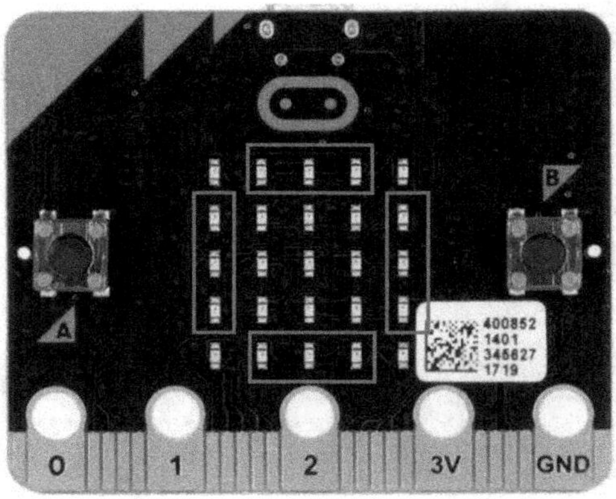


图 2-69 校正过程

我们首先定义一个内置的时钟列表，通过12个时钟的变化来指示不同的方向。在 显示器 模块下找到 内置图像 HEART ，单击下拉三角形，更改为ALL_CLOCKS，并赋值给变量clocklist（见图2-70），这是一个含有12个图像变量的列表。

图 2-70 定义图像列表

我们把360° 分成12个区，每个区30° ，15° ~45° 指向1点钟方向，详细对应关系见表2-3。

表2-3 角度与时钟图像对应关系

| 角度 | 对应值 | 角度 | 对应值 |
|---|---|---|---|
| -15° ~15° | 12点钟 | 165° ~195° | 6点钟 |
| 15° ~45° | 11点钟 | 195° ~225° | 5点钟 |
| 45° ~75° | 10点钟 | 225° ~255° | 4点钟 |
| 75° ~105° | 9点钟 | 255° ~285° | 3点钟 |
| 105° ~135° | 8点钟 | 285° ~315° | 2点钟 |
| 135° ~165° | 6点钟 | 315° ~345° | 1点钟 |

完整的程序如图2-71所示。

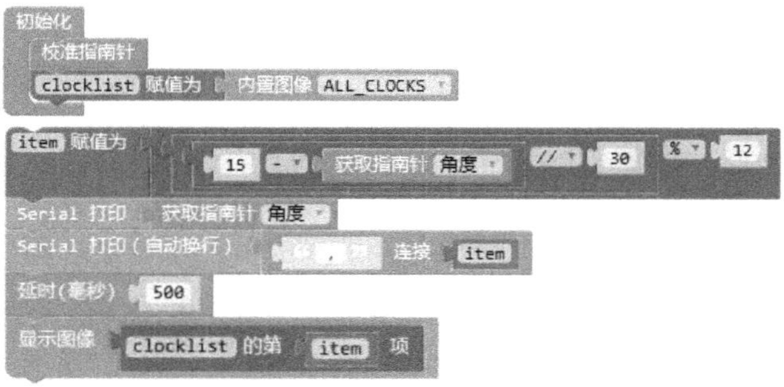


图 2-71 指北针程序

## 扩展阅读：模与余

上面代码中的“%”为求余运算符，目的是使item的值一直保持在0~9，这是一种常见的编程技巧。整数a与整数b经过取余（%）运算返回的结果是a除以b的余数。比如：0%10=0，1%10=1，2%10=2，3%10=3……10%10=0，这样就实现了10又变回0的目的。

### 2.5.5 综合案例——比比谁更稳

大家可能都玩过手拿乒乓球拍，上面放一个乒乓球，乒乓球不能掉，看谁走得更远的游戏。下面我们用重力传感器来模拟这个游戏。程序开始时，主控板LED点阵屏最中间的LED点亮，你开始移动，这时候中间的LED可能会往左边、右边、上边、下边偏离，你要迅速调整，让这个偏离幅度最多不超过一格，否则失败，显示“哭”脸。

程序一开始，我们先定义x和y两个变量，分别代表LED的*x*坐标和*y*坐标。再把获取到的*x*轴、*y*轴旋转角度除以80° 数量级（可调）后转化为坐标的偏离值，与LED点阵屏的中心位置坐标（2，2）相加得出偏离后的坐标位置，如图2-72所示。数量级度数越小，要求的稳定性越高。

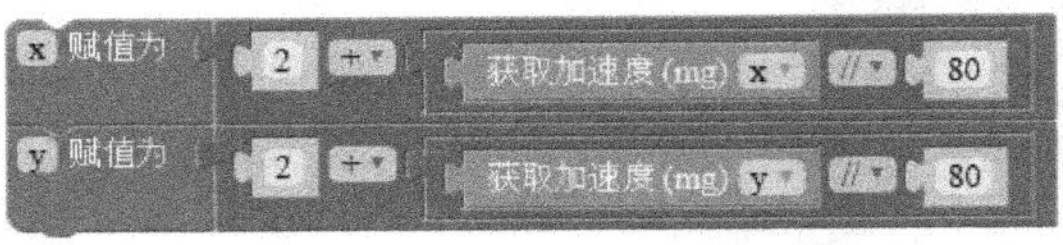


图 2-72　计算偏离后的坐标

假设当主控板左边向下偏离时，*x*轴获取到的旋转角度为-80° ，则*x*坐标为“2-(-80整除80)”即等于3。此处，我们用选择结构来判断*x*坐标或*y*坐标是否在中心位置不超过1格的位置，也就是坐标在[1，3]这个区间内，如图2-73所示。

图 2-73　稳定的区间范围

LED在这个范围内来回移动，超出这个范围则失败，显示“哭”脸，完整的程序如图2-74所示。

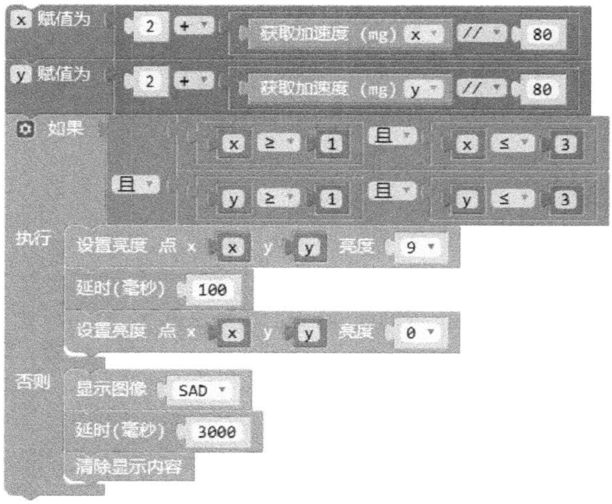


图 2-74　比比谁更稳程序

## 2.6　无线通信

micro:bit 主控板提供了2.4GHz和蓝牙两种无线通信方式与外界联系，这两种无线通信方式不能同时启用，且蓝牙支持的是一对一通信，而2.4GHz支持一对多通信，可实现多个micro:bit 装置互相传递信息并且群组化。这一节，我们主要介绍2.4GHz无线通信方式的使用方法。

首先，我们编写一个简单的程序来测试一下两块主控板是否能正常通信。拿出一块micro:bit 作为发射端，在 通信 模块中找到 打开 无线 放在初始化代码块中，再找到 无线 发送字符串 Mixly 拖入按钮事件中去，当按动按钮A时发送信号，具体代码如图2-75所示。

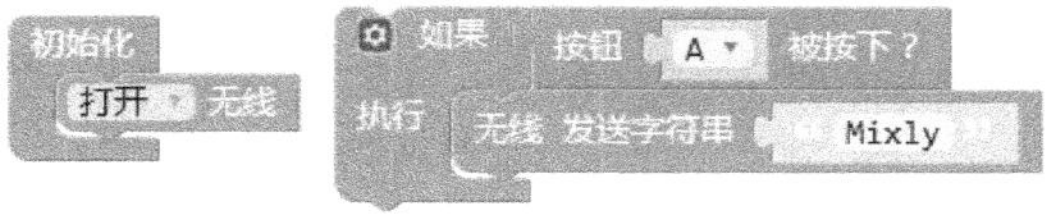


图 2-75　无线发送端程序

再找出另一块主控板作为接收端，先用变量msg存储无线通信接收到的信息，因为在没有接收到信息时， 通信 模块中 无线接收消息 图形块返回的类型是NoneType，这时候直接跟在“滚动显示字符串”后程序会出错，所以要用选择语句来判断，当变量msg类型为字符串时，说明收到数据，这时候用“滚动显示字符串”图形块显示字符串类型就没有问题了。具体代码如图2-76所示。

图 2-76 无线接收端程序

在通信模块中还有一个无线配置图形块（见图2-77），其中两块主控板的信道值一定要一致，不然无法通信，在microPython中，信道不能大于100，广播功率0为最小，7为最大。程序如果缺少这个配置模块，则所有参数为缺省设置，信道的默认值为7。

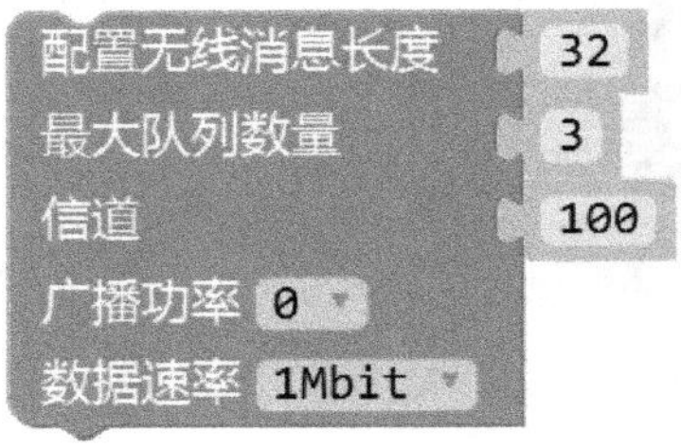


图 2-77 无线配置图形块

### 2.6.1 电报机

无线电发报应该说是最早的通信发明，一个发送端、一个接收端组成最简单的一套无线电报收发通信系统。由于此通信设备简便，通信距离可达几千千米，一直受世界各地无线电爱好者喜爱。作为电子爱好者的我们也不甘落后，我们用两块micro:bit主控板做一个简易的发报机吧！关于本案例，北京景山学校的吴俊杰老师还从信息通信的角度做了一节公开课，参见第5章。

下面我们开始编程，把发送端和接收端主控板都接上电脑，两块板都可以接收或发送信息，程序一样。设置变量msg存储无线通信接收的消息，按动按钮A发送字符“0”，按动按钮B发送字符“1”，单击上传，Mixly将会同时把代码下载到两块主控板中。完整程序如图2-78所示。

图 2-78　无线发报机程序

## 2.6.2　密码锁

密码锁是一种用数字或符号作为“钥匙”的锁。这一小节，我们通过一块主控板输入密码，用另一块主板接收密码，密码比对正确时则开锁成功，否则要重新输入密码。这种密码锁的优点在于，发送端编组只有制作者自己知道，接收端可以不做任何锁眼，隐蔽性强，安全性极高。有了这种锁，同学们就再也不用担心丢东西了，是不是很激动？那我们就开始做吧。

首先，我们来制作发送端，定义变量item为即将发送的密码，定义字符串变量“密码”来存储密码，密码初值为空，如图2-79所示。

图 2-79　定义变量和按钮 A 代码

当按钮A被按下时，选择语句使item的值在0到9之间变化，求余符号“%”保证单个密码不超过10。按钮B为密码确认发送键，当按钮B被按下时，item将直接连到字符串“密码”的尾部，如图2-80所示。

图 2-80　按钮 B 程序

为了方便调试，我们设定当密码长度达到3位时自动发送，密码重新复位为空，如图2-81所示。

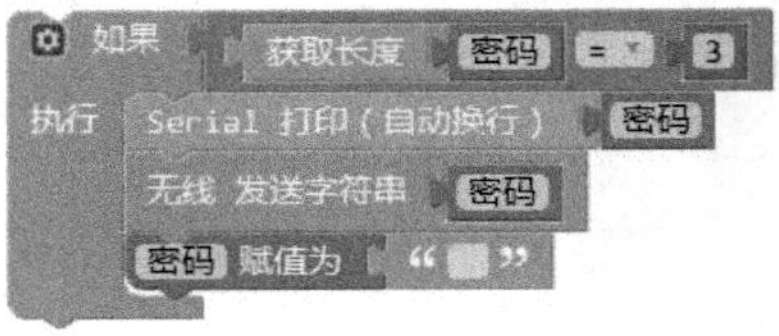


图 2-81　密码发送

发送端完整程序如图2-82所示。

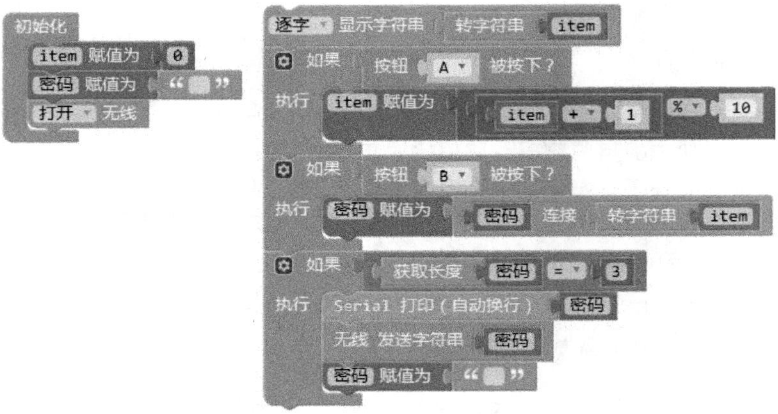


图 2-82　发送端完整程序

相对于发送端，接收端的程序就比较简单，只要能接收到发送端送过来的字符串，就可以进行比对，这边我们假设密码为“123”，比对正确则显示“开”。完整的程序如图2-83所示。

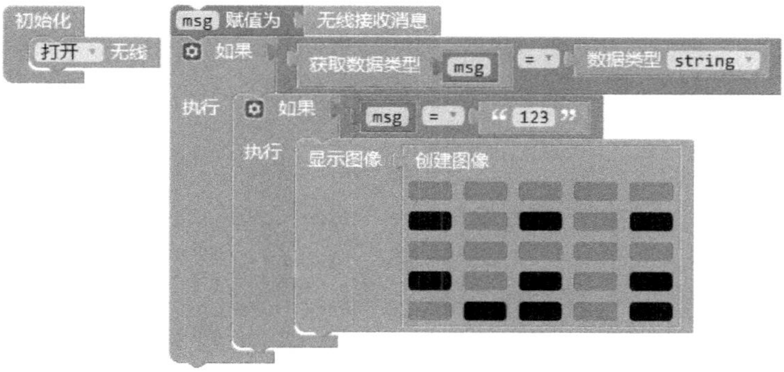


图 2-83　密码锁接收端程序

### 2.6.3　综合案例——石头 · 剪刀 · 布游戏

相信每个小伙伴都玩过石头·剪刀·布，总会有些同学不自觉、耍赖，不是出手快了，就是出手慢了，引起不必要的争执。今天我们就利用micro:bit的2.4GHz通信功能来做一个能防作弊的石头 · 剪刀 · 布游戏装置。游戏需要用到两块主控板，两块主控板的程序完全相同。

首先，我们定义变量“我的选择”为我们确定的选择，变量“他的选择”为对方的选择，变量“是否已选”判断双方是不是已经做出选择，列表变量“mylist”保存“石头”“剪刀”“布”3个图像变量，如图2-84所示。在“初始化”左上角右键单击选择折叠该模块。

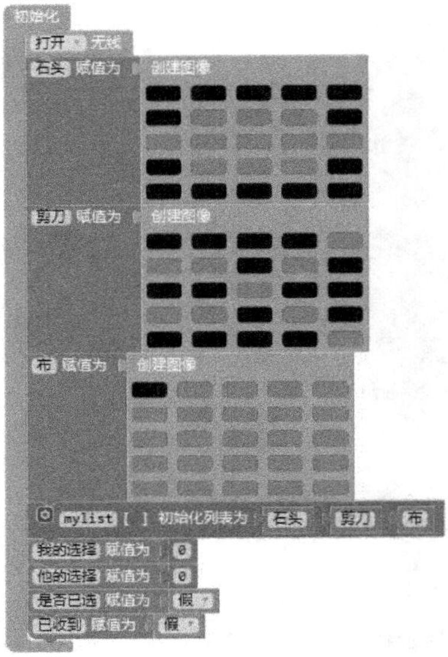


图 2-84　设置群组和声明变量

我们用按钮A来向上切换剪刀、石头、布，用按钮B确定你的选择并发送。每按一次按钮A，增加1，求余符号“%”使变量“我的选择”的值不会超过3。接收到数据后变量“是否已选”赋值为真，发送字符，如图2-85所示。

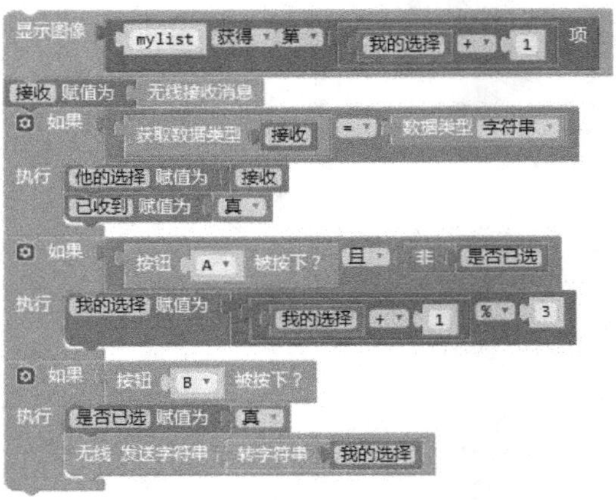


图 2-85　按钮 A 和按钮 B 的设置

当无线通信收到信号时，进行判断，接收的数值与自己的选择相等时，两边LED屏幕均显示“平”，重新出拳。接收的数值大于自己的选择，如对方出“剪刀”、你出“布”

时，你输，对方赢，你的屏幕显示“小”，对方的屏幕显示“大”；你赢，对方输，你的屏幕显示“大”，对方的屏幕“小”。此后，变量初始化，延时3秒重新开始。程序如图2-86所示。

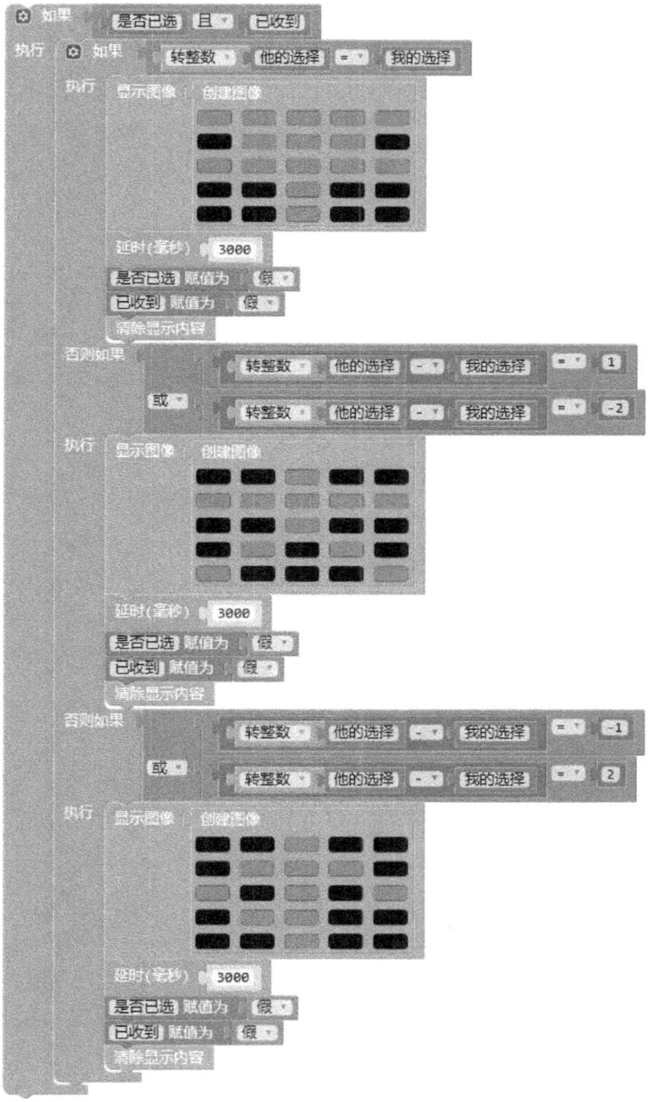


图 2-86 判断胜负程序

折叠判断模块后，完整的程序如图2-87所示。

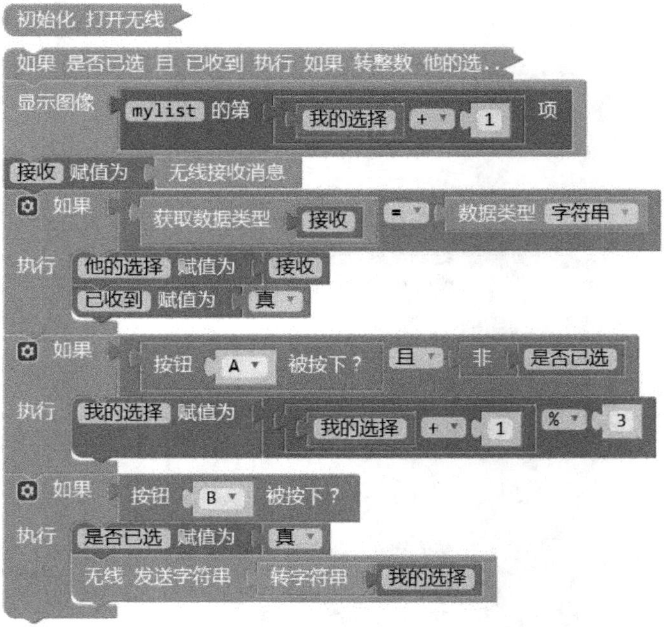


图 2-87　石头 · 剪刀 · 布游戏程序

## 2.7　文件处理

micro:bit的文件系统有8KB的存储空间，microPython语言支持文件系统，这使得我们可以在这个存储空间中创建或删除文件、保存数据、读取数据。切换到高级视图，我们从“存储”模块里拖出“打开文件”图形块，首先来进行文件“写”测试，如图2-88所示。

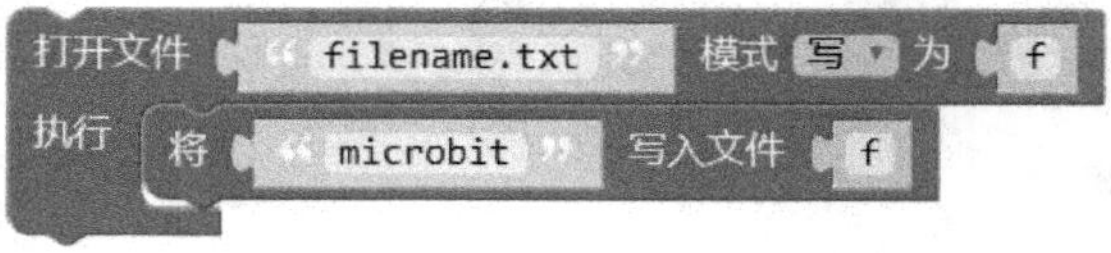


图 2-88　写文件程序

更改模式为“读”，读取文件里的内容，并以滚动的形式显示出来，其中“不超过0字符”在默认为-1时，代表读取所有字符，如图2-89所示。

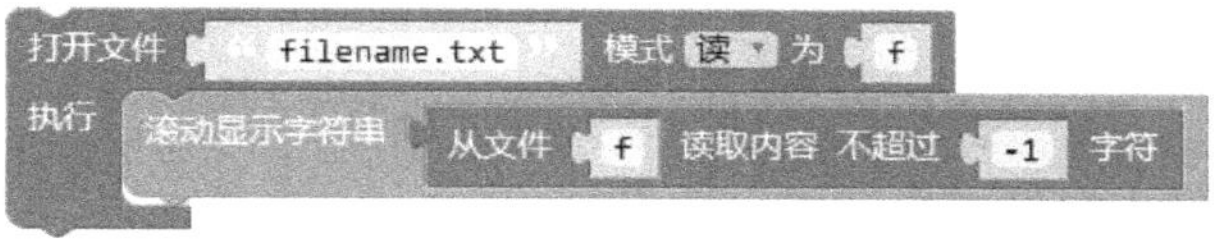


图 2-89　读文件程序

通过“我的电脑”打开micro:bit所在的盘符是看不见我们前面创建的文件的，我们必须通过第三方软件才能把文件复制出来或写进去。注意，在每一次更新程序时，里面的文件将会全部丢失。

### 2.7.1　谁动了我的奶酪

有时候，我们不喜欢别人动自己的私人物品，这时候我们就可以写一个程序，在有人动我们的物品时，把摇晃的时间写入文件，这样即使在断电后，我们也可以重新用电脑读取里面的内容。

从 控制 模块中拖出 系统运行时间(毫秒) 图形块，该块返回的是系统运行到当前的时间，同时按下按钮A和B，通过换算，就可以知道这个摇晃动作距离开机的时间，完整程序如图2-90所示。

图 2-90　“谁动了我的奶酪”程序

### 2.7.2　综合案例——保存聊天记录

用QQ或微信聊天早已不是一件稀奇事。但用两块micro:bit板来聊天，你有没有试过？还能保存聊天记录？我的天！ It is so cool. 本节我们就用micro:bit的2.4GHz无线传输功能和文件保存功能来实现聊天及保存聊天记录功能，聊天的窗口使用“串口监视器”。

首先，我们定义几个变量，用Astr记录聊天者A的聊天记录，用Bstr记录聊天者B

的聊天记录，用“换行”变量在每句话后面加一个回车换行符，如图2-91所示。

图2-91　定义变量

然后我们从“存储”模块中拖出“打开文件”图形块，在图形块中放一个永远为“真”的循环语句，这样可以保证程序一直在写文件状态，如图2-92所示。

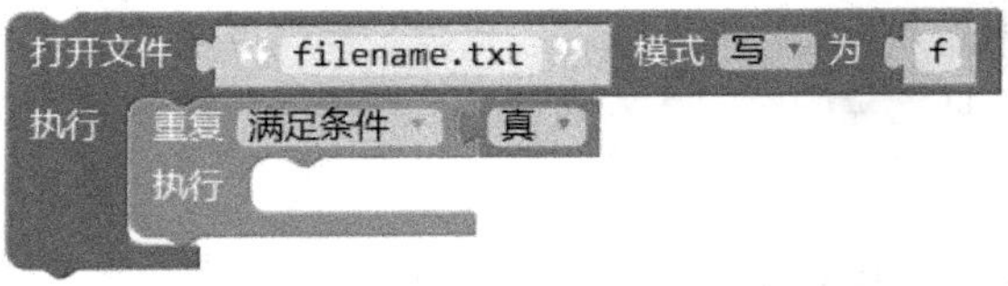


图2-92　打开文件保持在“写”状态

通过串口监视器发送数据给对方，串口判断有数据可读，则给变量Astr赋值，并打印到串口监视器，发送内容给对方，把内容写入文件，如图2-93所示。

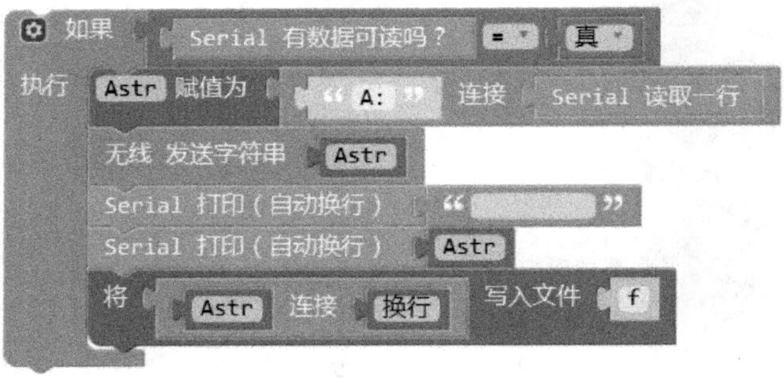


图2-93　发送聊天信息程序

接收信息，并打印内容到串口监视器，保存聊天记录到文件，如图2-94所示。

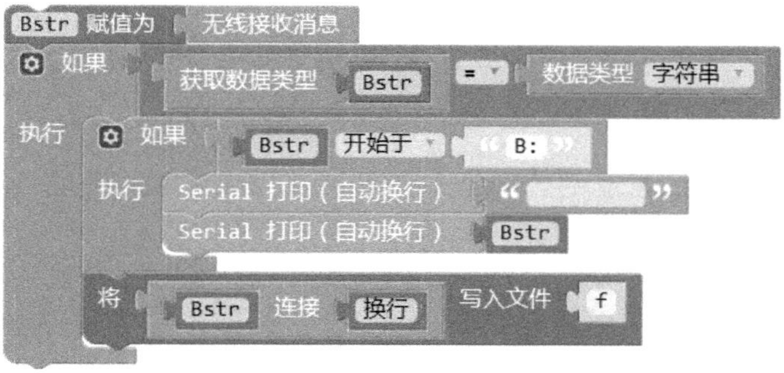


图 2-94　接收聊天信息程序

两块主控板下载的程序不能相同，字符“A：”和“B：”的地方必须对调，图2-95所示是完整的程序。

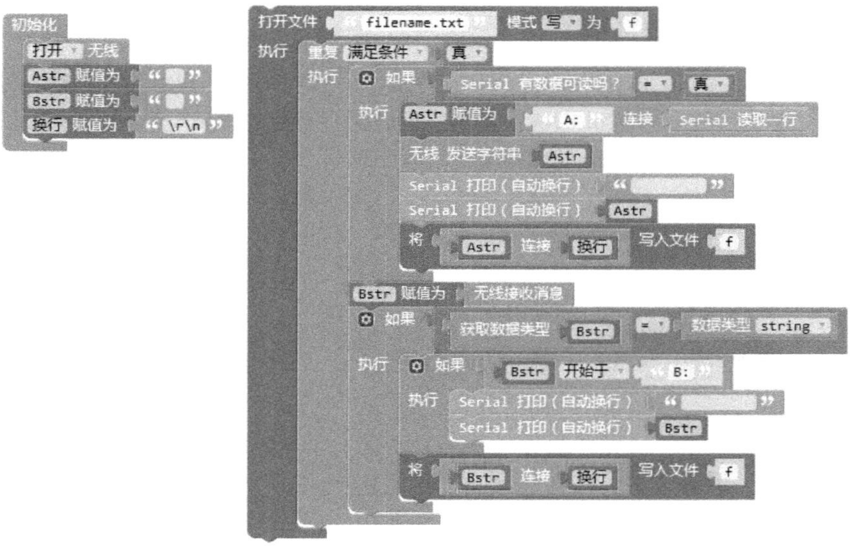


图 2-95　保存聊天记录程序

# 3 交互 Scratch

Scratch在国内中小学编程教学中广受欢迎。虽然micro:bit在设计之初并没有考虑与Scratch交互，但是通过适当地改造，我们还是可以让micro:bit与电脑互动起来，制作出好玩的互动媒体作品。有了Scratch协助，通过模块化的程序命令，我们可以像玩游戏一样玩micro:bit，实现各种奇妙的互动作品创意。

## 3.1 初识Scratch

Scratch是一款由美国麻省理工学院（MIT）设计开发的少儿编程工具，构成程序的命令和参数通过积木形状的模块来实现。因此用户可以不认识英文单词，也可以不会使用键盘，只要使用鼠标拖动模块到程序编辑栏就可以做出各式各样的作品，如图3-1所示。

图3-1　Scratch 作品

Scratch不仅仅是一款利用积木式工具制作二维动画的软件，还是一个学习互动媒体技术的平台。Scratch可结合micro:bit、PicoBoard、Arduino等相关硬件，获取外界环境的信息与用户的指示，制作互动作品。

图3-2所示是智能家居中的“智能窗帘”，它能够根据外部光线的强度智能地开与合。其核心是通过光线传感器测量的数值的变化，触发窗帘位置的变化，当然，你也可

以结合其他传感器，实现各种更加智能的窗帘，如声控窗帘等。

图 3-2　智能窗帘

再看图3-3，它展示的是一个利用Scratch+PicoBoard制作的“水果赛跑”的游戏，设计者在屏幕上的4条跑道上分各放置一只小动物，分别对应某种水果。被测水果电阻值越大，传感器返回的值越大，小动物奔跑的速度越小。最后获得冠军的是电阻值最小的水果。

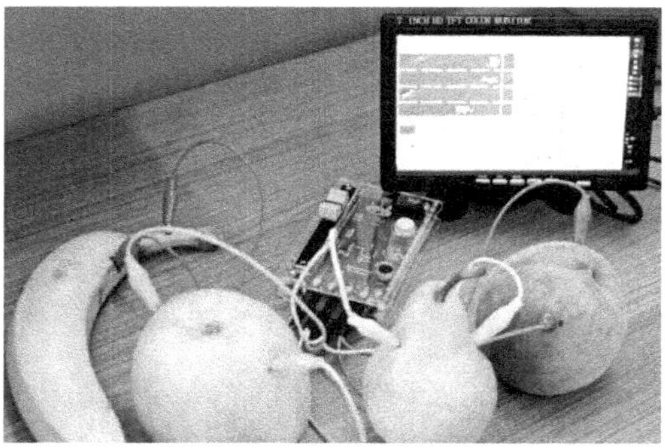

图 3-3　水果赛跑

### 3.1.1　下载安装

Scratch可以在Windows、macOS X、Linux等操作系统上使用。Scratch 2.0在线版可以直接在Web浏览器里创建、编辑和查看项目（不再需要上传、下载项目或者安装其他软件）。安装Scratch 2.0离线版需要Adobe AIR软件的支持，所以需先安装Adobe AIR，再安装Scratch 2.0离线版（见图3-4~图3-6）。

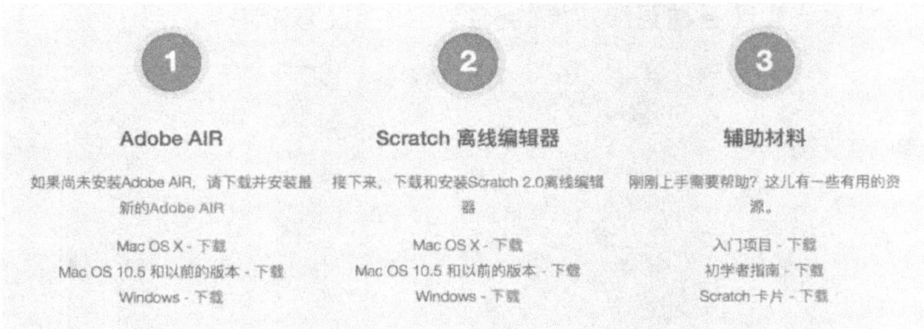


图 3-4　Scratch 下载界面

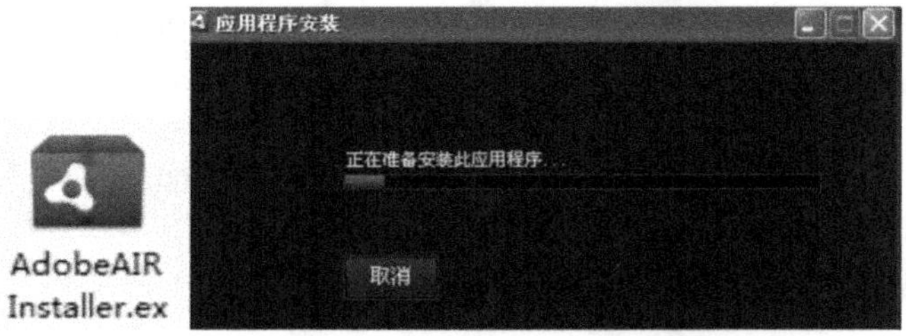


图 3-5　先安装下载好的 Adobe AIR 软件

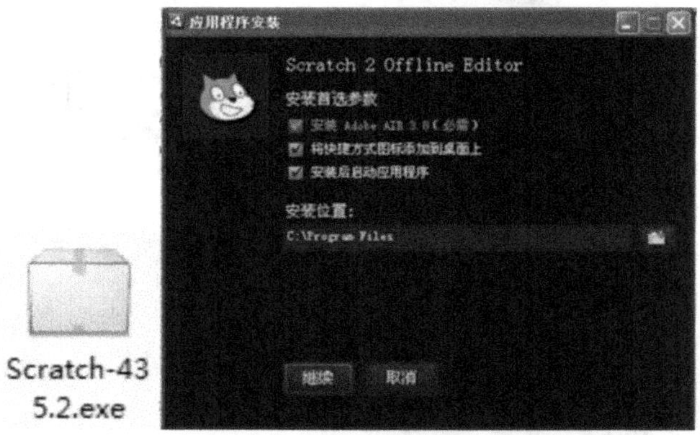


图 3-6　Adobe AIR 安装完毕后，再安装 Scratch 2.0 离线版

### 3.1.2　熟悉界面

#### 1. 界面主要功能区

Scratch采用的是视觉化的图形操作界面，如图3-7所示。它主要由菜单栏、角色工具栏、舞台区、背景区、角色区、编辑区6部分组成。

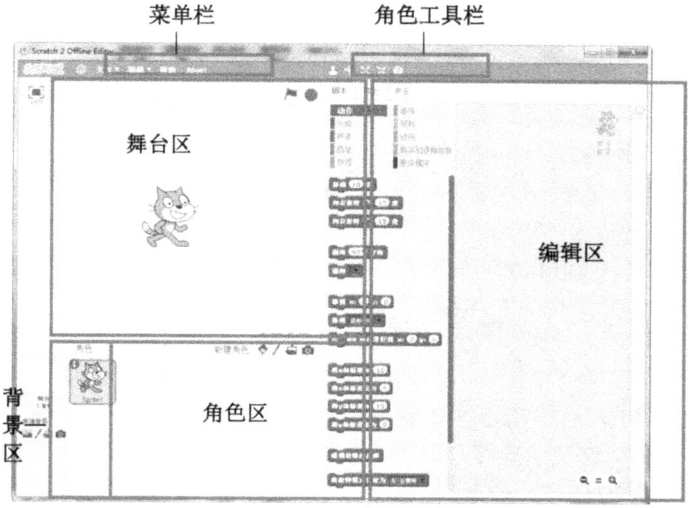


图 3-7　Scratch 的界面

2. 菜单栏

（1）语言选择菜单：初次启动Scratch，默认的语言是英文，可以在语言菜单中选择“简体中文”（见图3-8）。

图 3-8　语言选择菜单

（2）文件菜单：功能有项目新建、打开与保存，发布文档，检查更新，退出软件。

（3）编辑菜单：如图3-9所示。“小舞台布局模式”可切换软件界面，减少舞台所占界面比例；“加速模式”可提高程序执行速度，便于调试。

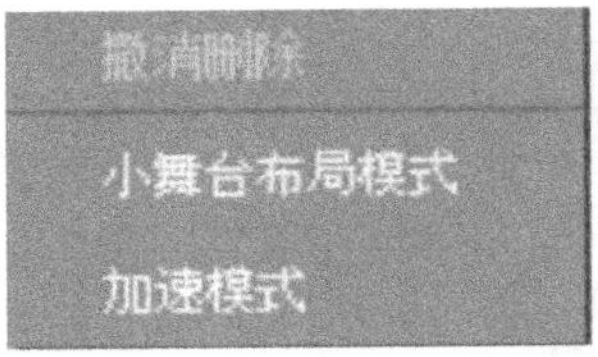


图 3-9　编辑菜单

（4）帮助：Scratch 软件本身包含英文版的软件操作说明与教程。

（5）关于（About）：链接官方网站软件介绍页面。

### 3. 角色工具栏

角色工具栏如图3-10所示，功能由左至右分别是复制、删除、放大、缩小、程序指令说明。程序指令说明的操作方法为：单击“？”图标，再单击需要说明的指令，会打开对此指令的说明。

图 3-10　角色工具栏

### 4. 舞台

舞台区各按钮及显示信息的作用如图3-11所示。

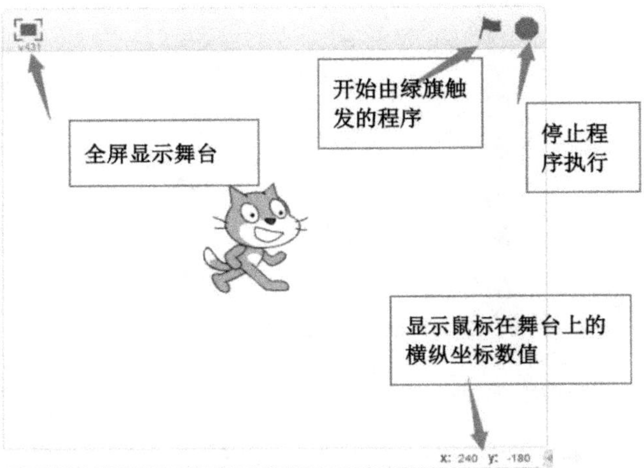


图 3-11　Scratch 舞台布局

5. 背景区和角色区

可以新建、修改舞台背景和增删角色（见图3-12）。把鼠标移到工具图标上方，会弹出相应的工具说明。

图 3-12　背景区和角色区

单击角色区中角色图标左上角的“i”，可以打开角色属性面板（见图3-13），在这里可以了解角色在舞台中的坐标和面向方向，设定角色的名称、旋转模式、是否可在播放过程中拖动及是否显示。其中，旋转模式由左向右分别为：360度旋转、左右翻转、不旋转。

图 3-13　角色属性面板

6. 编辑区

编辑区如图3-14所示，有3个编辑标签：脚本、造型、声音。

点选脚本标签，可以将左侧指令区中分门别类的指令模块拖放到右侧的编程区中进行编程，每个指令类别有相应的颜色和形状。

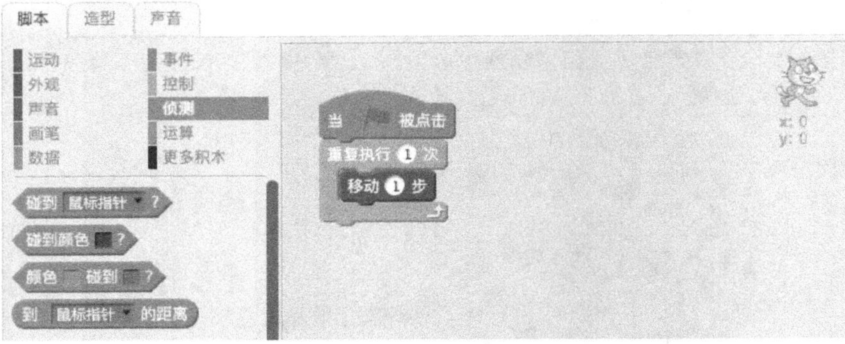


图 3-14　编辑区

点选造型标签，可以指定和修改角色造型，做出造型变换的效果（见图3-15）。

图 3-15　造型编辑模式

点选声音标签，可进入角色的声音编辑模式（见图3-16）。制作动画时，为角色加上声音能达到很好的效果。

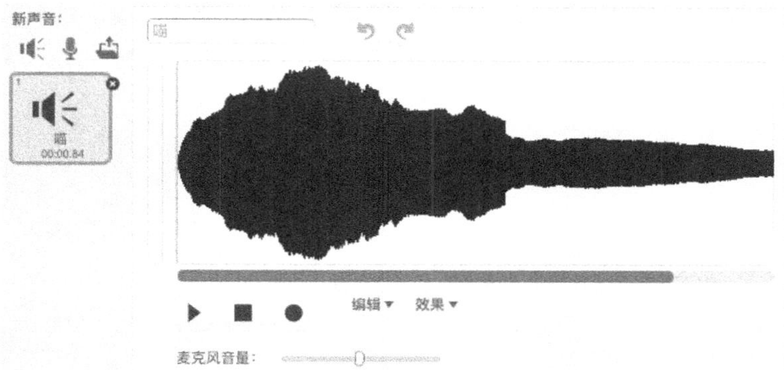


图 3-16　声音编辑模式

熟悉Scratch的基本界面及操作方法后，我们就可以开始动手创作Scratch互动作品啦！

## 3.2　创作准备

国内的mBlock、Labplus盛思以及KittenBot都是基于Scratch2.0开发支持图形化编程并支持开源Arduino及自开发的智能设备控制的软件。Scratch作为micro:bit四大可视开发工具之一，单独来看功能是比较弱的，但其应用比较广泛，在设计制作交互式动画、游戏、故事时具备一定的优势，因此可以利用不同的硬件扩展与micro:bit结合，设计出炫酷好玩的互动作品。

### 3.2.1　S2bot

如果你手头有一块micro:bit板子，但是苦于没有数据线，通过蓝牙控制是个好主意。

1 准备一个BLED112蓝牙适配器。

2 安装蓝牙驱动程序，可以通过驱动管理软件下载。

3 下载S2Bot App。目前Windows版更新到8.4版，macOS版更新到8.2版。

4 安装S2Bot App。

5 双击图标打开软件，在左上方选择BBC micro:bit，并单击右侧项目栏选择“Program micro:bit”，把micro:bit-s2bot.hex文件保存至桌面。

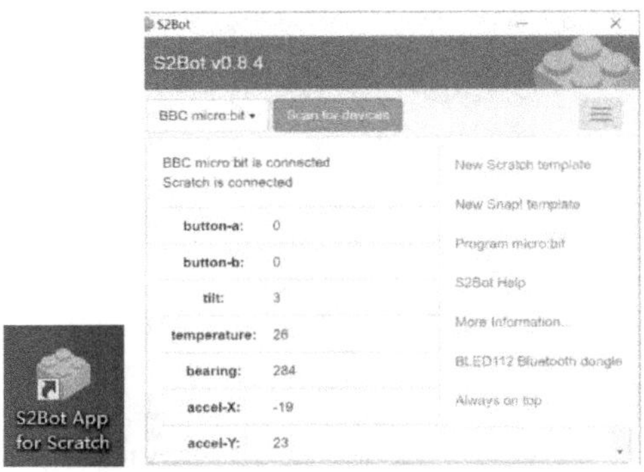


6 用USB数据线连接电脑与micro:bit，将microbit-s2bot.hex文件保存至micro:bit根目录，复制完成后，micro:bit的LED点阵屏会滚动显示“circle”字样，要求“画一个圆圈”来校准传感器，之后出现一个微点。倾斜微点，直到所有外部LED都亮了为止。然后，你会在LED点阵屏上看到一个笑脸，以显示校准工作完成。相反你看到三角形的3个点，则需要断开电池，再次校准。

7 断开USB连接，给micro:bit板连接电源，通过S2Bot APP找到micro:bit设备，连接后等待一会。

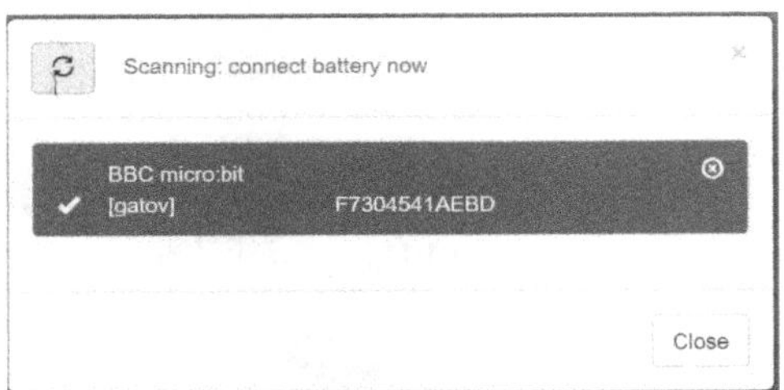

8 连接成功后，你将可以看到micro:bit上一些传感器的数据。

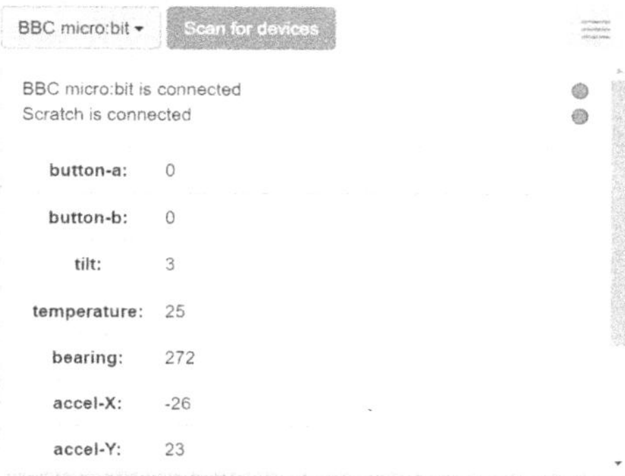


9 再次单击右上角项目栏中的“New Scratch template”按钮，把microbit_template.Sb2文件保存到桌面。用Scratch 2.0（离线版或在线版均可）打开保存于桌面的示例文件，在更多积木模块中就可以看到连接状态以及micro:bit的扩展应用了。

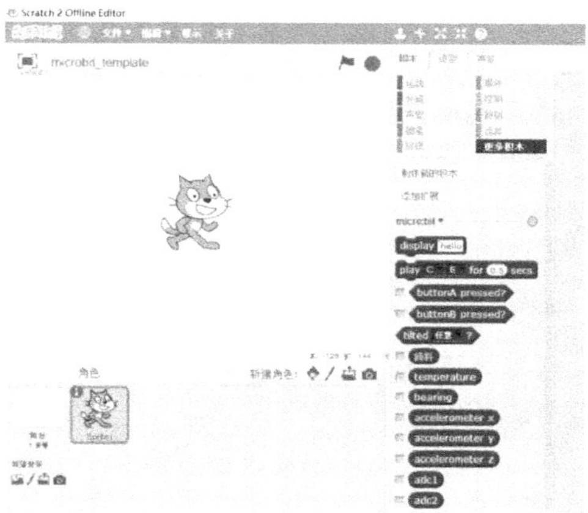

10 连接成功后，可以做一个小测试：按按钮A实现在LED点阵屏滚动显示字符，按按钮B实现在LED点阵屏上显示温度，当控制板倾斜时发出警报声。代码如下。

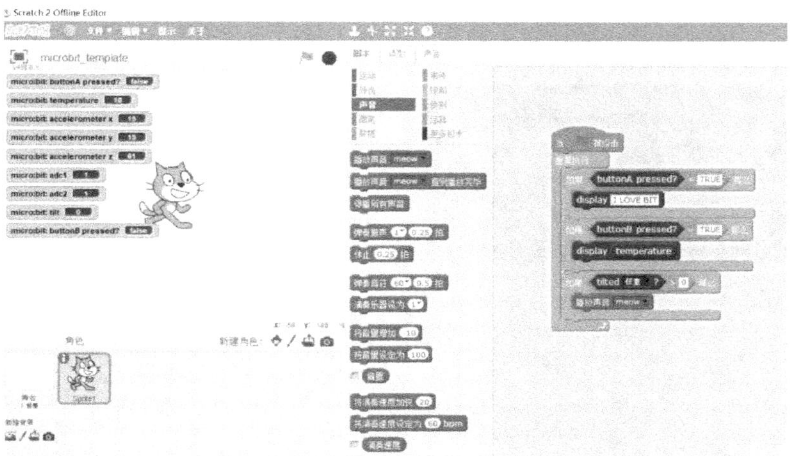

目前能够使用S2Bot App for Scratch进行Scratch和micro:bit互动编程的功能包括：检测按钮状态、检测加速度传感器数值、检测温度变化、在micro:bit上显示文本消息等。如果是将micro:bit作为蓝牙游戏控制设备运用于编程中，需要提前准备并配置好蓝牙驱动环境，所以稍显麻烦。

### 3.2.2 Labplus盛思

相较于S2bot，Labplus盛思2.4这款图形化编程软件同样基于Scratch2.0,采取积木式程序指令，通过拖曳积木模块即可快速设计并制作互动式故事，但其功能更为完善，能够使micro:bit和Scratch的交互运用变得更为简便。

目前此扩展程序只适用于Windows系统。

1 从盛思官网下载Labplus2.4。

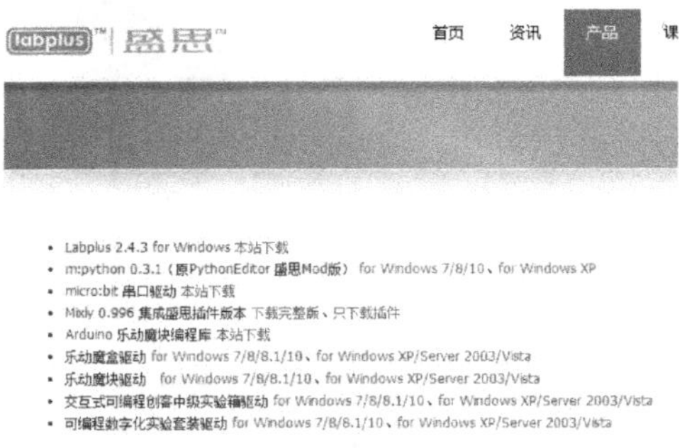


2 双击安装包图标，进行安装。

3 用USB数据线连接电脑与micro:bit，在软件中选择“安装micro:bit驱动”。

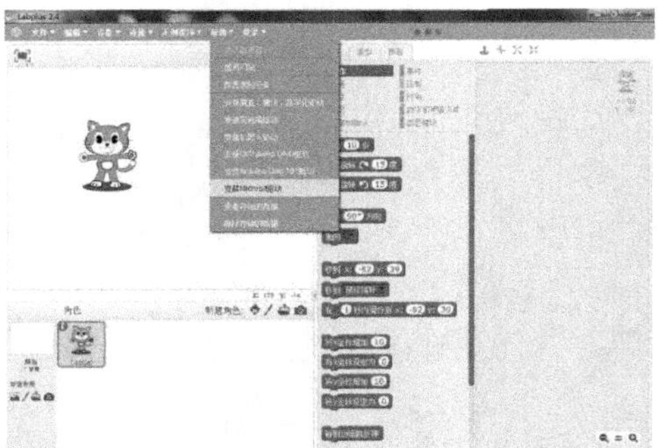

4 安装micro:bit串口驱动程序。

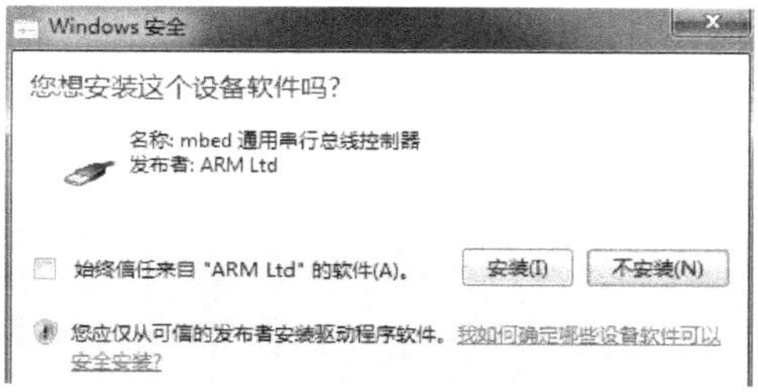

5 在设备中如果选择“micro:bit（在线）”，需要进行端口连接，离线编辑可跳过端口连接这一步骤。在线版充分利用了Scratch的图形化编辑功能，适合设计图形化游戏故事。

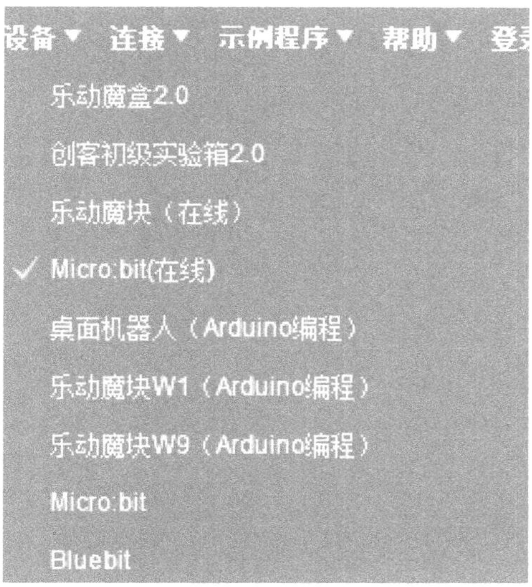


6 查看并选择“连接”→端口号。

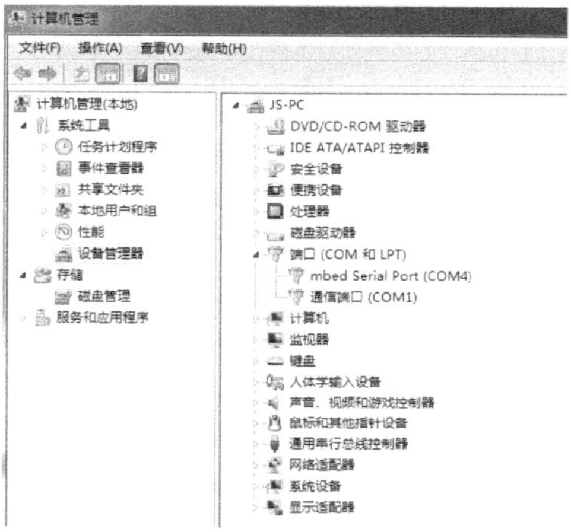

7 选择正确的端口号后，连接状态灯会变成绿色状态。

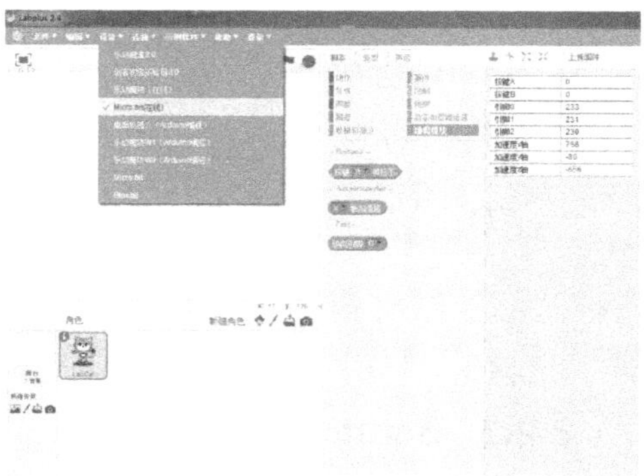

8 连接成功后，需上传固件至micro:bit才会有正常数值显示。编程区的传感器数据显示区域（表格处）显示数值时，表示micro:bit与Scratch已经成功连接。

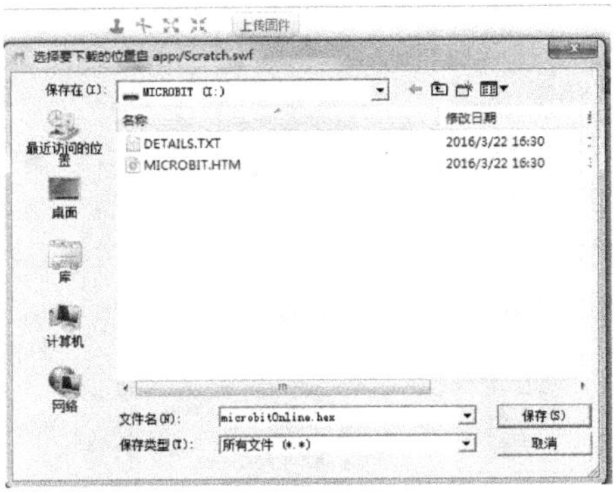


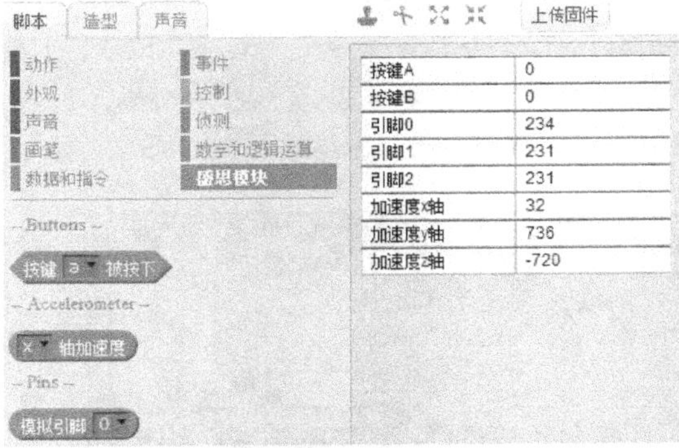


9 离线版类似于MakeCode，比较适合编写离线的游戏或者物联网运用。

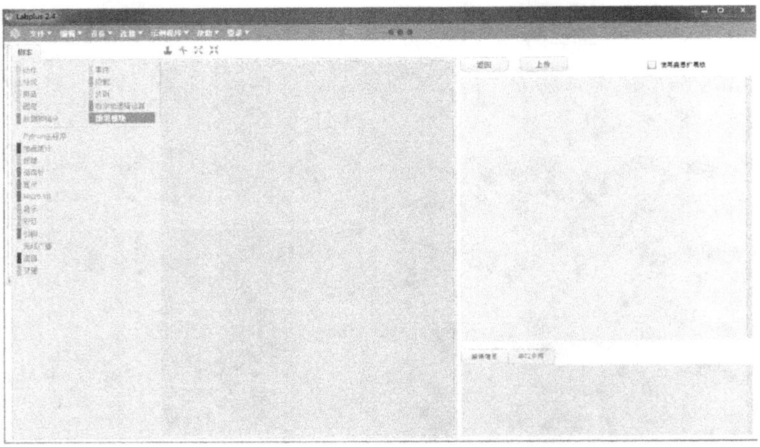

### 3.2.3 ScratchX

ScratchX相当于一个第三方组织开发的Scratch硬件扩展平台，界面和Scratch相似（见图3-17），因此可以像用Scratch一样控制micro:bit。

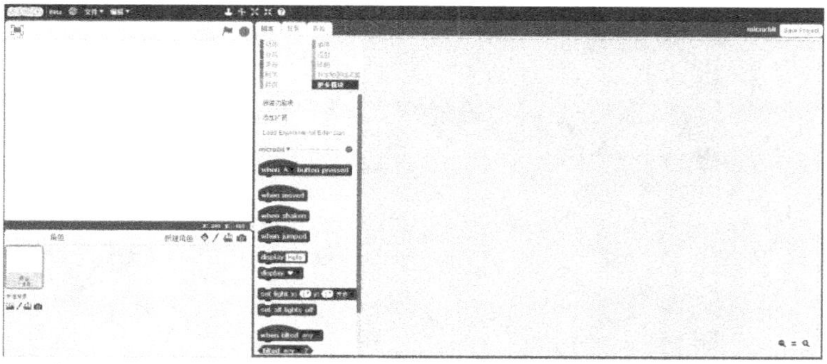

图 3-17　ScratchX 的界面

ScratchX 可以用编程模块无线控制 micro:bit，可以使用传感器或按钮设计一个全新的与 Scratch 项目交互的方式，也可以使用 LED 点阵屏显示信息或创建灯光动画。目前此扩展程序只适用于 macOS 系统。

1 在 AppStore 中搜索并安装 Scratch 设备管理器。

2 下载 scratch-firmware-combined.hex，并使用 USB 连接线将其复制到 micro:bit。

3 在ScratchX上启动micro:bit扩展，并单击Scratch设备管理器中的“Connect”按钮连接到micro:bit，接下来就可以创建与micro:bit互动的Scratch项目了。

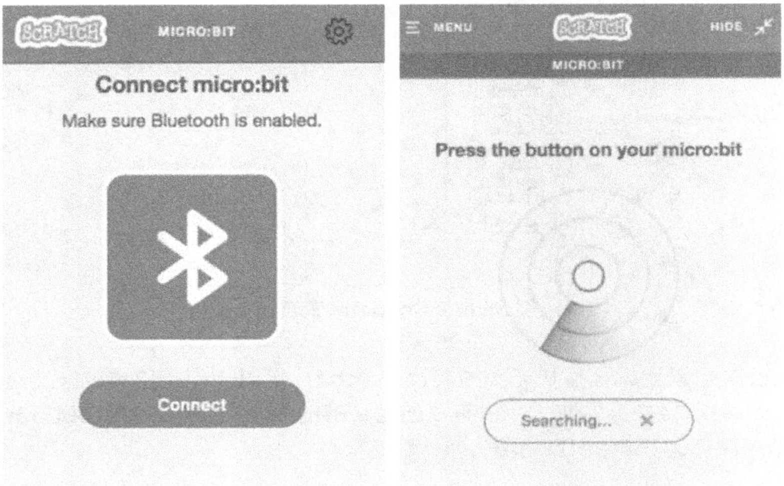


### 3.2.4 Scratchbit

Scratchbit是一个用于micro:bit的MicroPython开源程序，它由Akos Vecsei编写。只要运行这个它，micro:bit就可以作为Scratch的传感器板（PicoBoard）来使用。

Scratchbit项目地址：https://github.com/vecsei/Scratchbit

1 利用BXY Python Editor（DFRobot专门为micro:bit开发的Python IDE）将程序下载到micro:bit板。

BXY Python Editor是一个绿色软件，双击打开软件即可使用。打开Scratchbit程序，单击“下载并运行”，等LED闪烁结束，程序就成功下载到micro:bit上了。注：有时下载时间较长，是因为在更新或下载固件，请耐心等待。

Scratchbit程序代码如下。

```
# micro:bit scratch by Experience Workshop (Akos Vecsei)

# import microbit module
from microbit import *

# Create and send Scratch data packet
```

```
def convert(a, b):
    sensor = bytearray(2)
    upper = (b & 0x380) >> 7
    sensor[1] = b & 0x7f
    sensor[0] = (1 << 7) | a << 3 | upper
    uart.write(sensor)

# Welcome screen
display.scroll('Connect USB cable! In Scratch add PicoBoard extension !')
# Set USB speed
uart.init(38400)
request = bytearray(1)

while True:
# Listen to Scratch
    if uart.readinto(request) == 1 and request[0] == 0x01:
        display.show('C')
        convert(15, 0x04)
        b = 1000
# Get accelerometer's y value from MicroBit
        reading = accelerometer.get_y()
        if reading >= 0:
            reading = int(reading / 2) + 512
            convert(0, reading)
        else:
            reading = 512 - abs(int(reading / 2))
            convert(0, reading)
# Get accelerometer's x value from MicroBit
        reading = accelerometer.get_x()
        if reading >= 0:
            reading = int(reading / 2) + 512
            convert(1, reading)
        else:
            reading = 512 - abs(int(reading / 2))
            convert(1, reading)
# Read button B state from MicroBit
        if button_b.is_pressed():
            convert(2, 1023)
        else:
            convert(2, 0)
        convert(3, b)
# Read button A state from MicroBit
        if button_a.is_pressed():
            convert(4, 1023)
```

```
        else:
            convert(4, 0)
# Read P0 analog value from MicroBit
        convert(5, 1023 - pin0.read_analog())
# Read P1 analog value from MicroBit
        convert(6, pin1.read_analog())
# Read P2 analog value from MicroBit
        convert(7, pin2.read_analog())
```

2 在Scratch的“更多积木”中添加扩展板PicoBoard。

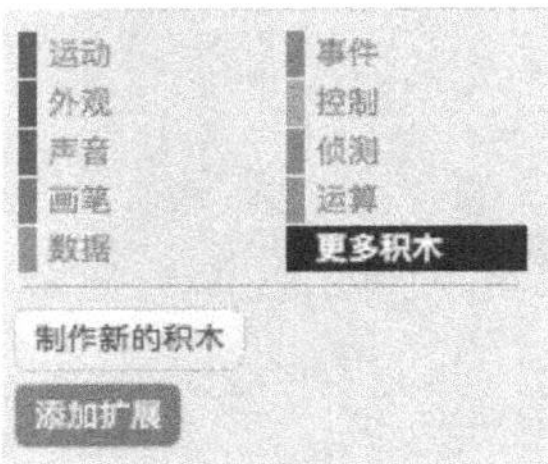

3 稍等一段时间，指示灯由黄色变为绿色，micro:bit板上显示字母C，表示连接成功。

因为Scratch的传感器板PicoBoard（见图3-18）具备滑杆、声音和环境光传感器（在MakeCode中可以用LED来模拟环境光传感器，但是MicroPython中不支持），所以连接成功后，可以在Scratch中可以使用如图3-19所示的指令。

图3-18　PicoBoard

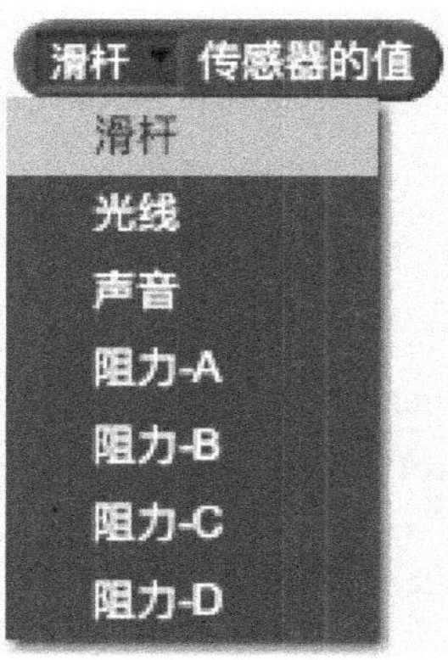


图3-19　Scratch 添加 PicoBoard 扩展后的指令

但是micro:bit本身不具备上述模块，因此还需外接滑杆、声音和环境光传感器才能实现和PicoBoard一样的功能，具体的连接过程如下。

① 将扩展板的A柱和B柱分别穿过micro:bit的0口和GND口。

② 用3Pin线连接传感器与扩展板，注意3Pin线的颜色与扩展板端口针脚的颜色要一一对应。

3Pin线

滑杆

光线传感器

声音传感器

③ 这里需要注意的是，外接传感器之后，PicoBoard原本的功能就和micro:bit的功能一一对应了，如表3-1所示。

表3-1 PicoBoard和micro:bit的功能对照

| PicoBoard | micro:bit |
|---|---|
| 阻力-A | 按钮A |
| 阻力-B | 按钮B |
| 阻力-C | $x$轴方向加速度 |
| 阻力-D | $y$轴方向加速度 |
| 光线传感器 | P0接口 |
| 声音传感器 | P1接口 |
| 滑杆 | P2接口 |

接下来我们就可以使用Scratch和micro:bit来设计互动项目了。当然，前提是你要了解Scratch界面的基本操作。

# 3.3 互动作品

## 3.3.1 用micro:bit控制Scratch

### 案例1：接鸡蛋（使用Scratchbit设计）

接鸡蛋的小游戏通常是利用左右方向键或者鼠标左右移动来控制的，micro:bit板上正好有A、B两个按钮可以代替方向键来控制篮子接鸡蛋（见图3-20）。以下为接鸡蛋小游戏的制作方法。

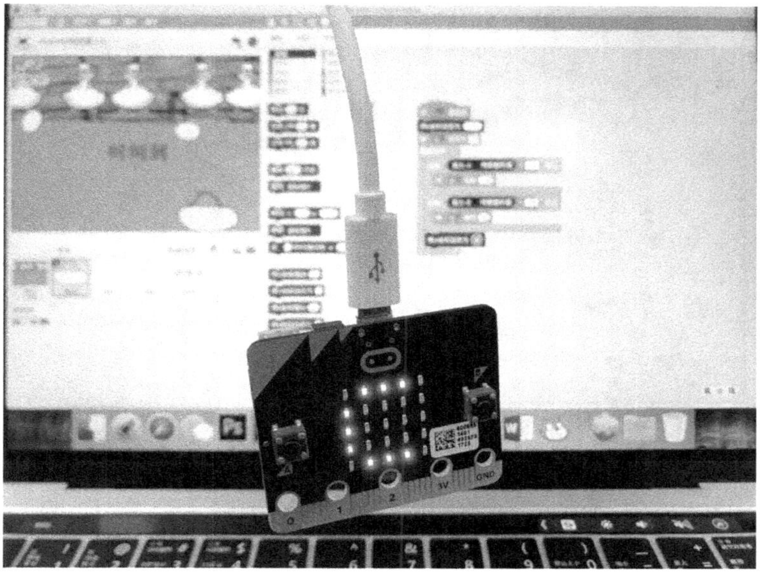

图3-20 接鸡蛋操作示意图

1 新建项目“接鸡蛋”。

2 绘制背景和角色。

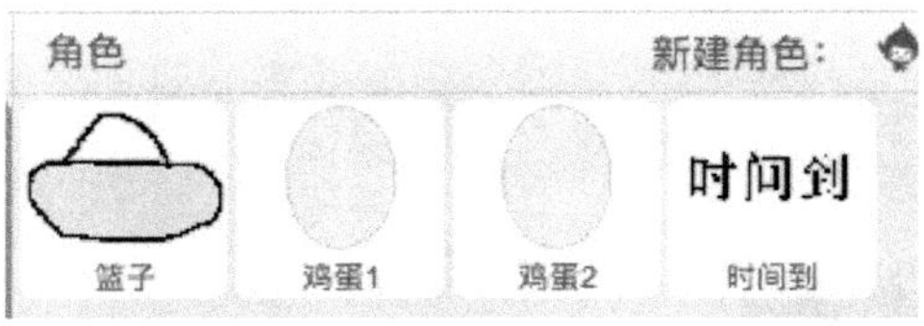


3 阻力A、B分别对应micro:bit上的按钮A、B，控制鸡蛋篮子的移动。

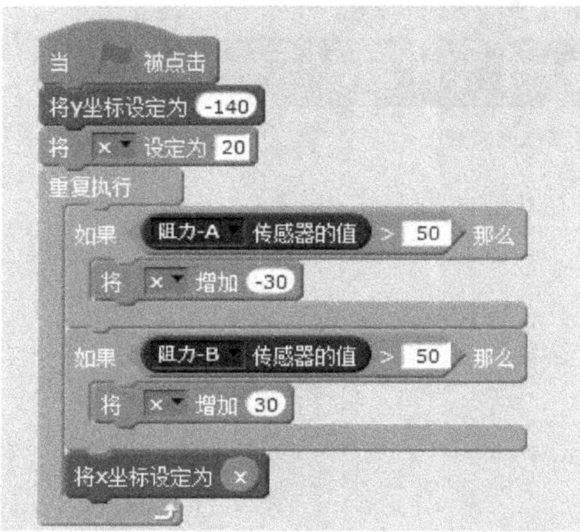


4 播放背景音乐的程序如下。

5 鸡蛋随机掉落的程序如下。

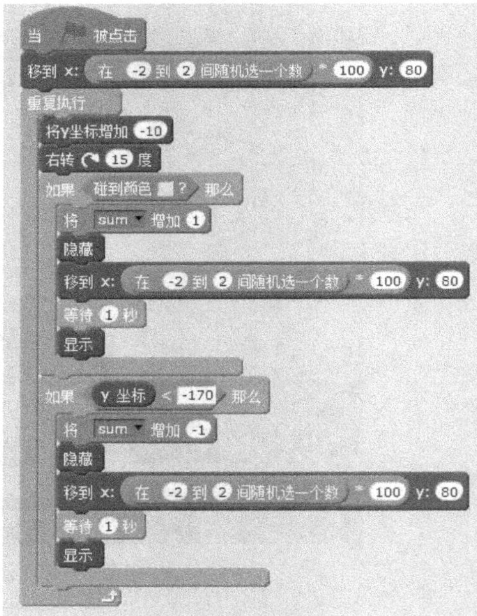

**案例2：走迷宫（基于S2Bot App设计）**

在Scratch中，如果想做一个走迷宫的小游戏（见图3-21），肯定要用到上下左右方向键。但是怎样结合micro:bit让它更好玩呢？ micro:bit自带倾斜传感器，利用这个功能来控制小球走迷宫挺有趣的。

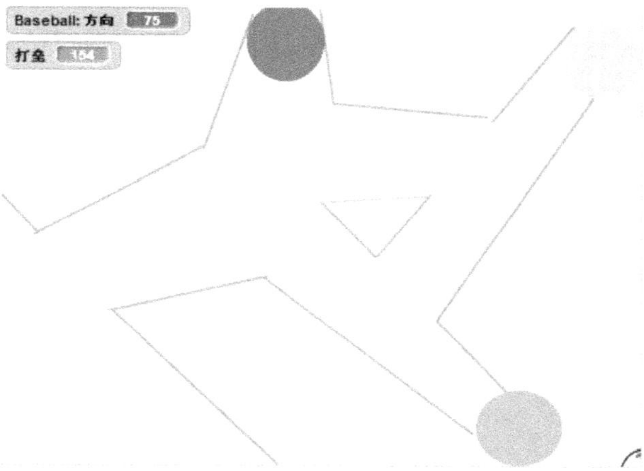


图3-21 “走迷宫”界面示意图

当micro:bit向不同方向倾斜时，倾斜传感器测量出的数据是什么样的呢？你可以做几次测试并记录相关数值。表3-2所示，是笔者测试出来的数据。

**表3-2 倾斜传感器测量出的数据**

| | | | |
|---|---|---|---|
| $x$轴加速度 | 向左倾斜 | 居中 | 向右倾斜 |
| | -1000 | 0 | 1000 |
| $y$轴加速度 | 徽标朝下 | 居中 | 徽标朝上 |
| | -1000 | 0 | 1000 |
| $z$轴加速度 | 朝上平置 | 朝下平置 | |
| | 1023 | -1023 | |

注：（1）“徽标”指LED点阵屏上方的小图标；（2）当micro:bit的倾斜角度不同时，测量出来的数据是不一样的。

加速度是速度变化量Δ$v$与发生这一变化所用时间Δ$t$的比值，是描述物体速度变化快慢的物理量。当micro:bit处于平置状态时，左右倾斜，会让加速度传感器的$x$轴加速度发生变化，而$y$轴加速度保持不变；前后倾斜，会让$y$轴加速度发生变化，而$x$轴加速度保持不变；上下摆动板子，让它加速上升或下落，则会改变$z$轴加速度。

1 通过$x$轴加速度控制小球左右移动，下面设定了两段代码，最终选择了下面的代码。你可以在Scratch中试一试，比较它们的实现效果，思考其不同之处。

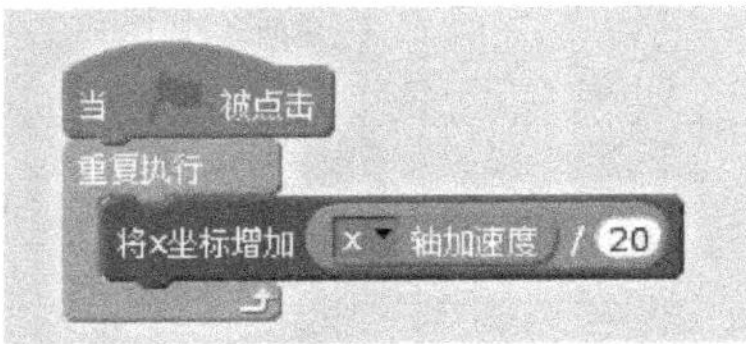


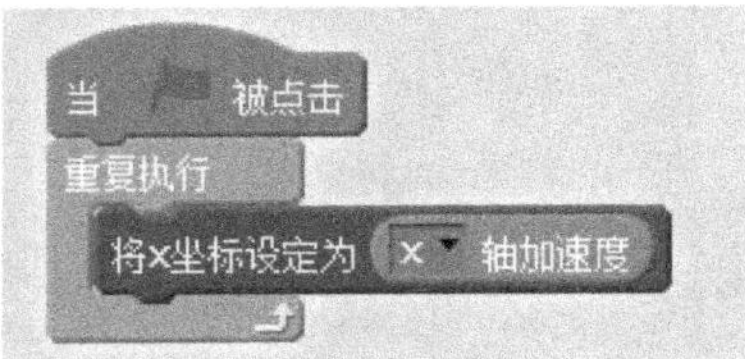


2 利用同类的程序积木，通过$y$轴加速度控制小球上下移动。

3 还可以为小球增加一定的旋转效果，让它的运动变得更加活泼。

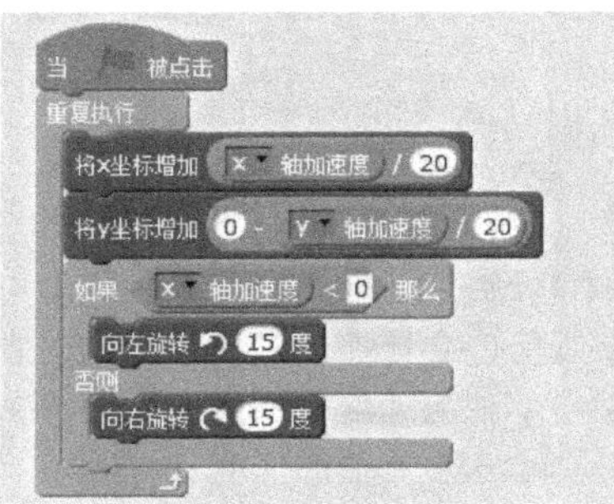


4 进行简单的背景迷宫绘制，并编写对应程序。

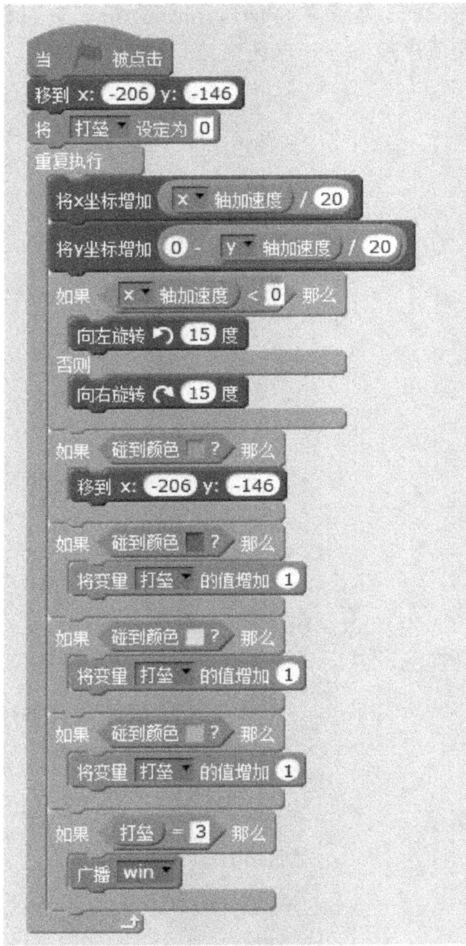


你可以继续测算不同运动状态$x$、$y$、$z$轴加速度变化的规律，并进行记录、比较，然后设计更复杂的小游戏，当然也可以考虑一些运动练习类的运用，利用不同的场景，设计激光射击游戏等，让小板子发挥大作用。

### 案例3：LabCat接球游戏（基于Labplus设计）

想必大家都玩过Scratch中这个最简单的弹球游戏，如图3-22所示，当游戏开始时，小球从上方开始以随机角度向下移动。当小球击中反弹板时，反弹板以随机角度将其向上弹起。玩家使用鼠标移动反弹板，它只能在水平方向上移动。如果小球碰到了舞台底部的红色部分，游戏结束。

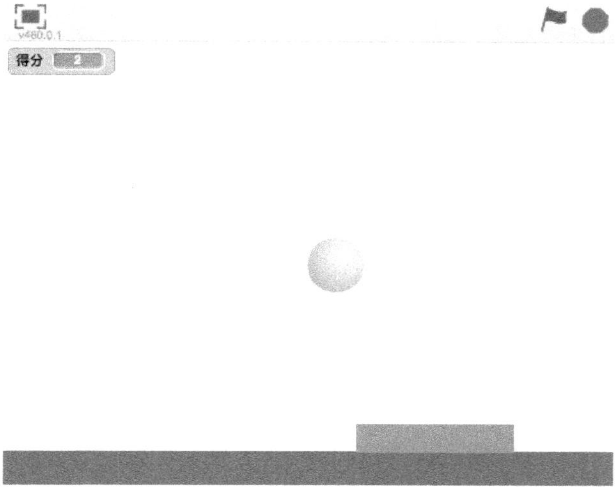


图 3-22　Scratch 弹球游戏

本案例利用micro:bit的A、B按钮代替鼠标来控制小猫LabCat去接弹跳的小球。

1 打开Labplus2.4，选择micro:bit(在线)模式，再单击“连接”→端口号并上传固件至micro:bit根目录。

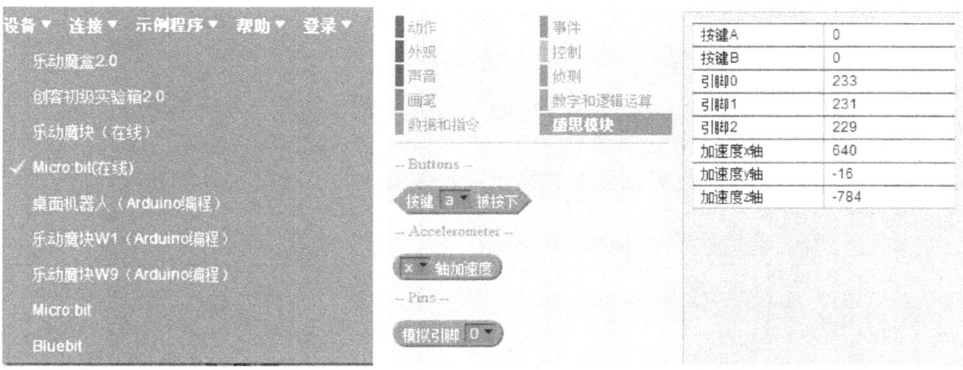

2 进行角色绘制并编程。

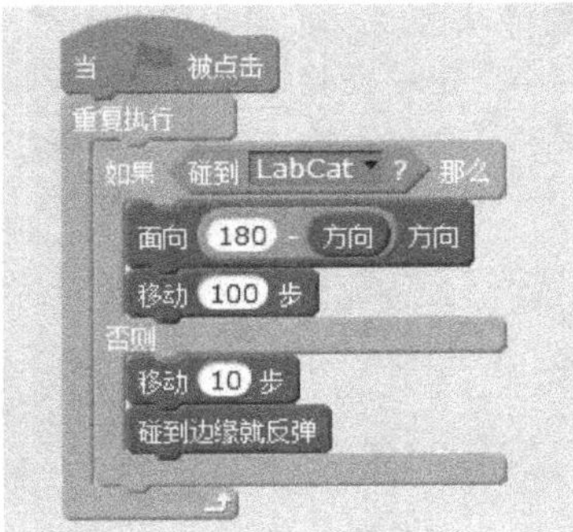

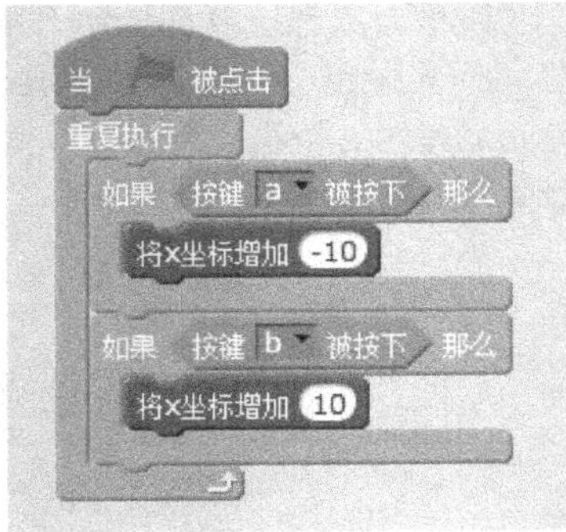


3 程序界面如下图所示。

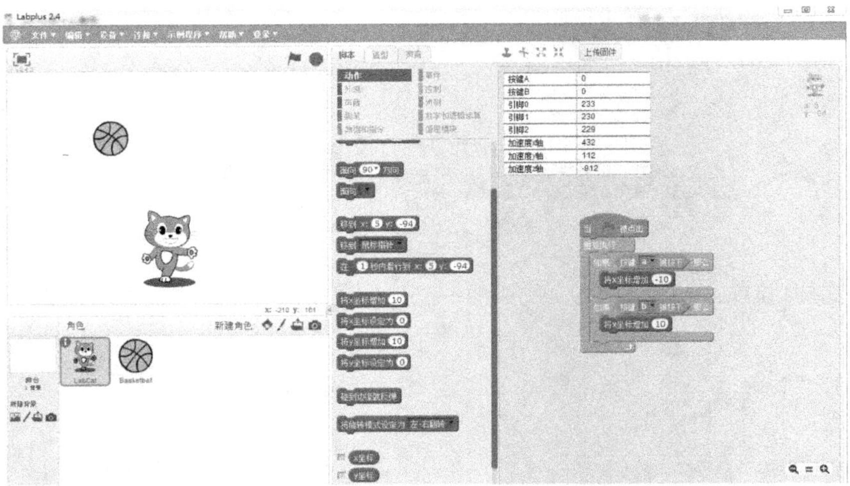

经过简单的程序设计，A、B按钮就成了一个很好的控制器。你可不可以实现更丰富的玩法呢？比如增加显示得分功能，利用micro:bit的LED点阵屏显示得分；达到一定分数出现一定礼品（碰到后可加分）并显示特殊图案（如笑脸符号等）进行表扬；显示时间限制等。

案例4：手指琴（基于Labplus设计）

micro:bit上自带GND、3V以及P0、P1、P2三个引出端口，可以用鳄鱼夹连接模拟传感器。Labplus 2.4的在线版并不支持数字输出，只能进行简单互动，如果需要输出信号，可以使用Labplus 2.4的离线版或者MakeCode。

下面利用micro:bit和Scratch的声音模块来制作一个简易的手指琴。

1 用一根手指按住GND口，另一根手指接触P0口，观察传感器数据显示区域中引脚0输出数值的变化。

| | |
|---|---|
| 按键A | 0 |
| 按键B | 0 |
| 引脚0 | 806 |
| 引脚1 | 231 |
| 引脚2 | 232 |
| 加速度x轴 | 32 |
| 加速度y轴 | 160 |
| 加速度z轴 | -992 |

2 编写演奏的程序，此时声音是从电脑发出的，可以选择不同的音效来测试。

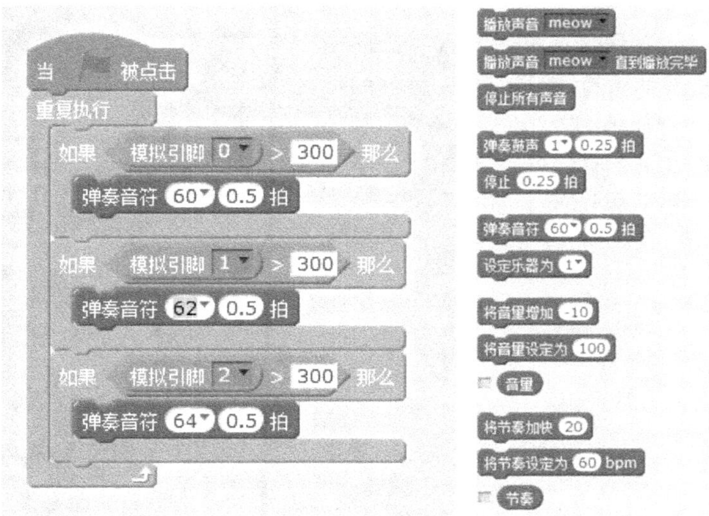


你还可以通过引出接口的方式，加入其他导体控制，从而来实现乐曲的模拟弹奏，或者尝试接入声、光、触摸、颜色、温度等传感器进行互动作品创作。

**补充阅读**

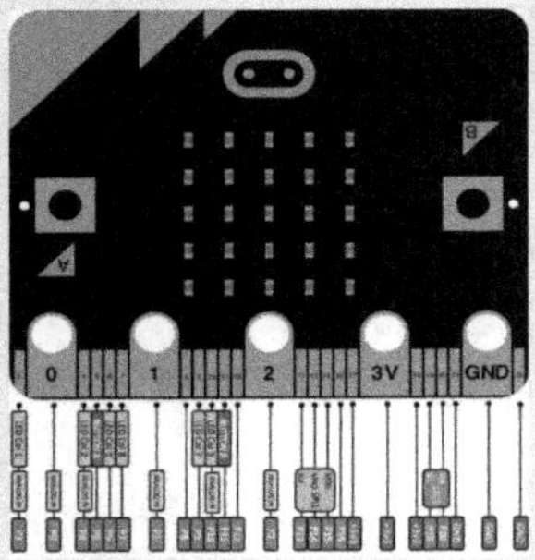


事实上，micro:bit本身附带的十多个GPIO（通用输入/输出）接口支持数字、模拟输入/输出，以及I²C、UART等多种通信协议。通过连接鳄鱼夹、金手指插槽等方式将这些接口扩展出来后，micro:bit能兼容更多的传感器和输出。

micro:bit兼容的常用传感元器件包括：按/旋钮、红外/超声波距离传感器、灰度传感器、碰撞传感器、声音传感器、人体热释电传感器等。

micro:bit扩展板除了Breakout，还有Boson、Robot:bit等，方便用户把更多的信号通过面包板、杜邦线或者3Pin防呆接口引出。

### 3.3.2 用Scratch控制micro:bit

Labplus将micro:bit的大部分功能引入了扩展模块，如图3-23所示。这样一来通过拖曳相应的指令，直接能控制micro:bit。下面介绍一个简单案例：表情包。

大家常常在手机或者电脑上见到一些萌萌的、很可爱的表情包，其实你也可以利用Labplus通过micro:bit这个小板子将自己设计的表情包展现给他人。我们接下来就做一个根据不同动作手势展现此刻心情的即时表情包。

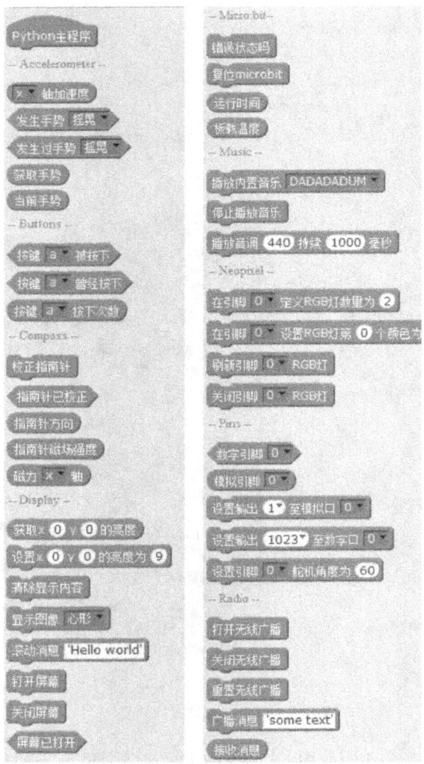


图 3-23　Labplus 扩展模块

1 选择micro：bit离线模式。

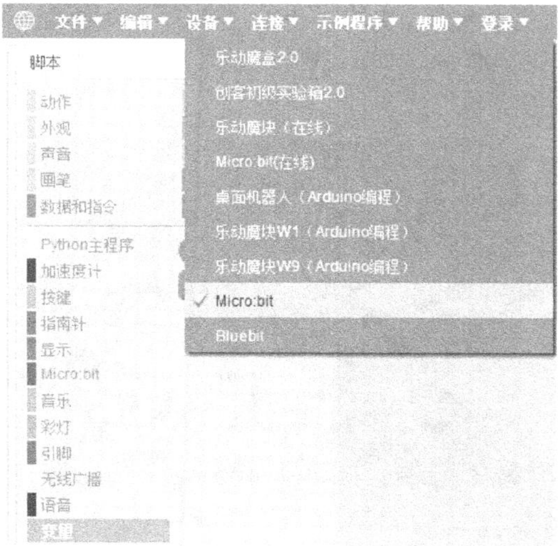


2 可以先简单规划不同的手势或动作对应的表情，然后再编写程序并上传。比如做一个“晃动”手势展现笑脸并播放一小段音乐，程序如下。

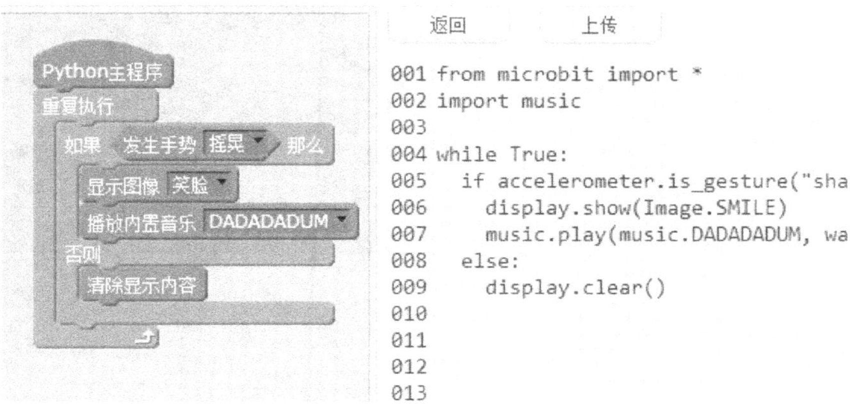

### 3.3.3 综合案例：赛车游戏（基于Labplus设计）

一般Scratch中的赛车游戏（见图3-24）是通过方向键来控制的，按上键时，$y$坐标增加；按下键时，$y$坐标减小；按左键时，$x$坐标减小；按右键时，$x$坐标增加。不同关卡背景的变化更是能够增添趣味性。

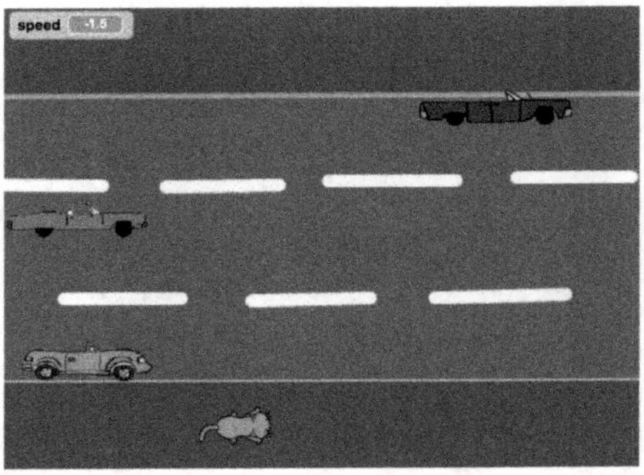


图3-24 赛车游戏

1 绘制背景。

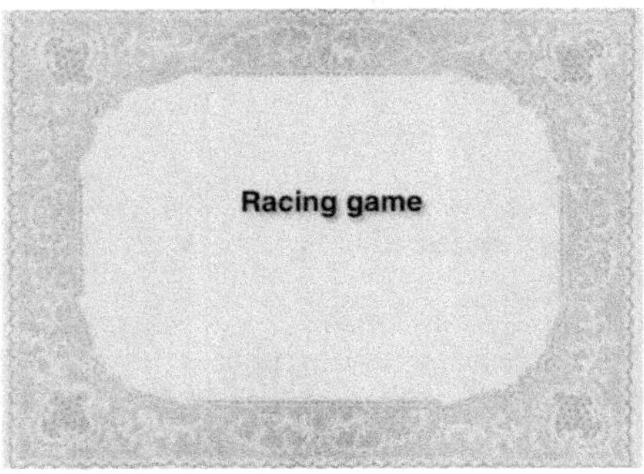


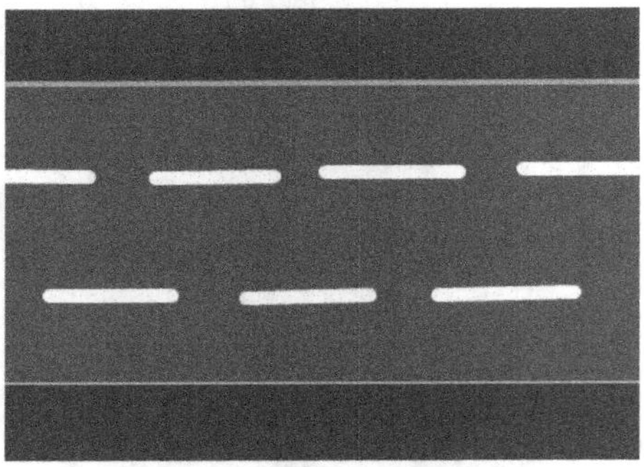

2 绘制主角和其他赛车。

**3** 为了使游戏更有趣，可以设置按按钮A或者B时，控制背景变化。此处可设置动态后退背景，根据相对运动原理形成“车进景退”的效果。

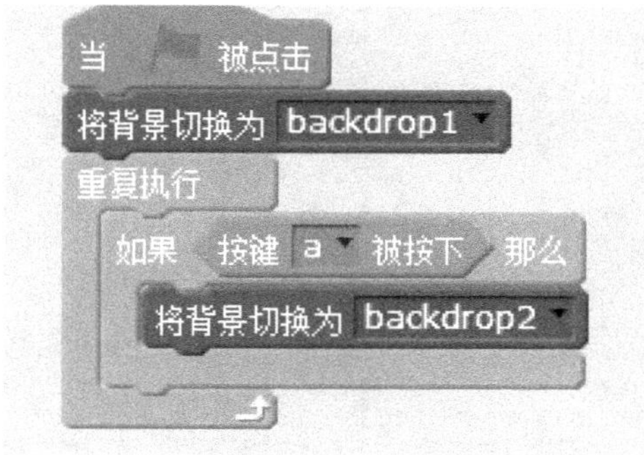


**4** 小车的方向可使用micro:bit自带的倾斜传感器来控制，此时micro:bit可看作一个蓝牙方向盘。

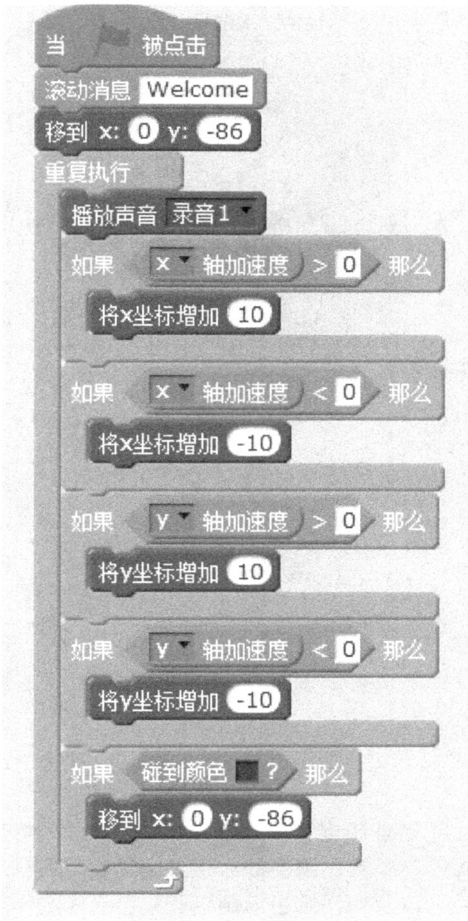


你可以在赛道上设置障碍物或者竞争赛车，结合按钮A、B进行攻击；也可以使赛车游戏更真实，一直按住按钮A或B让赛车的速度增加。

# 4 盒子 Robot

得益于丰富的I/O扩展口以及硬件支持，micro:bit能很好地胜任各种简易机器人相关学习和开发场景。目前市面上已经能看到多款基于micro:bit的机器人，如图4-1所示。

| 4tronix的Bit:Bot | DFRobot的Max:bot |
| --- | --- |
|  |  |
| Labplus盛思的ccbot玩伴机器人 | Kitronik的Line Following Buggy |
| 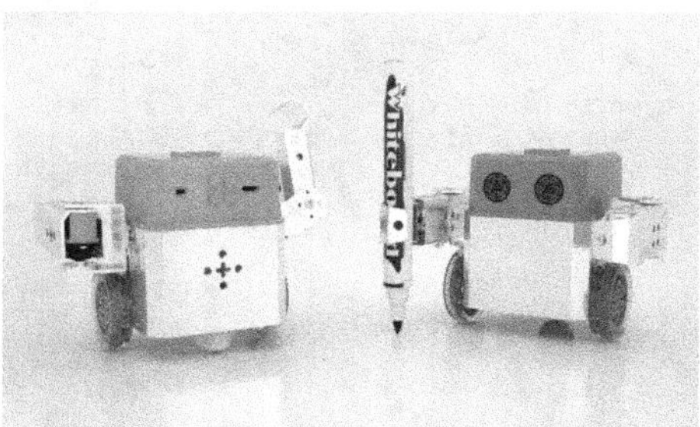 |  |

图4-1　常见的micro:bit控制的机器人

这些机器人形态、功能各不相同，控制机制也有差异，但都由micro:bit作为主控器。本章将围绕机器人相关的话题作展开，介绍micro:bit在机器人制作、编程方面的特点，以及如何结合常用电子元器件来制作一个能自动避障的机器人。

# 4.1 认识机器人

机器人是具备一定运算能力的自动化机器。类似于生物，机器人一般由表 4-1 所列的三大“器官”构成。

表 4-1　机器人的三大“器官”

| | |
|---|---|
| **大脑** | **具有逻辑能力，用于处理接收到的信息与发送控制指令** |
| **感知系统** | 如同眼睛与耳朵，用于接收外部信息 |
| **执行系统** | 如肢体，用动作、语言、表情等用于改造外部环境或向外部发送信息 |

下面我们将逐一分析 micro:bit 如何实现机器人的基本功能。

## 4.1.1　大脑

micro:bit 搭载了 ARM 的 Cortex-M0 处理器，运算性能满足绝大多数的机器人入门场景。对于初学者来说，micro:bit 的优势更多在于其丰富的编程语言支持和友善的交互界面。以微软的在线编程平台为例，用户可以在网页中拖曳相关模块来获取传感器的数据，通过一定的循环、判断等逻辑功能快速地对数据进行处理。micro:bit 的出现大大降低了编程的入门成本，使学习的重心能更好地放在机器人控制上。

## 4.1.2　感知系统

micro:bit 自带丰富的板载功能模块，在不接外部设备的情况下也能获取外部的多种信息，如重力加速度、磁场强度、光强、温度、蓝牙无线通信信号和广播信号等，如图 4-2 所示。

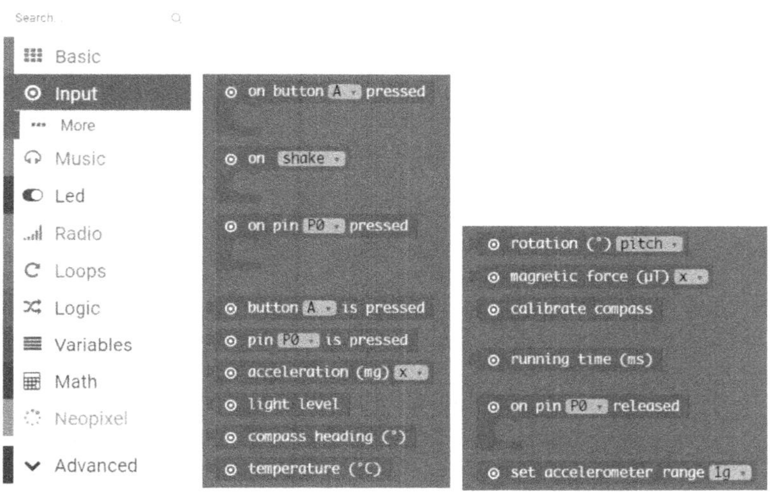


图 4-2　micro:bit 的传感器信号输入

同时，micro:bit本身附带的十多个GPIO（通用输入/输出）接口，支持数字、模拟，以及$I^2C$、UART等多种通信协议。通过连接鳄鱼夹、金手指插槽等方式将这些信号接口扩充出来后，micro:bit能兼容更多的机器人相关元器件。

micro:bit兼容的常用传感元器件包括：按钮/旋钮、红外/超声波距离传感器、灰度传感器、碰撞传感器、声音传感器、人体热释电传感器等（部分见图4-3）。

| 红外距离传感器 | 摇杆按钮 |
| --- | --- |
|  |  |
| 声音传感器 | 灰度传感器 |
|  |  |

图4-3　常见输入/输出模块

另外，其板载的无线通信模块，能实现机器人远程遥控、数据传输功能（见图4-4），为一些相对复杂的无线机器人应用提供了可能。

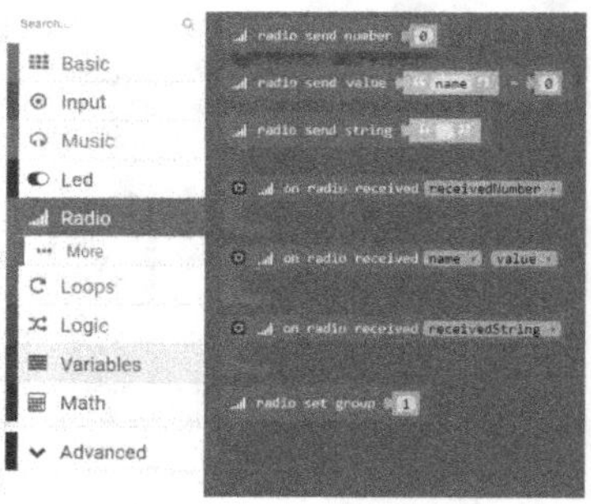


图4-4　无线通信功能

### 4.1.3 执行系统

机器人涉及的常用执行器包括电机、舵机等机械交互装置，灯光、屏幕等视觉交互部件，以及蜂鸣器、扬声器（小喇叭）等声音交互部件（部分见图4-5）。

机械交互：基于其完善的舵机控制库，micro:bit能够让初学者快速掌握控制舵机的转速或方向控制，实现机器人移动与运动。此外，micro:bit 的GPIO支持PWM输出，能够通过外部的电机驱动板/芯片控制电机转速与方向，适用于进阶的机器人控制学习。

| 舵机 | RGB灯带 | 喇叭 |
| --- | --- | --- |
| 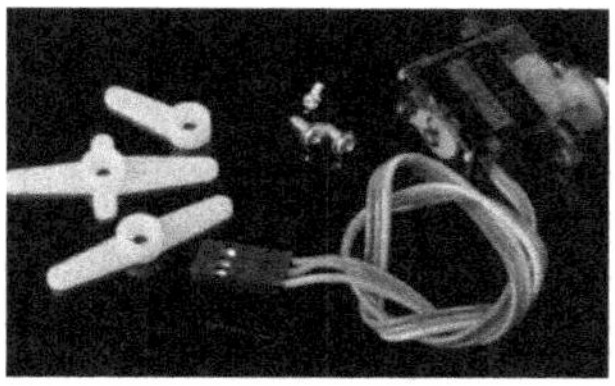 | 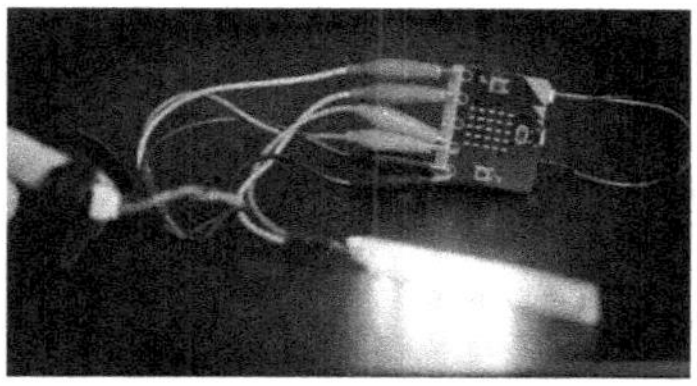 |  |

图4-5　常见输出外设

灯光交互：micro:bit自带的5×5 LED点阵屏能实现基础的表情、文字输出。此外，micro:bit兼容Neopixel RGB LED灯带，能够方便、快捷地为特定灯珠设置颜色、亮度以及动画效果。

声音交互：micro:bit能够控制蜂鸣器发出不同频率的声音，编写简单的音效。此外，在MicroPython编程环境下，micro:bit还能发出不同音调的语音信息，甚至吟唱一段简单的歌曲。

**表4-2　micro:bit支持的机器人应用场景**

| | |
| --- | --- |
| 移动小车 | 小车基本运动控制 |
| 避障、巡线、追光、碰撞检测 | 遥控、远程上传数据 |
| 仿生机器 | 机械臂运动控制 |
| 音乐与语音编程 | |

micro:bit虽然能实现的表4-2所列举的众多功能，但是作为一款低成本的微型电脑，micro:bit也存在一定的局限性。下文罗列了micro:bit的一些主要短板，希望机器人初学者和教师能够充分了解其优缺点，选择合适的功能与周边元器件。

micro:bit属于单片机（microcontroller），与树莓派等运行完整操作系统的电脑（computer）运算水平差距很大，无法进行如图像、语音识别等复杂运算处理。

micro:bit需要通过金手指插槽来连接更多外部设备。因其自身的驱动能力较差，无法直接驱动电机、舵机等大电流设备。另外，micro:bit本身的供电和信号电压为3.3V，无法直接和常用的5V电子元器件一起使用。而现今各种类型的micro:bit扩展板的出现大大缓了解驱动能力与电压的问题。

micro:bit虽然支持多种编程语言，但由于面世时间相对较短，目前仍然存在部分常用元件无法与micro:bit兼容的问题。相信随着micro:bit的普及，这些问题会逐渐得到解决。

在对micro:bit有了较为全面的了解后，我们将介绍一些常用的机器人相关元器件如何在micro:bit平台下使用。

## 4.2 自制纸盒机器人

在大致了解了micro:bit的输入/输出功能后，我们可以尝试用一些常用的电子元器件来制作一个具备避障功能的机器人小车。当小车识别到前方障碍物时；会自动调头，知道前方没有障碍物时，继续保持前进。为了实现这个功能，我们需要以超声波距离传感器作为输入模块，用来检测障碍物；以两个360° 的舵机作为输出模块，用来驱动小车前进、后退。同时，由于micro:bit本身的引脚有限，驱动功能也无法带动过多的外接元器件，我们需要一个扩展板来支持这些扩展功能。

### 4.2.1 器具清单

| | |
|---|---|
| micro:bit × 1 | 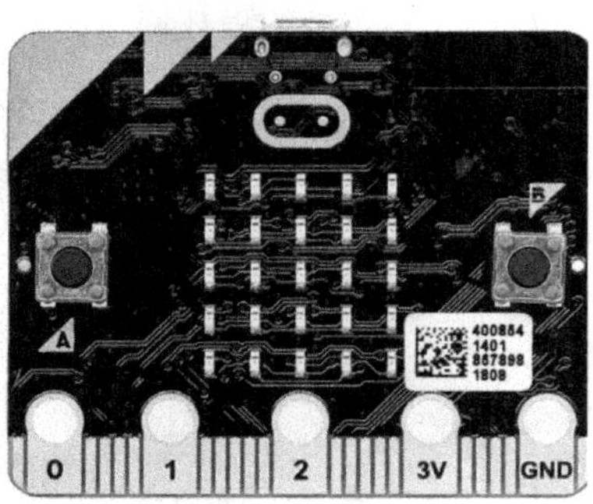 |

| | |
|---|---|
| micro:bit扩展板（需要4个以上信号引脚）× 1 | 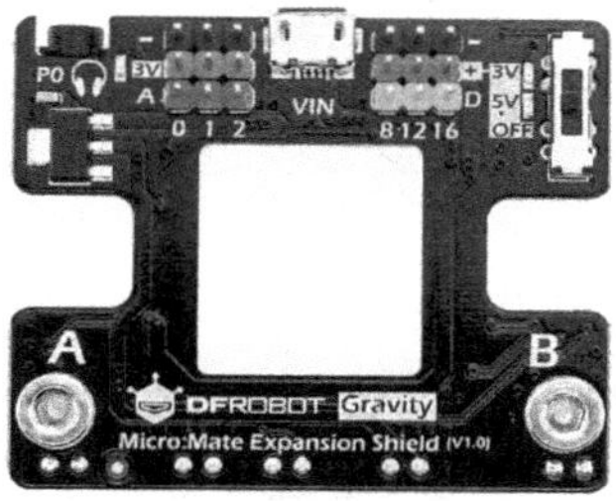 |
| 纸盒 × 1、超声波传感器（SR04）× 1 微型360°舵机 × 2、万向轮 × 1 | 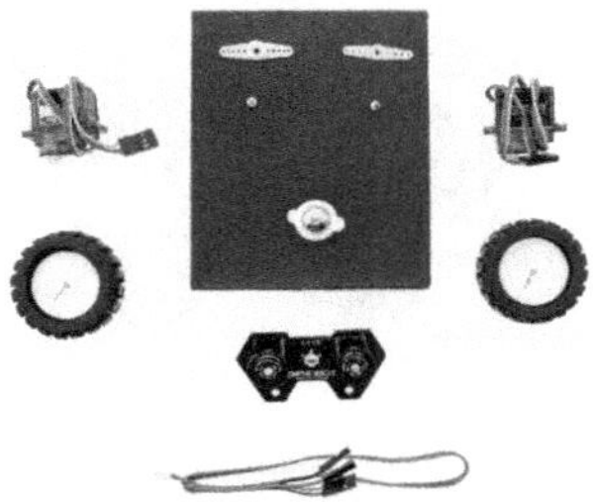 |
| 移动电源 x 1 |  |
| 笔、螺丝刀、美工刀、剪刀、尺子、热熔胶枪 | 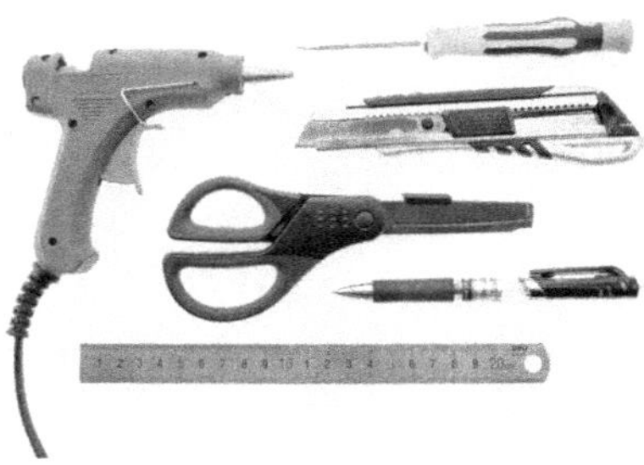 |

### 4.2.2 车体制作

#### 4.2.2.1 万向轮

1 将车体翻至底部，先用蓝丁胶暂时确认牛眼轮的位置。牛眼轮所在的部分即为车头。

2 确认车轮所在的位置，并在车体盒子上标记轮子的中心位置。

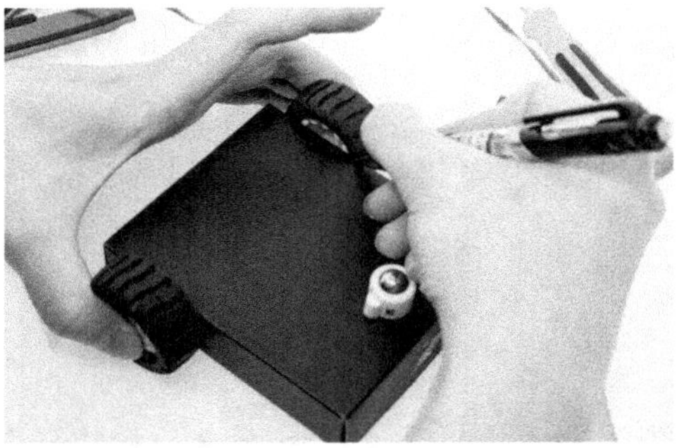

3 在确认好一个轮子的位置后，用直尺测量其距离一边的距离，再标记另一个轮子的中心点，以保证两者对称。

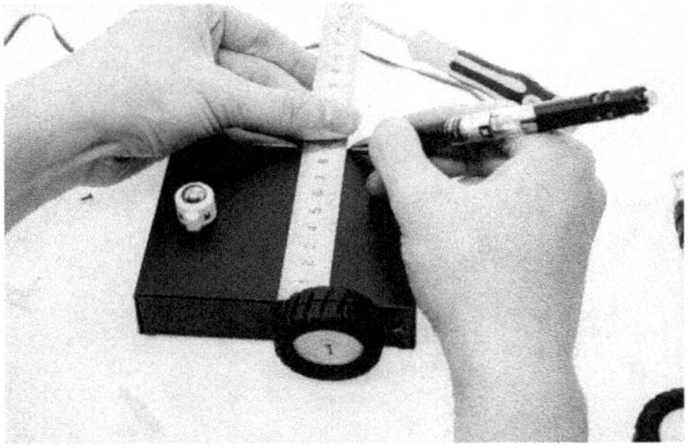

需要特别注意的是，在测量的过程中，车轮的高度也需要特别考虑，尽可能要与牛眼轮的高度保持一致，以保证车体部分与地面平行。

#### 4.2.2.2 测试舵机

下一步就是测量并安装轮子的驱动装置——舵机。

1 先将舵机的齿轮部分对准刚才已经标记好的轮子中心部位，并用笔勾画出其大概位置。在测量的过程中要考虑舵机连线在车体内的朝向，这会直接影响未来电子部分连线的线路长短。

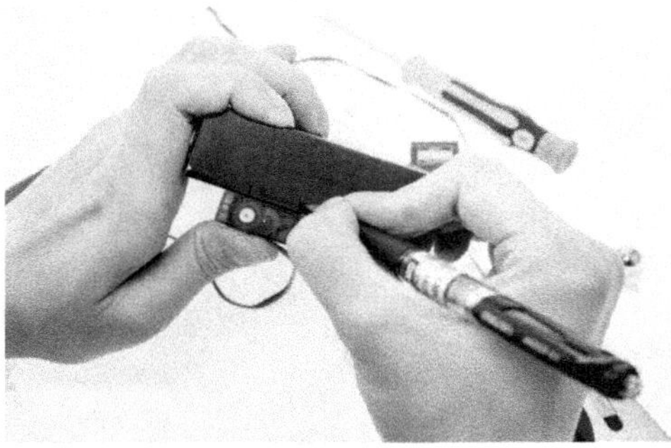

2 根据标记的区域用小刀切割出舵机大小的框，建议比先前测量的大小切得略小一些，以便在后期固定时将舵机稳定地卡在车体上。

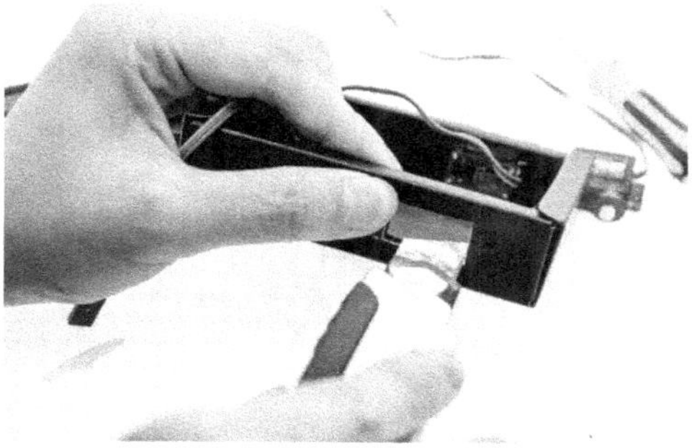

3 将舵机放入这个裁剪好的槽中。另一边也如法炮制，将舵机卡在槽内。

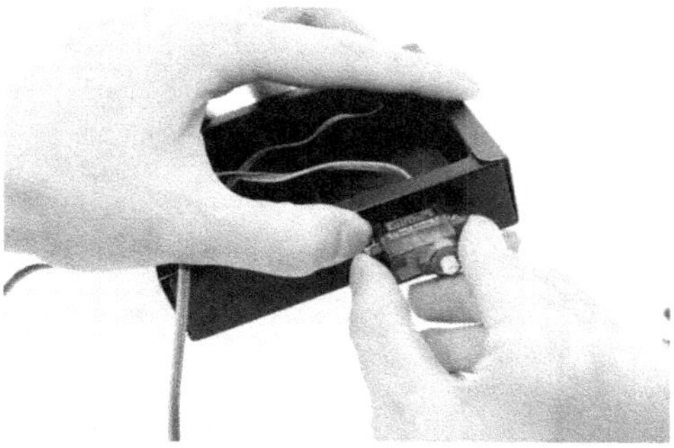

#### 4.2.2.3 加装车轮

1 拿出舵机自带的舵盘。

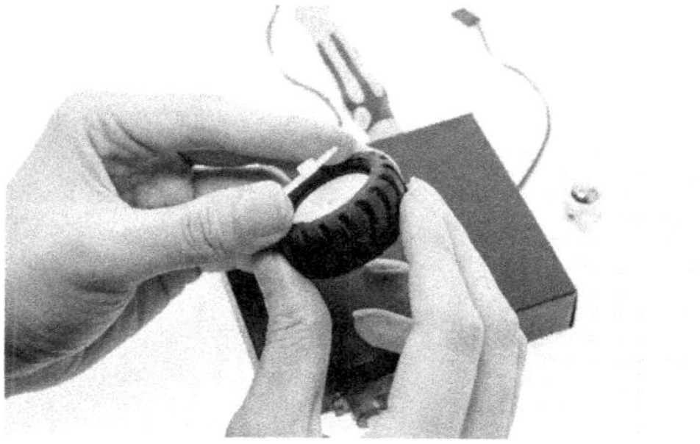

2 比对轮子的内径，将两个轮子对应的舵盘修剪一下。

3 把舵盘装到舵机上。

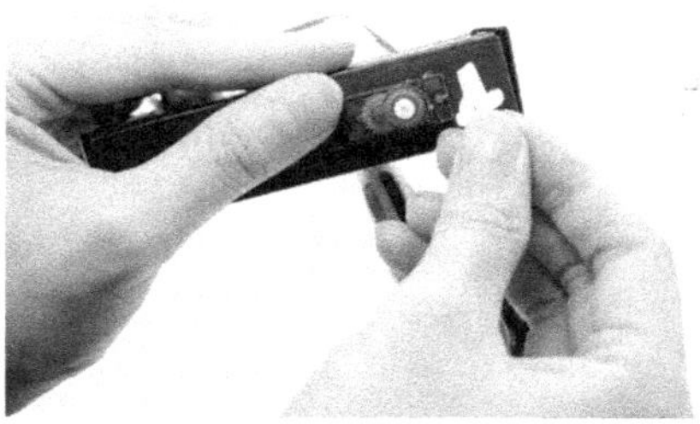

4 再将轮子套到舵盘上。

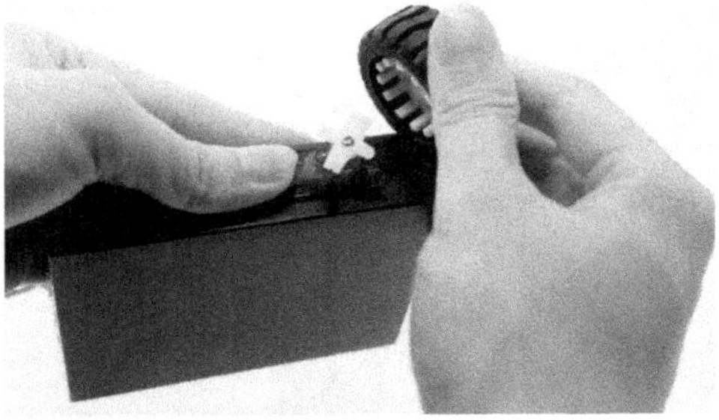

5 在固定之前，再测试一下整个车子的平衡度。

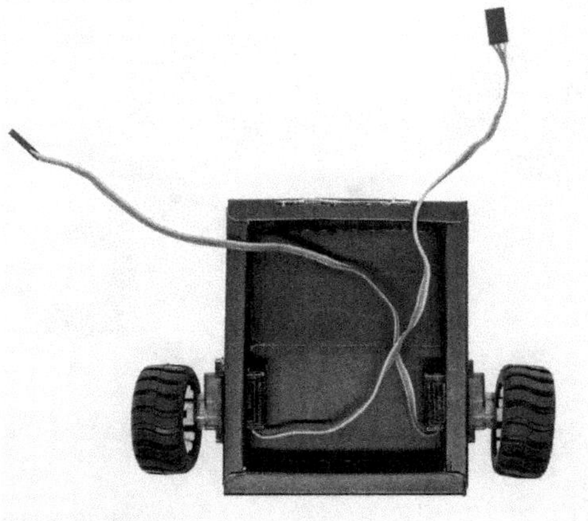

#### 4.2.2.4 加固轮子

经过前面的测试与准备后，就开始正式的固定环节。这里我们会用热熔胶枪对各个零部件进行固定。

1 首先先将之前所有的部件拆开，先固定与车体连在一起的舵机部分。

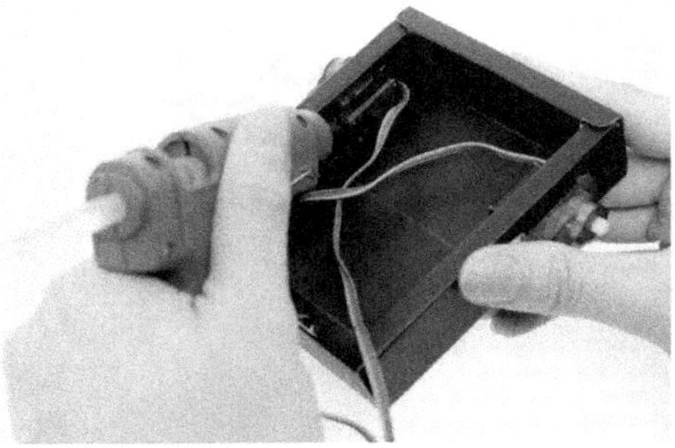

2 为了不影响美观，建议将热熔胶涂在车体的内部。

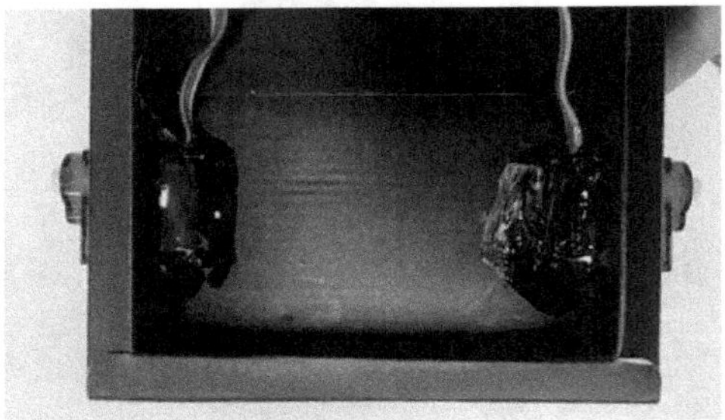

3 找出舵机的螺丝，按下图顺序固定舵盘。

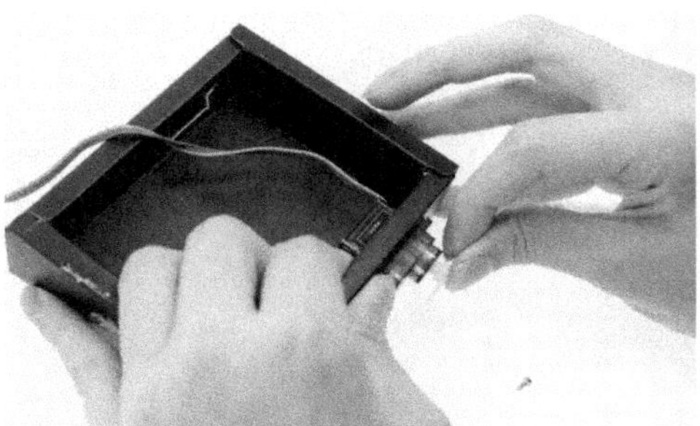

4 用螺丝刀旋紧螺丝。

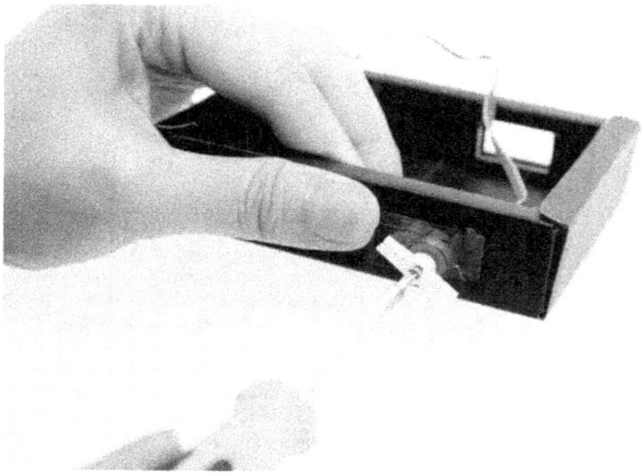

5 在轮子的内部涂满热熔胶。

6 将涂满热熔胶的轮子仔细卡入舵机的舵盘，用手按压，等待热熔胶凝固，同时注意要保证轮子与地面保持垂直。

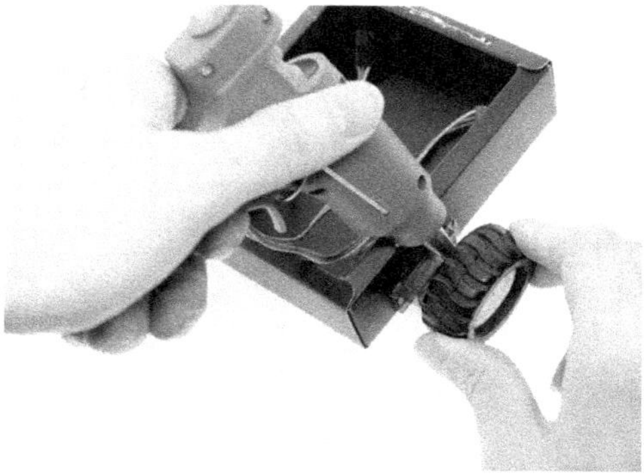

7 另外一边也用同样的方法进行固定。

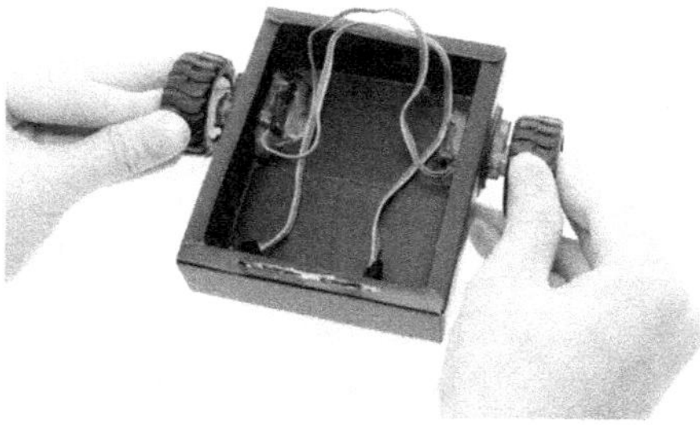

8 对牛眼轮的部分，将蓝丁胶取下，用热熔胶枪再将牛服轮固定在车体底部。

#### 4.2.2.5 超声波测距传感器

1 将车头部分（底部牛眼轮所在的部分）朝向自己，按超声波传感器底部的长度，用刻刀切出合适的长度。

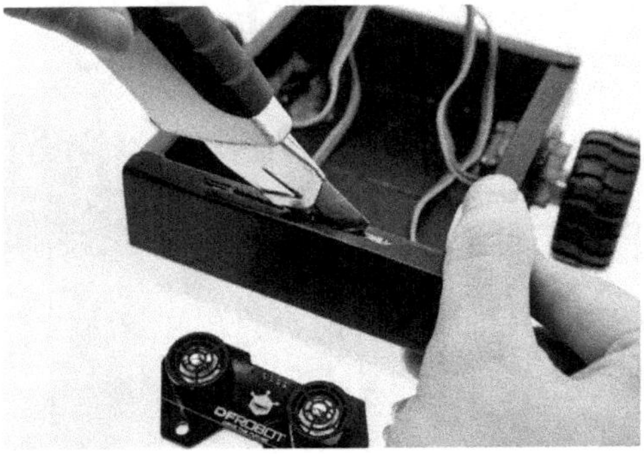


2 切好后，将传感器插入槽内。和之前一样，建议不要一下子切得太大、太宽，以保证传感器可以完美地卡住。

#### 4.2.2.6 完工

制作完成的盒子小车如图4-6所示。

图 4-6　盒子小车成品图

### 4.2.3 元器件连接

超声波传感器Trig接口：P1

超声波传感器Echo接口：P2

左侧舵机：P12

右侧舵机：P16

### 4.2.4 避障原理

小车避障程序的流程如图4-7所示。

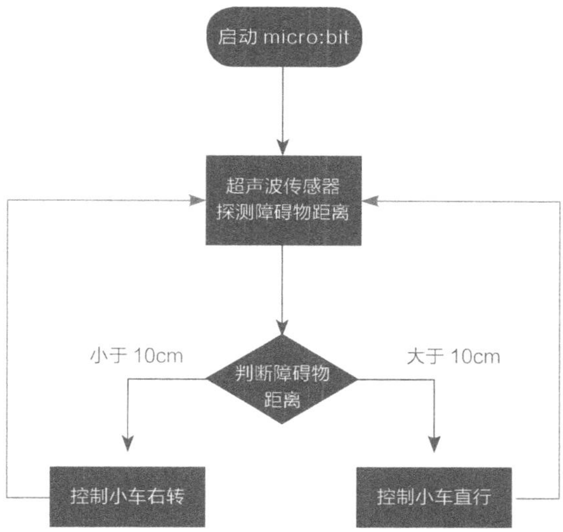


图 4-7 避障流程图

### 4.2.5 输入/输出

机器人需要能够从传感器端输入信号以获取外接的信息，同时也要向执行器端输出信号以改变外部环境。最简单的输入/输出信号分为数字信号与模拟信号，即直接通过检测信号口接收或发出的电压来完成交互，是最简单、直观的通信机制。数字信号仅存在高电平（3V）与低电平（0V）两种状态（如按钮的按下/松开、小灯的亮/灭），而模拟信号则能对应到一定的电压范围（0~3V）内的任意的数值（如旋钮的位置、小灯的亮度）。

以微软的编程平台为例，micro:bit的输入/输出功能可以在“Pins”模块下找到，如图4-8所示，支持读取/发送不同电平数字和模拟信号。

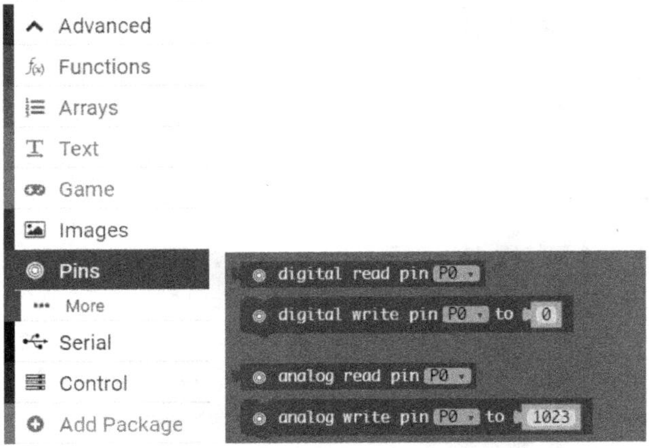


图 4-8　P0 端口功能

| | |
|---|---|
| 读取P0数字输入信号 | 设定P0数字输出信号 |
| 读取P0模拟输入信号 | 设定P0模拟输出信号 |

### 4.2.6　程序设计

| 程序 | 代码分析 |
|---|---|
|  | 如前文所述，将舵机参数设为0时，360° 舵机将保持顺时针全速旋转；将舵机参数设为180时，360° 舵机将保持逆势针全速旋转。<br>因为安装在车两侧的舵机朝向相反，当左侧舵机参数设为0、右侧舵机参数设为180时，小车将保持直行；当左、右舵机参数均为180时，小车将左转。<br>我们将这两个舵机指令分别封装在函数 Forward和Left中，方便我们调用，既增强了程序的可读性，也减少了编程中烦琐的模块拖动 |

续表

| 程序 | 代码分析 |
| --- | --- |
| 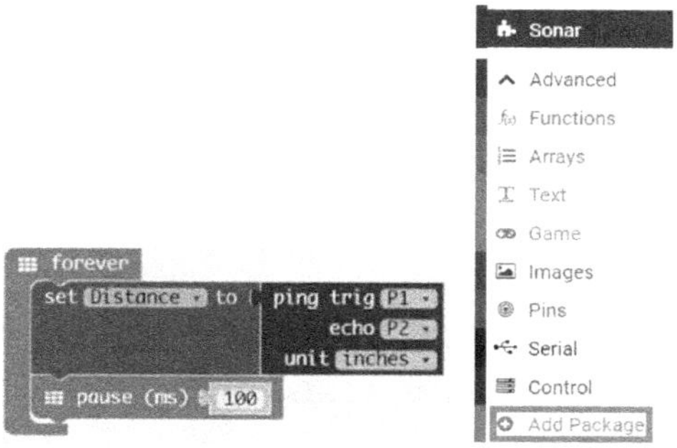 | 为了保证避障的时效性，主程序会含有两个Forever模块。超声波模块可以在“Add Package”部分搜索“Sonar”后添加。<br>该程序能在超声波模块被遮挡后返回距离的数值。由于超声波模块的采样速率有限，我们需要增加一个100ms的暂停以保证测量数据有效 |
| 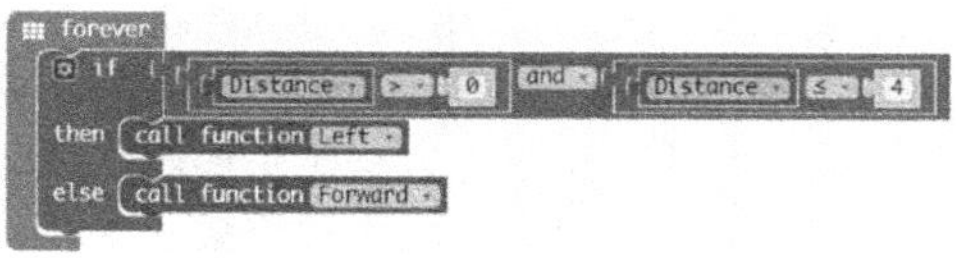 | 当超声波模块返回的数值大于0(表示数值有效)并且小于等于4时，车子会通过向左持续转弯来避开障碍物；当前方没有障碍物时，小车将保持直行 |

### 4.2.7 扩展探究

请尝试用前几章介绍的外接模块，来为避障小车设计声光互动能力。

# 5 教学建议

micro:bit具有天然的教育基因，但是它显然又不是仅为孩子们设计的，在全球范围的爱好者社区当中有，很多成年人用micro:bit来开发自己的创客项目，甚至是一些专业的项目。比如一个人曾经用1000块micro:bit来组装成一个巨型的电子屏幕，让这些板子之间可以彼此通信，目的只是完成儿时的街机游戏的效果。所以micro:bit和很多其他类似的板子的出现，除代表技术本身的发展之外，还代表着一种暗示：我们进入了一个“新识字运动”的时代，每个人都要会一点编程、懂一点开源硬件、会制作和控制简单的机器人，要不然就是一种新的“文盲”。既然这是一场全民“识字”的运动，教师的普及教学显然是一种效率最高的方式，因此我们对使用micro:bit的教师（也是本书重要的读者群之一），提供一些教学的建议，供大家参考。

从教学环境来看，micro:bit的教学环境可以有：校外家庭环境中学生的自学、校外机器人或者创客课外班中的兴趣班课程、校内小组形式的社团活动、校内大班教学、在营地或者综合实践活动中几个小时的体验式课程5种形态，每种形态的难度和适宜的教材都是有区别的。

其中比较困难的是校内大班教学，大班教学又分为两种情况：一是只把micro:bit作为一个学期课程的一小部分，简单介绍一下；另一种情况是将micro:bit作为一个学期16课时甚至一个学年32课时的教学内容来系统地讲解。前者实施起来比较容易，后者则需要系统的教材规划。目前的中小学信息技术教材正处在一个系统变革的过程中，相信兼容性很好，适合大班教学的micro:bit也一定有很大的应用空间。当然，如果你想让自己的孩子早一些受益，也可以以家庭课堂的形式开设micro:bit教学俱乐部。

本章介绍北京景山学校吴俊杰老师开发的两节micro:bit教学公开课，其中第一节课《bits游乐园》属于典型的创客教育风格教学，即让学生用micro:bit结合其他造物技能制作一个创客作品；第二节课《信息通信实验》则是明显的信息技术学科实验，micro:bit变身为实验的教具，通过它可以讲解信息技术课程当中的一些核心问题。吴老师一直倡导STEAM与创客课程的开源、开放与分享，这一章我们选择两节课，从不同的视角，看一看大班的micro:bit教学可以怎样进行教学设计。

## 5.1 bits游乐园

bits游乐园这节课可以作为micro:bit的起始课，因为它的教学内容非常简单，就是让micro:bit显示不同的表情，相信大家对micro:bit简单易用、教学效果实现快速容易、出错率低的优点印象都已经很深刻，但是这也造成了这节课的一个教学难点，就是做得快的学生很快就做完了，做得慢的又很慢，教学进度参差不齐。

创客风格的课就是要做出一个作品，所以在教学准备环节中，老师要提前下载很多激光切割机风格、兼容micro:bit的积木，让学生把“表情丰富”的micro:bit的身体和四肢搭建出来，构建一个比较完整的创客作品，还可以通过视频的形式将作品分享出去，拍摄视频的过程也是一个复习的过程。

如果我们来看教学录像，能够看出，在小组环境当中的创客空间中，学生使用笔记本电脑学习，自主性很强，但是与此同时，教师对课堂的把控手段也在减少，那就更需要老师转变教学角色，把课堂交给学生，才能体现创客空间这一创新学习环境的原意。

<table>
<tr><th colspan="2">1. 指导思想与理论依据</th></tr>
<tr><td colspan="2">STEM（科学、技术、工程、数学）教育，该理论认为理工科教育的4个应用领域应该作为一个整体，它们之间应该是彼此联系的，可以作为一个整体出现。</td></tr>
<tr><td colspan="2">STEAM（科学、技术、工程、艺术、数学）教育，该理论认为在STEM教育的基础上，应该将人文艺术作为一种活化剂来促进STEM教育的发展，使其更有亲和力。</td></tr>
<tr><td colspan="2">创客教育，该理论期望学生能够驾驭数字化的建模工具和编程软硬件，使其成为创新内驱力发展的平台。</td></tr>
<tr><th colspan="2">2. 教学背景分析</th></tr>
<tr><td>教学内容</td><td>学生之前曾经根据西安的向金老师的micro:bit网络微课自学过如何下载一个图案到micro:bit当中，会使用在线编程平台makeredu.net</td></tr>
<tr><td>学生情况</td><td>6年级的学生，逻辑思维能力处于快速进步的阶段，学习编程有助于提升逻辑思维的水平，通过构建艺术化的情境，可以让技术更有温度，也更适合所有学生</td></tr>
<tr><td>教学方式</td><td>讲授式，学生小组学习</td></tr>
<tr><td>教学手段</td><td>通过简单的项目描述，让学生明确项目目标，通过造物和分享呈现不同分工的作用</td></tr>
<tr><td>技术准备</td><td>micro:bit、Laserblock开源积木、大屏幕电视机、创客空间</td></tr>
<tr><th colspan="2">3. 教学目标（内容框架）</th></tr>
<tr><td colspan="2">（1）使用makeredu.net网站让micro:bit显示不同的表情。</td></tr>
</table>

续表

<table>
<tr><td colspan="5">（2）使用makeredu.net网站让micro:bit在表情的基础上显示一些动画，理解初始化和永远循环在执行效果上的区别。</td></tr>
<tr><td colspan="5">（3）熟悉触发指令，并和如果指令做简单的比较。</td></tr>
<tr><td colspan="5">（4）使用laserblock开源积木进行情境建构，用笔记本电脑录制、分享视频，让学生体会造物的快乐，通过分享找到自己的不足，并且不断改进。</td></tr>
<tr><th>教学阶段</th><th>教师活动</th><th>学生活动</th><th>设置意图</th><th>时间安排</th></tr>
<tr><td>创设情境</td><td>展示闪动的爱心创客作品，学生看到一颗爱心在闪烁<br></td><td>分析这个代码是使用了“永远循环”指令还是“当设备启动时”指令，观察激光切割机制作的积木连接件的连接方式，总结规律</td><td>引入课题</td><td>3分钟</td></tr>
<tr><td>温故知新</td><td>如何显示不同的数字，初始化和循环在现实效果上有什么区别<br>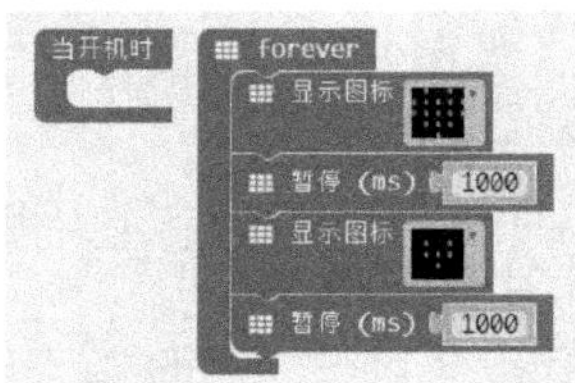<br></td><td>理解记忆</td><td>复习</td><td>2分钟</td></tr>
<tr><td>新课讲解</td><td>小练习：将下列文字转化为代码：“我是一个小男孩，我总是一会儿笑，一会儿哭”<br>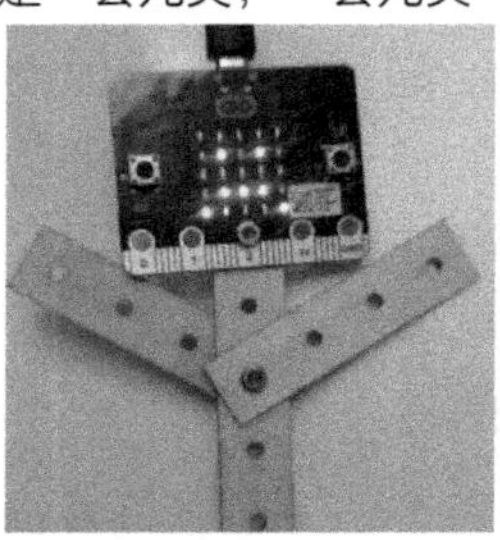</td><td>“I am a little boy”、笑脸表情、哭脸表情。这3段代码哪个放在初始化里，哪个放在循环里呢?</td><td>新课讲解</td><td>7分钟</td></tr>
</table>

续表

| | | | | |
|---|---|---|---|---|
| 代码改进 | 这个小男孩有一个特点，就是特别喜欢别人摇晃它，主要有人摇晃它，它就会很开心。<br><br> | 使用触发器来完振动响应的代码 | 通过实验，选用代码 | 8分钟 |
| 实践操作 | 用Laserblock给小男孩添加身子 | 添加身子还可以上颜色，看看你的小人的性格是怎样的。<br>或者设想一下如果这不是一个小男孩，而是一只小猫或小狗，该怎么做 | 个性造物 | 10分钟 |
| 分享交流 | 让学生们自由走动起来，相互比较，完成比较快的同学或者小组可以录制一个简短的分享视频 | 通过开放式的评价，让学生更加喜欢自己的作品 | 分享交流 | 8分钟 |
| 归纳总结 | 程序设计要把我们自然的需求有逻辑地表现为程序语言，但是语言本身是死板的，通过个性化的艺术设计，才能做出有趣的效果。 | 体会人文艺术和设计在一个创客作品当中的重要性，要做一个全面发展的人、一个快乐的“造物主” | 归纳提升 | 2分钟 |

**4. 学习效果评价设计**

（1）评价方式

本案例需要使用的电脑程序还是比较简单的，学生比较容易掌握，除了基本功的评价之外，还有小组创意作品的评价以及是否有较好的分享意识、能否流利地用视频介绍作品等表达方向的评价。

（2）评价量规

| 评价指标 | 优秀 | 良好 | 一般 |
|---|---|---|---|
| 程序算法 | 能够比较好地完成自然语言和算法语言之间的转化，可以比较好地通过测试，找到程序问题的解决办法，能够做到举一反三 | 可以调试程序，知道常见程序问题的解决思路，可以相互学习，取长补短 | 逻辑思维较为混乱，算法思想有待提高，但是态度较好，能够改进 |

续表

| | | | |
|---|---|---|---|
| 造物创意 | 可以很好地用各种造型工具和美化工具表达创意，并且将创意的实现和程序的改进结合起来 | 熟练地使用各种工具，能够设计比较规范的作品 | 主动性不高，作品缺乏生气 |
| 分享表达 | 能够很好地运用镜头语言表达作品的创意，语言清晰，介绍重点清楚，视频能够展现作品的细节和创新之处 | 视频思路清晰，但是在表达和观众观感上有待提高 | 视频内容介绍比较混乱，不能够表达作品的创意 |
| 5. 本教学设计与以往或其他教学设计相比的特点 | | | |
| 该课程使用了软硬件结合的信息技术课程的设计思路，还使用激光雕刻机自制了积木用于情景的搭建，在技术上展现了创客教育普及化的特点，在环节的设计上突出了教与用的平衡，让学生更好地玩起来，在驾驭技术的过程中，提升综合能力。 | | | |

## 5.2 信息通信实验

这节课，我们将micro:bit作为教具使用。这节课其实可以使用micro:bit也可以不用，但是从教学的实际效果来看，很明显信息的通信过程的讲解通过具体的编程教学和实验的方法，讲得更加清楚了，学生的感受也更加直观。我们能够感受，引入micro:bit之后，6年级的学生也能够理解复杂的甚至高中才能接触到的专业概念，其实它们本来就不复杂，只是之前的学习工具不适合小学生学习而已。

| | |
|---|---|
| 1. 指导思想与理论依据 | |
| 理论、实验、计算被称为科学研究的3种核心的方法，电脑机房在很长一段时间都被称为电脑实验室，通过比较专业的实验设备，借助电脑完成信息的获取、存储、分析和表达以及通信过程当中比较定量的知识，是信息技术学科未来发展的一个方向。简单来说，信息技术实验分为两类，一类是使用电脑和相关设备完成的各个学科背景下的以数据的获取、规律的探究为核心过程的实验，另一类是使用专业的实验设备来完成的信息技术学科内部的重要概念的教学工作，本课属于后者。 | |
| 2. 教学背景分析 | |
| 教学内容 | 学生刚刚学习micro:bit一节课，可以改变上面LED点阵屏上显示的图案 |
| 学生情况 | 6年级的学生，之前学习过Scratch，有基本的编程知识 |
| 教学方式 | 讲授式，演示实验，学生分组实验 |
| 教学手段 | 通过视频引入信息传递的一般过程，通过micro:bit的无线通信实验验证这一过程，并且通过学生分组实验巩固这一过程 |
| 技术准备 | micro:bit、机房、剪辑过的教学视频 |

续表

<table>
<tr><td colspan="4">3. 教学目标</td></tr>
<tr><td colspan="4">知识与技能：能够识别信息通信当中的信源、信道、信宿，对通信的协议和翻译的过程有初步的了解，会使用micro:bit中无线通信模块的发射和接收功能。<br>过程与方法：通过编写程序，体会软硬件之间的控制关系，并且初步体会信息技术实验的一些特点（如控制变量的意识）。<br>情感态度价值观：认识到信息传递是一种普遍的规律，提升对信息技术原理和应用层面的兴趣。</td></tr>
<tr><td colspan="4">重点：信息通信的一般过程。<br>难点：micro:bit的发射端和接收端程序的编写（要避免一些常见错误）。</td></tr>
<tr><td>教学阶段</td><td>教师活动</td><td>学生活动</td><td>时间安排</td></tr>
<tr><td>教学引入</td><td>展示一段在谍战片中通过广播传递信息，并将密码数字翻译成文字的视频。</td><td>观察并思考：（1）信息是从哪里、通过什么途径传播到哪里的？（2）视频中的数字是如何翻译成文字的？</td><td>3分钟</td></tr>
<tr><td>讲授新课</td><td>教师总结：信息（3122……）从信源（延安）通过信道（一定频率的无线电波）传到信宿（地下党员手中的纸）上，事先他们商量好了协议（哪本书、第几页、第几行、第几列），根据协议将信息翻译成了文字</td><td>对照信息通信流程图找出对应的内容：<br>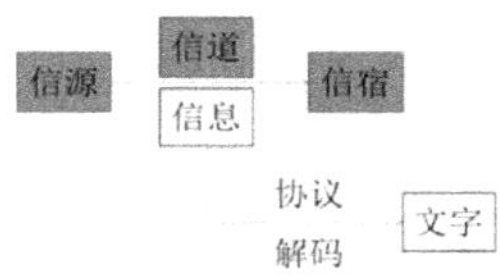<br></td><td>2分钟</td></tr>
<tr><td>演示实验</td><td>使用micro:bit演示一个无线通信的案例，巩固通信的概念。<br>学生看到发射端按下标有A字样的按钮，发出一个数字0，接收端显示“happy new year”的字样。<br>询问信息是如何通信的</td><td>信息从第一块主控板发出，以无线传输的方式，传输到接收的板子上，信息的内容是数字0，接收的板子将信息0翻译为事先约定好的“happy new year”的字样。</td><td>3分钟</td></tr>
</table>

续表

| | | | |
|---|---|---|---|
| 编程示范 | 学习编写发射端和接收端的代码（注意无线设置组、变量接收到数字、接收到数字后的判断）<br>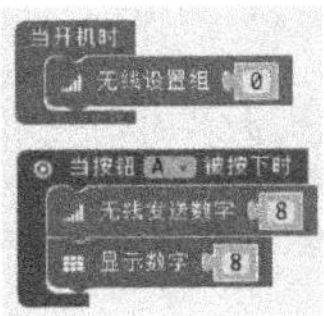<br><br><br> | 请一个学生到讲台上来，老师带着他完成接收端的代码 | 7分钟 |
| 布置分组实验 | 实验疑问:（1）全班同学是否都能接收到老师发射的信息呢？（2）给每个组一个通信编号，大家都能成功实现无线通信么? | 临近的同学形成小组，给每个小组一个通信编号，全班先编写接收端程序，完成的小组学生分别编写发射端和接收端的程序 | 20分钟 |
| 总结归纳 | 总结大家的实验结果，巩固基本概念，扩展未来的应用 | 学生设想一下还可以有哪些玩法 | 5分钟 |

**4. 学习效果评价设计**

（1）结合下图说说你是如何实现两块micro:bit的通信的。

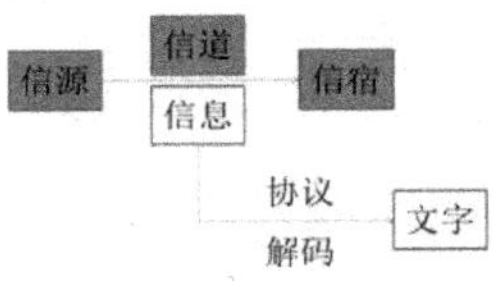


（2）谈谈未来的实验计划。

# 下篇

# 基于 Arduino、Processing、Python 的 STEAM 项目学习

# 6 携手 Arduino

作为创客，你不可能不知道Arduino。

是的，Arduino开创了开源硬件的新时代，直接把开源从GPL协议时代推到CC协议时代。风靡全球的创客运动也得益于Arduino社区营造的分享、开放精神。很难想象，没有Arduino和Scratch的创客教育会是什么样子的。这一章我们介绍如何使用Arduino玩转micro:bit，下面的章节还会介绍交互媒体工具Processing与micro:bit结合的精彩玩法。

Arduino是一款便捷灵活、方便上手的开源平台，包含硬件（各种型号的Arduino控制板和种类繁多的扩展板）和软件（Arduino IDE和第三方库文件支持），由一个欧洲开发团队于2005年冬季开发，其成员包括Massimo Banzi、David Cuartielles、Tom Igoe、Gianluca Martino、David Mellis和Nicholas Zambetti等。

其实，很难用一句话说清楚Arduino是什么，用过它的人都说好，尊为创客神器。排斥它的人则对其嗤之以鼻，认为其“低幼、就是一个玩具”。毕竟不用它的人也过得很好，51系和8086不是依然霸占着高校课堂吗?

也很难说清楚Arduino不是什么，因为对Arduino来说，“一切皆有可能”。有人说Arduino不适合工业控制，然后就有爱好者用Arduino MEGA2560做出了3D打印机和CNC。有人说Arduino不够安全，然后就有人用Arduino控制火箭发射系统。对Arduino来说，当“一切皆有可能”的时候，反而什么都不是了，想界定清楚Arduino是什么，反而更难了。

但是，有一件事情很清楚，这就是，一旦你用过Arduino，你会不由地爱上它。显然，micro:bit不是为Arduino设计，但这又有什么关系呢? 这阻止不了micro:bit和Arduino结合，本章会尝试让你通过Arduino爱上micro:bit。

没错，Arduino与micro:bit已经合体，一切都已就绪，身为“Arduino控”，还有什么比图6-1让人激动呢? 让我们继续“爱上micro:bit”之旅吧!

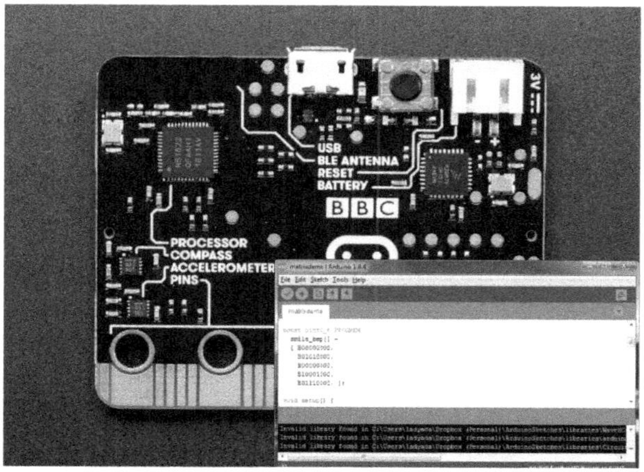


图 6-1　使用 Arduino IDE 开发 micro:bit

图6-1来自知名开源硬件社区Adafruit网站上介绍用Arduino给micro:bit编程的一篇教程《micro:bit with Arduino》。

这篇教程写得很仔细，编委会在讨论的时候，觉得参考价值很高，所以本章的讲述，也大体沿用了这篇教程的结构。

## 6.1　环境搭建

下面从Arduino的软件下载与安装开始，一步一步搭建micro:bit的开发环境。

不太熟悉Arduino的读者，建议先阅读一些与Arduino相关的图书或网络教程。目前关于Arduino的学习资源有很多，包括图书和网络教程，具体的编程语法知识不再赘述，请读者自行选择喜爱的学习途径，这里介绍一些Arduino的常用资源。

Arduino的创始人Massimo Banzi编写的《爱上Arduino》于2011年由人民邮电出版社引进出版，目前已经更新到第3版，由国内知名创客程晨翻译。该书是Arduino入门级图书，考虑到初学者的学习兴趣，由易到难，循序渐进，精心编排，每个实验均配有电路图和具有功能注释的例程序，梳理了许多基于Arduino项目，展示“从创意到实现”的全过程，一步一步引导读者“爱上Arduino”，是创客入门书籍也是创客教育的入门教材。

人气比较旺的图书还有《Arduino权威指南（第2版）》，这是Arduino爱好者必不可少的经典手册，由Arduino语言库和核心软件的编写者Michael编著，百度贴吧Arduino吧吧主物理学博士杨昆云倾力翻译，人民邮电出版社出版。

### 6.1.1 驱动安装

如果你用的是Windows 7系统，需要向安装mbed通用串行总线控制器驱动程序。

下载得到“mbedWindowsSerial_16466.exe”文件，双击它，选择“Install”安装，中间会跳出“Windows安全”提示，选中“始终信任来自“ARM Ltd”的软件”，如图6-2所示，单击“安装”，直到出现安装完成界面，单击“Finish”。

Windows 10以上、Mac系统和Linux操作系统已经集成驱动程序，可直接跳过这个步骤。

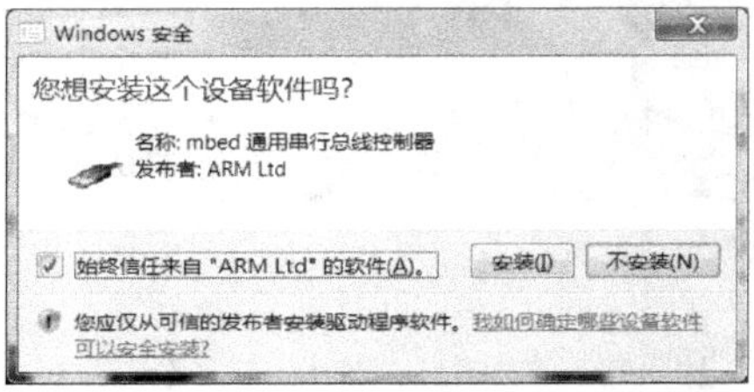


图 6-2　安装 mbed 通用串行总线控制器驱动程序

### 6.1.2 安装软件

请从Arduino官方网站下载Arduino IDE。Arduino IDE最新的版本为1.8.5，可以在 Windows、Mac OS X、Linux 等操作系统上使用。其中Windows版本有安装版本和免安装版本，直接解压缩的免安装版本比较受国内用户喜爱，Windows App适合于Windows 7以上版本。Arduino的其他分支版本，如图6-3所示。

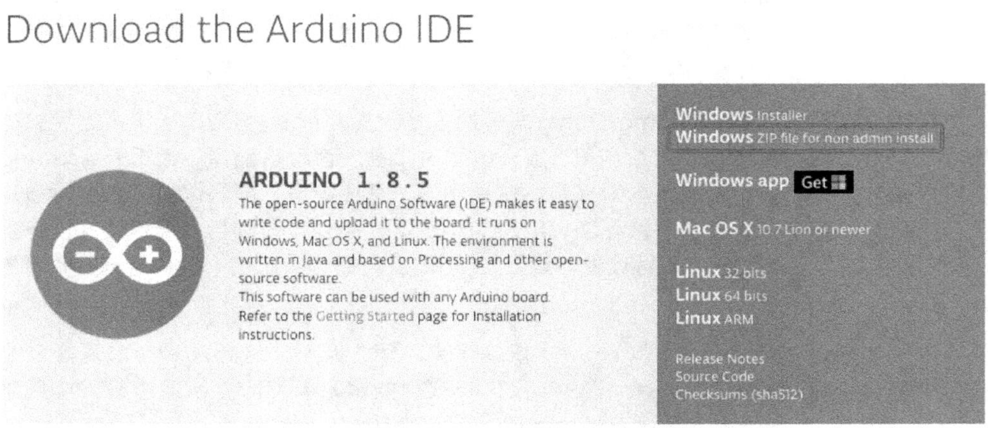


图 6-3　Arduino IDE 下载页面

单击“Windows ZIP file for non admin install”下载免安装的ArduinoIDE压缩文件，解压后就可以直接使用，双击Arduino图标，进入启动界面和工作界面，如图6-4所示。

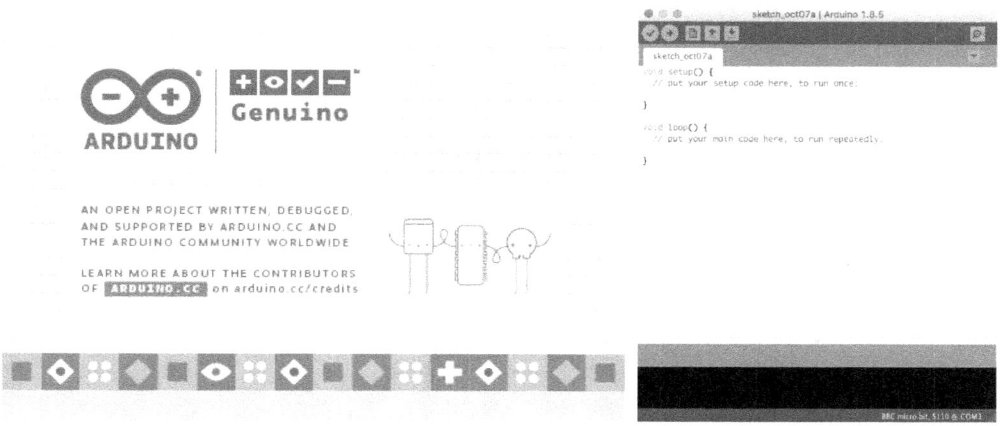


图 6-4 Arduino 启动界面与工作界面

从1.8.5版开始，Arduino也开始支持Web模式，不过对浏览器比较挑剔，推荐使用Google的Chrome。不过限于国内网络环境，操作起来还是有诸多不便，建议读者还是选择离线版本吧，有兴趣的读者可以在Arduino官方网站试一试在线版本。

### 6.1.3 SoftDevice

Arduino IDE默认micro:bit已经内置一个叫“SoftDevice”的蓝牙通信软件堆栈。micro:bit出厂时，内部是预先集成了“SoftDevice”的，但是，如果你用MicroPython或者其他编程软件对micro:bit烧写过代码，这个“SoftDevice”会被删除，所以需要重新安装。

重新安装其实很简单，下载“microbit-adv.hex”这个十六进制文件，并将其拖动到你的“MICROBIT”存储盘里即可。

**注意：SoftDevice堆栈**

这一步很重要，也经常被忽略，造成调试无法进行。“microbit-adv.hex”文件是Arduino和micro:bit之间的桥梁，没有这个文件，Arduino和micro:bit就无法结合。所以为了保险起见，建议拿到micro:bit板子之后，先安装“microbit-adv.hex”堆栈。

### 6.1.4 载入内核

micro:bit板载核心芯片是来自Nordic的nRF51822，原生态的Arduino IDE并不支持micro:bit开发，必须安装相应的芯片内核支持文件“Nordic Semiconductor nRF5 Boards”，安装步骤很简单，我们这就走起。

第一步：打开ArduinoIDE，选择“文件”下拉菜单，选定“首选项”，如图6-5（A）所示，会弹出“首选项”选项卡，在“附件开发板管理器网址”栏，输入链接地址，如图6-5（B）所示。

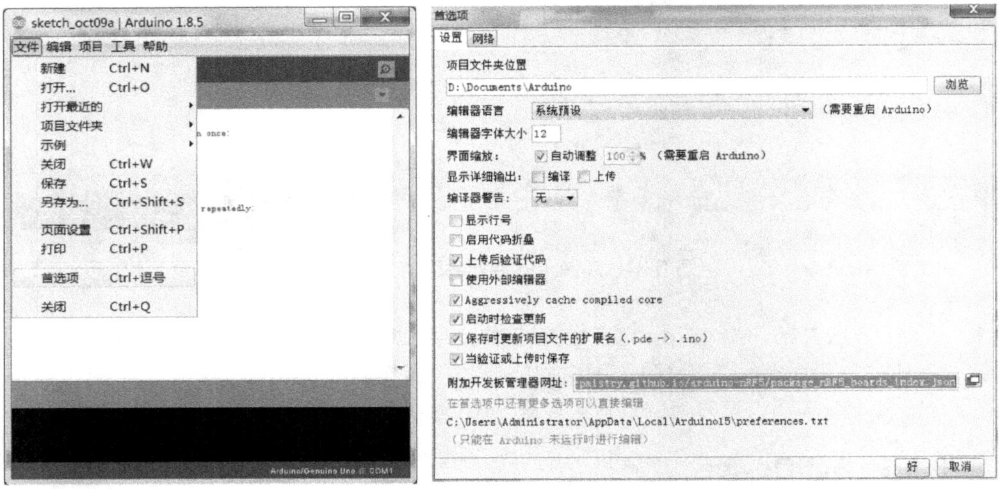


（A） （B）

图6-5 选择“文件”→“首选项”→“附件开发板管理器网址”

第二步：依次选择“工具”→“开发板:”→“开发板管理器”，如图6-6（A）所示。打开“开发板管理器”选项卡，如图6-6（B）所示。初次使用会更新或下载界面，在“类型”栏后，输入“nRF”搜索板载库文件，选择“Nordic Semiconductor nRF5 Boards”安装。这个过程受限于网速快慢，需要一段时间，请耐心等候。

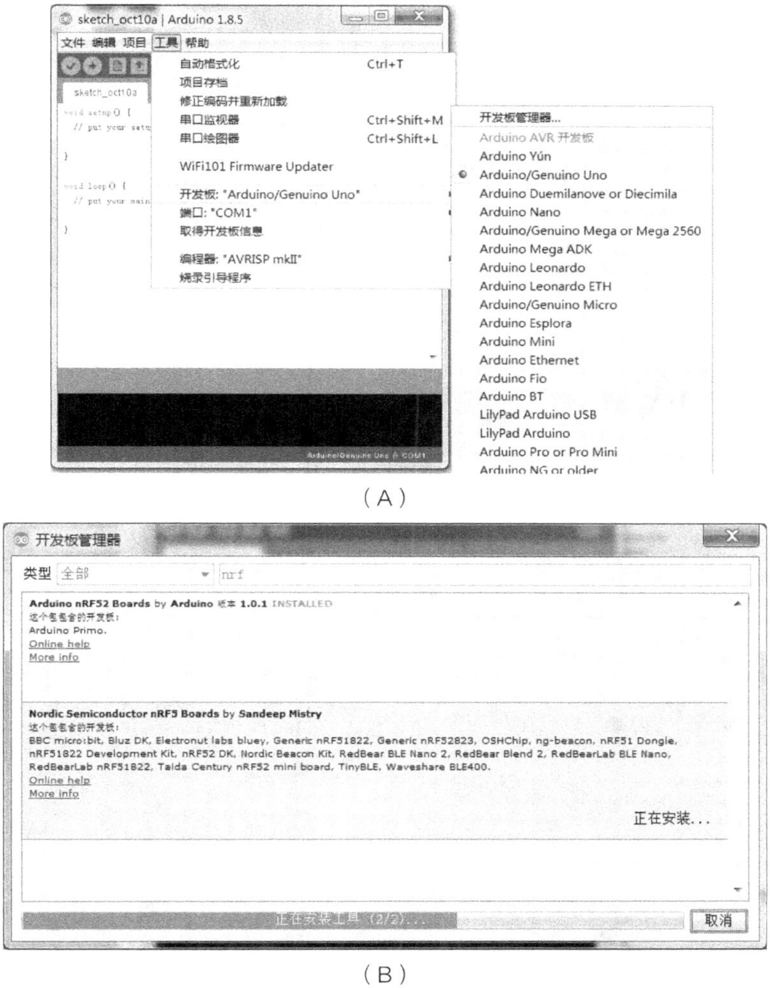


图 6-6 选择“工具”→“开发板 :”→“开发板管理器”

第三步：再次选择“工具”→“开发板”，在开发板下拉选项中选择“BBC micro:bit”，如图6-7所示。回到“工具”下拉菜单，在“Softdevice:”选项下选择“S110”，如图6-8（A）所示。再次回到“工具”下拉菜单，在“端口:”选项下选择“COM5(BBC micro:bit)”，其中“COM5”编号，根据个人计算机不同会有不同的编号。

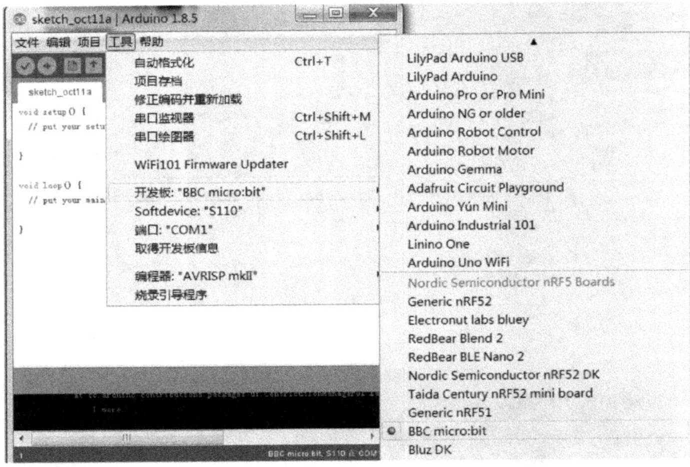


图 6-7　选择“工具”→“开发板”→“BBC micro:bit”

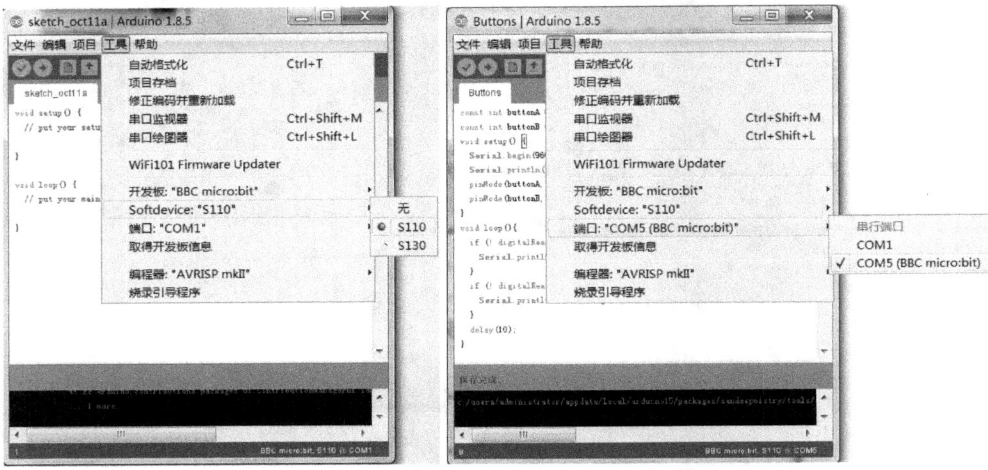


（A）　　　　　　（B）

图 6-8　选择“Softdevice:S110”和“端口 :COM5(BBC micro:bit)”

**扩充阅读：nRF蓝牙库**

针对micro:bit核心芯片nRF5系列的底层移植工作由Sandeep Mistry完成。来自gitHubSandeep Mistry的个人介绍显示，他在Arduino团队就职，是一名专业的软件工程师，擅长于物联网（IoT）和蓝牙低功耗（BLE）设备研究，创建了许多开源BLE库，包括用于Node.js的noble和bleno库、Arduino-BLEPeripheral板载库和Arduino-nRF5板载库。其中，Arduino-nRF5是micro:bit移植的核心，是我们下面搭建Arduino开发环境的关键；Arduino-BLEPeripheral关联蓝牙应用，本章后续的几个综合物联网（IoT）应用案例都基于这个库文件。

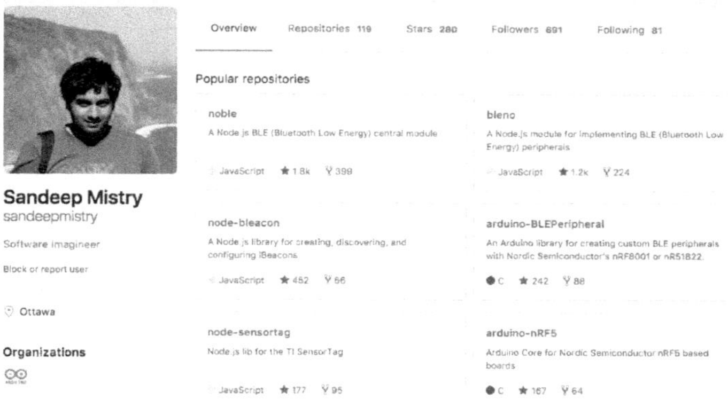


Sandeep Mistry 在2015年还出版了一本基于Arduino、树莓派和智能手机蓝牙应用的书《Make: Bluetooth》，这是一本低功耗蓝牙（BLE）设计的入门书籍，该书深入浅出，从敲代码到蓝牙硬件与传感器电路搭建，介绍如何组建自己的蓝牙服务系统，通过对苹果iBeacon的技术介绍，解析蓝牙安全，是一本不错的参考书。遗憾的是他在书里没有介绍micro:bit的应用。更多信息可以参考Sandeep Mistry在gitHub上的个人主页。

### 6.1.5 Blinking

至此，支持micro:bit的Arduino开发环境搭建完成了。当然，我们还需要验证一下是否搭建成功。

双击ArduinoIDE图标，打开Arduino IDE，依次选择“文件”“新建”，创建一个空白文件，清空Arduino自动生成的代码，动手输入下面的代码。

```
const int COL1 = 3;       // 'COL1'LED micro:bit内部连接到第3管脚
const int LED = 26;       // 'ROW1'LED micro:bit内部连接到第26管脚
void setup() {            //配置micro:bit
  Serial.begin(9600);     //设置波特率
  Serial.println("microbit is ready!");   //配置串口完成
  // 板载的5×5 LED面板跟其他功能管脚复用，需一端置0
  pinMode(COL1, OUTPUT);
  digitalWrite(COL1, LOW);       //对COL1置0
  pinMode(LED, OUTPUT);          //使用ROW1控制1个LED
}
void loop(){                     //真正的代码从这里开始运行
  Serial.println("blink!");      //串口输出字符串"blink!"
  digitalWrite(LED, HIGH);       //点亮LED
  delay(500);                    //保持当前状态0.5秒
  digitalWrite(LED, LOW);        //熄灭LED
  delay(500);                    //保持当前状态0.5秒
}
```

### 小提示：什么是注释

注释（comment）就是对代码的解释和说明。在程序中加入注释，目的是让别人和自己容易看懂。计算机在编译或者运行的时候会忽略这些注释语句。Processing采用类似C语言的语法，支持使用“//”来编写单行注释，或者使用“/*”和“*/”来编写多行的注释块。为了不影响Processing代码的运行，作者一般会将其他硬件的代码放在“/*”和“*/”之间。

选择“项目”下拉菜单，选择“上传”命令，如图6-9所示。系统会弹出“保存文件”对话框，给新建的文件取名“Blinking.ino”，其中“.ino”文件扩展名，点击“保存”按钮，Arduino IDE底部状态栏随之会显示当前的工作进度，把编写的程序代码烧录到micro:bit板子里，也可以使用快捷键“Ctrl+U”，或者单击图中黄色向右的箭头，一键完成上传工作。

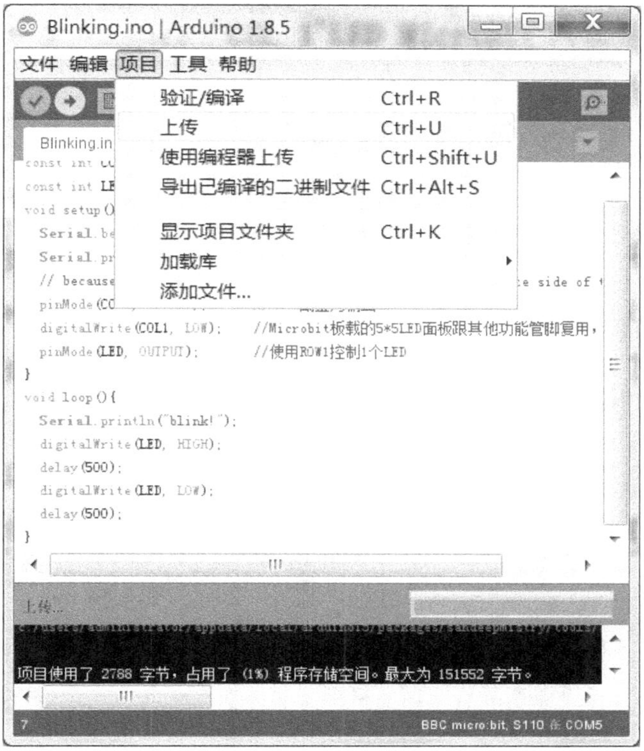

图 6-9　上传 Blink 案例

等待“上传成功”提示，直到出现图6-10所示的提示画面，观察一下你的micro:bit板子，第一行第一列的LED是不是在“一闪一闪亮晶晶”呢？

图 6-10　上传成功

**思考：怎样管理LED**

我们的代码里明明是：

const int COL1 = 3;　　// 'COL1' LED micro:bit内部连接到第3管脚

const int LED = 26;　　// 'ROW1' LED micro:bit内部连接到第26管脚

为什么3和26会指向5×5LED点阵屏的第1行第1列的LED？若要控制其他LED，该如何找到LED和管脚的对应关系？有没有更好的办法管理这些LED？

### 6.1.6 按钮A、B

micro:bit上有A和B两个按钮，分别连接到micro:bit内核芯片nRF51822的第5个和第11个GPIO管脚，见表6-1。

表6-1　按钮A、B对应的管脚

| 按钮标号 | 编程代码 | 内部管脚 |
|---|---|---|
| A | buttonA | 5 |
| B | buttonB | 11 |

按钮A和B可以看成是micro:bit的键盘，用来完成一些常用的交互设计，虽然数目少了点，但是从计算机原理来看，功能是相同的，都是必备输入设备。动手输入下面的代码，验证、测试按钮功能。

```
const int buttonA = 5;      // 按钮A在micro:bit内部被连接到第5管脚
const int buttonB = 11;      // 按钮B在micro:bit内部被连接到第11管脚
void setup() {
  Serial.begin(9600);
  Serial.println("microbit is ready!"); //配置串口完成
  pinMode(buttonA, INPUT);  // 按钮A作为输入，内部上拉
  pinMode(buttonB, INPUT);   //按钮B作为输入，内部上拉
}
void loop(){
  if (! digitalRead(buttonA)) {
    Serial.println("Button A pressed");  // 按钮A被按下
  }
  if (! digitalRead(buttonB)) {
    Serial.println("Button B pressed");  // 按钮B被按下
  }
  delay(10);
}
```

在快捷工具栏最右侧找到“串口监视器”图标，如图6-11所示，打开串口监视器，设置波特率为9600。

图 6-11　打开串口监视器

按下micro:bit背面的RESET键，重启micro:bit，在串口窗口会看到micro:bit准备就绪的信息“microbit is Ready！”，试着按下按钮A或按钮B，观察串口输出变化（见图6-12）。

图 6-12　串口监视器界面与设置

# 6.2　管理库文件

输入/输出设备是计算机的重要组成部分，是沟通计算机与外部世界的桥梁。

输入、输出也是中小学技术学科（包括信息技术课程和通用技术课程）教学的一对核心观念。micro:bit可以给孩子一个认识计算机系统、提升信息技术素养的机会。基于计算机原理，可以把micro:bit板子的资源划分成“输入（Input）”“运算（CPU）“输出（Output）”三个部分，可以用图6-13更清晰地划分。

**思考：按一次按钮到底发生了什么？**

为什么按一次按钮A或者B，串口会显示多个“Button A pressed”或“Button B pressed”？串口通信速度除了9600，还有其他的数值吗？

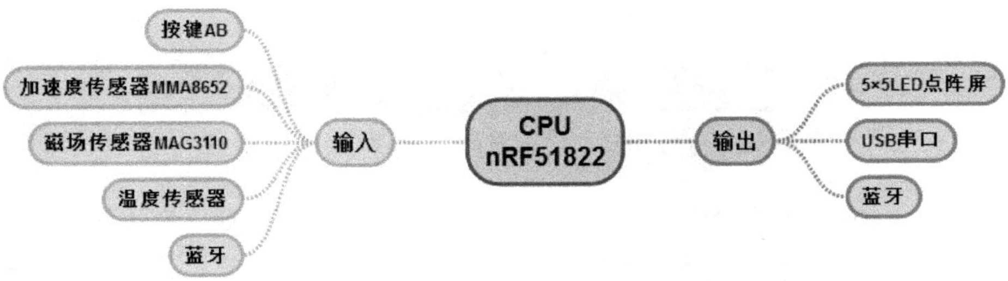


图 6-13　输入（Input）+ 运算（CPU）+ 输出（Output）

micro:bit没有那么多输入，输出设备，做不了太复杂的工作，但这一点也不妨碍使用micro:bit做出优秀的作品。虽然micro:bit的性能比不上普通家用PC，但是比起其他的微控制器，性能还是强多了，至少在运算性能、存储空间等方面要比Arduino UNO系列强多了。

没必要再列一次资源清单，但是有必要从输入，输出（I/O）、数字，模拟(A/D)两个维度，来梳理一下micro:bit板载的资源，表6-2是目前整理的成果。

表 6-2　micro:bit板载的输入，输出、数字，模拟资源

| A/D | 器件 | 描述 | 功能 | I/O |
| --- | --- | --- | --- | --- |
| 数字 | 5×5矩阵 | 25个红色LED | 开启指示灯、更新信息、开发游戏、创作数字故事 | 输出 |
| 数字 | 按钮A和B | 2个可编程按钮 | 将它们与某个操作关联并与项目交互 | 输入 |
| 数字 | MMA8652 | 三轴加速度计 | 板载运动探测器，可以监测摇动、倾斜甚至下落 | 输入 |
| 数字 | MAG3110 | 三轴磁力计 | 内置罗盘，感应方向以及移动的角度 | 输入 |
| 数字 | nRF51822 | BLE蓝牙芯片 | 连通手机、平板电脑等无线网络，“随时随地学编程” | MCU |
| A/D | 金手指 | 通用输入，输出接口 | 包括PWM、6个ADC模拟口以及最大17个GPIO | I/O |
| 总线 | KL26Z | USB OTG接口 | 甩掉编程器，直接把代码写入U盘 | 总线 |
| 总线 |  |  | SPI、$I^2C$总线、UART接口、蓝牙 | 总线 |

最具特色的micro:bit底边的23pin金手指具有非常丰富的扩展潜力（见图6-14），既可以使用数字信号，也能使用模拟信号；既可以作为输出管脚，也可以作为输入管脚；还包括SPI、PWM、$I^2C$以及最大支持17个GPIO，方便做各种外设扩展。最显眼的5个金色大手指，可以使用鳄鱼夹快速完成外部信号的输入和输出。

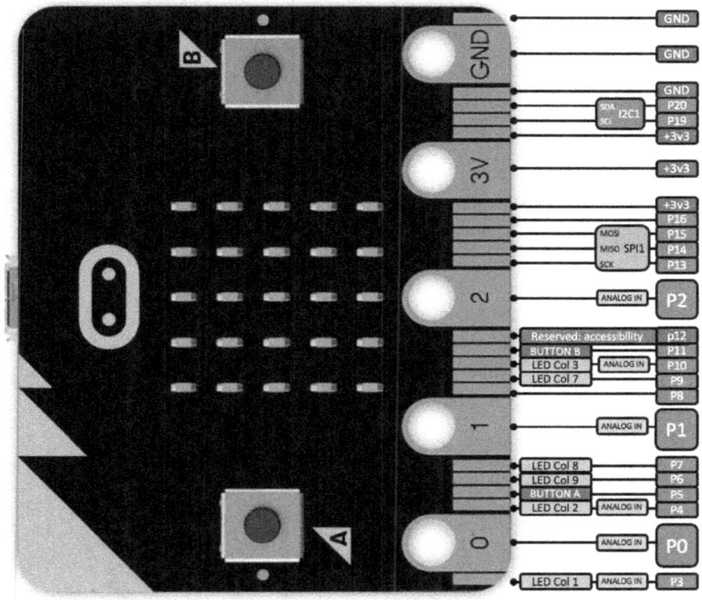


图 6-14　micro:bit 管脚功能分配图

## 6.2.1　胶水库

在下面的章节中，我们将学习MicroPython。Python之所以会成为目前最流行的编程语言，就是因为它在互联网上拥有众多的库资源，这些库资源就像“胶水”一样，把python与各行各业、种类繁多的专业应用“粘合”在一起，快速开发出个性化应用。

如果说Python是软件领域的“胶水语言”，那么Arduino堪称开源硬件领域的“硬件胶水”。Arduino作为“胶水硬件”是如何实现的呢？与Python一样，也是通过库文件，提高代码编写效率及程序可读性。与Python不同的是，Arduino除了需要库文件支持，还需要为这些库文件配套相应的硬件，这些硬件在Arduino话语体系里，被称作“Shield”，就是我们常见的各种Arduino扩展板。Arduino绝大多数的交互功能需要扩展板来实现，因为Arduino控制板实际只具备CPU的运算功能，输入和输出只能靠扩展板来实现。

那么，为什么要使用库文件和扩展板呢？显然是为了效率，最快捷的方法就是使用他人已经编写好的类库。Arduino有庞大的库资源，使用它们可以加快开发并简化程序。可以这样理解，扩展板及其库文件就是快速融入Arduino生态的那把金钥匙！

那么在哪里能找到库文件和扩展板呢？在Arduino社区中，可以找到大量的Arduino库资源，推荐的社区网站如下：Arduino官方网站、Github开源社区。

Arduino IDE中默认带有一些常用库，这些库你都可以在Arduino IDE菜单“文件”→“示例”中找到对应的示例程序，并学习开发方法。

为了后续章节的讲解方便，有必要介绍一下如何安装新的库文件。主要有两种方法，一是通过IDE自带的库管理器添加，二是手动添加。

**注意：由于主控芯片不一样，并不是所有的Arduino库都可以在micro:bit上使用！**

### 6.2.2 库管理器

以前要添加各种库，先要通过Github等技术社区去搜索和查找，然后下载、解压到本地，而新版Arduino IDE上已经集成了库管理功能，所以请先确保你已经安装了最新版的Arduino IDE，依次在主菜单选择“项目”→“加载库”→“管理库”就可以打开“库管理器”了，如图6-15所示。

图6-15 管理库文件

在上方搜索栏中输入你要查找的库的关键字，下面就可以出现相关的库啦，选中要用的库，会出现“版本”和“安装”按钮，默认选择最新版本，单击“安装”按钮，即可安装该库，如图6-16所示。micro:bit的核心芯片是nRF51822,相关的库文件还在陆续开发，爱上micro:bit的同学，可以持续关注哦。图6-16中展示的是搜索“nRF”关键字的结果。

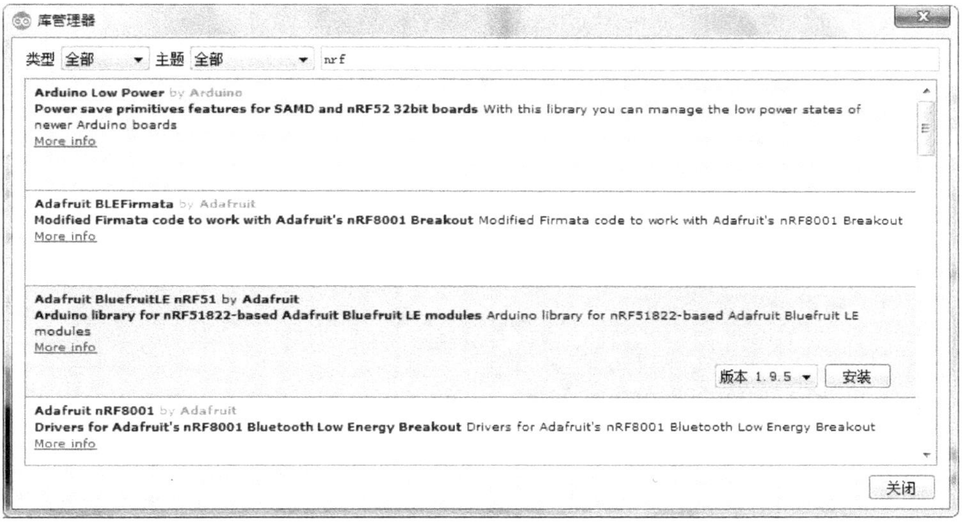


图 6-16　搜索（github）库文件

以检索到的“Adafruit BLEFirmata”为例，选择安装，安装完成后关闭“库管理器”选项卡，回到IDE主界面，依次选择“项目”→“加载库”→“Adafruit BLEFirmata”，单击“Adafruit BLEFirmata”选项，即可在代码区域添加相应的头文件，也就可以调用该库了，如图6-17所示。

```
#include <Adafruit_BLE_Firmata.h>
#include <Adafruit_BLE_Firmata_Boards.h>
```

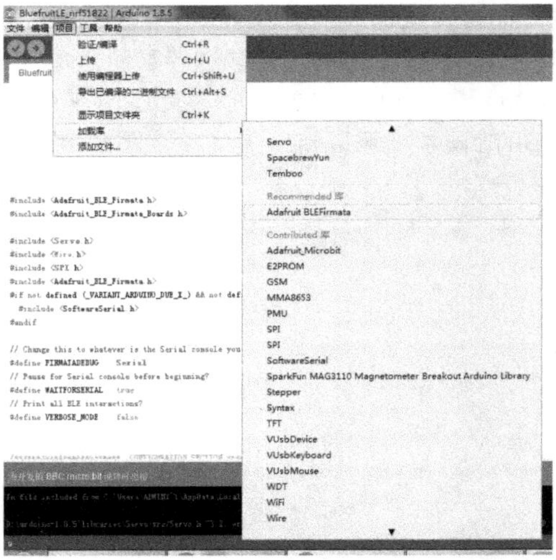

图 6-17　选择“项目”→“加载库”→“Adafruit BLEFirmata”

## 6.2.3　导入ZIP格式的库

库管理器可以很方便地添加第三方库，但其中只提供了一些常用的库资源，如果需要添加更多的库资源或者自定义的库，那就需要用户自己寻找或自行编写库。大部分开发者都喜欢将他们编写的Arduino库放到开源社区上分享，这些库通常以ZIP文件或文件夹的形式存在，库文件夹的名称就是库的名称。文件夹内将包括一份.cpp文件和一份.h文件，通常还有关键词.txt文件、示例文件夹以及该库所需要的其他文件。

从1.0.5版起，Arduino IDE可以直接安装第三方Zip格式库文件，请勿解压下载库，将其保留原样即可。在Arduino IDE主菜单，导航到“项目”→“加载库”→“添加一个.ZIP库”，如图6-18所示。

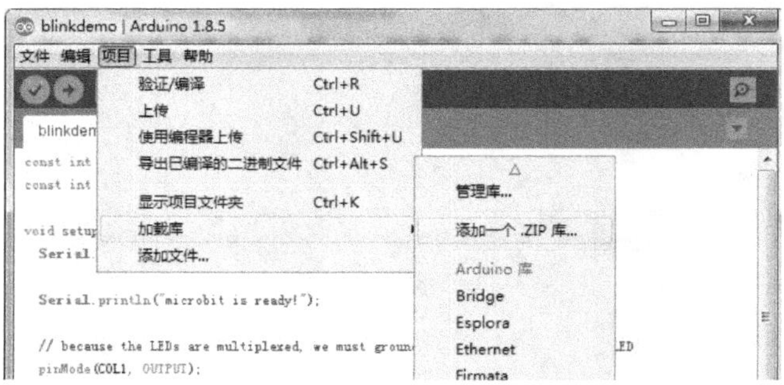


图 6-18　添加.ZIP库

系统会弹出“选取你想加入并含有库的zip文件或文件夹”对话框。导航到该ZIP文件所在位置，这里选取下一节要用到的“Adafruit_Microbit”库文件，单击“打开”，如图6-19所示，就完成了ZIP格式库文件的安装。

图 6-19　找到 .ZIP 库文件

返回Arduino主菜单，选择“项目”→“加载库”菜单，下拉并找到“Adafruit_Microbit”选项，单击该选项（见图6-20），会在文本编辑区添加“#include <Adafruit_Microbit.h>”代码，这样你就可以在“项目”中使用该库了。

图 6-20　加载 .ZIP 库文件

**注意：重启ZIP库**

刚才添加的“Adafuit_Microbit.zip”文件将在Arduino的“项目”目录（而不是ArduinoIDE安装过程中直接产生的库文件夹）中的libraries文件夹中解压好。库文件导入后，可通过“项目”使用该库，但该库对应的示例需要重启IDE以后才能出现在“文件”→“示例”中。

**拓展阅读：Github开源社区**

Github 是全球最大git服务提供商，也是最大的开源社区之一，很多常用的Arduino库可以通过Github找到。你在Arduino官方网站和Arduino中文社区上也可以找到很多库资源。Arduino最大的优势便在于此，借助开源社区的资源，即使你不清楚某个元器件的驱动原理，只要该元器件有第三方的Arduino类库，通过学习例程，你就可以轻松使用。

但是，作为一个真正的Arduino和micro:bit爱好者，你当然不能仅仅满足于使用别人提供的库，纯粹的拿来主义不是开源精神，真正的开源精神在于分享。你也可以将你编写的库文件发表到互联网上，让众多Arduino和micro:bit用户来使用。

# 6.3 从点到屏·输出

我们把micro:bit比作一个微型电脑，5×5的LED点阵就是这个微型电脑的显示屏，是micro:bit的输出设备。上一节，我们点亮了一个micro:bit的LED，还留了个思考问题，你有没有找的自己的答案?

这一节我们继续这个话题，计算机是如何把一个一个的LED，组成一块屏幕的呢?电脑是通过显卡来统一管理成千上万个像素的，micro:bit是如何管理自己5×5的显示屏的呢?

## 6.3.1 Screen库

会不会觉得Blinking案例中的两行代码有些怪怪的呢?

```
const int COL1 = 3;      // 'COL 1'LED micro:bit内部连接到第3管脚
const int LED = 26;      // 'ROW 1'LED micro:bit内部连接到第26管脚
```

这是因为micro:bit设计人员在里面做了手脚，3和26指向的是micro:bit核心芯片nRF51822的第3和第26引脚，如图6-21所示，板载的5×5点阵屏实际上是使用nRF5的GPIO管脚模拟的，LED实体为9×3 LED矩阵。具体的模拟过程比较复杂，大体的思路是这样的；micro:bit的CPU芯片（nRF51822）划分出12个GPIO口（3个用于行扫描，9个用于列扫描），采用分时扫描的方式组成3×9共27个节点，micro:bit只使用其中的25个，重新排成5×5的方形点阵屏（见图6-22）。又因为micro:bit CPU的资源有限，被选用的这12个GPIO，在nRF51822内部管脚的分布又不是连续的，所以需要通过软件对管脚重新分配、映射。

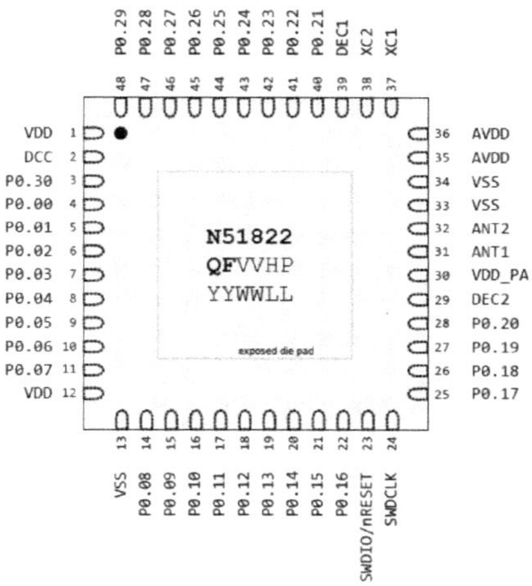


图 6-21　nRF51822 管脚分配

**思考：骨灰级玩家请思考**

问题一：12个管脚采用3×9的阵列方式是否最优？为什么不直接使用5×5的驱动阵列？这样做还可以节省2个管脚资源，毕竟micro:bit的管脚资源不多，很宝贵。

问题二：你有没有更好的解决办法？除了排成5×5的点阵屏，排成6×6、7×7…的行不行？想想看，如果你来设计一块新的电路板，你会怎样选择？

问题三：随着彩色电视机的普及，我们的视听世界全面进入彩色时代。为什么micro:bit选择了单色LED，而没有选用RGB LED？如果micro:bit的显示屏是彩色屏，那会多出很多新奇的玩法。

问题四：除了本节接下来将要介绍的microbit_Screen库，你能不能给micro:bit写一个驱动库文件？

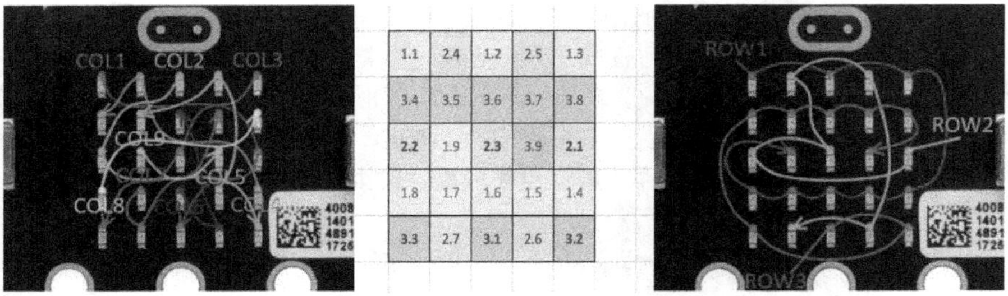


图 6-22　microbit 的 5 × 5 点阵屏映射关系

如此复杂的事情，凭记忆去记忆各个管脚和LED的对应关系（见表6-3），显然不是个好办法，我们需要一个类似显卡的功能，来统一管理这些复杂的映射关系，这就是我们接下来要介绍、学习的库文件。

表6-3　micro:bit 内置 5 × 5 点阵屏内部映射关系

| | COL1 | COL2 | COL3 | COL4 | COL5 | COL6 | COL7 | COL8 | COL9 |
|---|---|---|---|---|---|---|---|---|---|
| ROW1 | (0,0) | (2,0) | (4,0) | (4,3) | (3,3) | (2,3) | (1,3) | (0,3) | (1,2) |
| ROW2 | (4,2) | (0,2) | (2,2) | (1,0) | (3,0) | (3,4) | (1,4) | | |
| ROW3 | (2,4) | (4,4) | (0,4) | (0,1) | (1,1) | (2,1) | (3,1) | (4,1) | (3,2) |

ht-deko.com 为 micro:bit 上 5 × 5 点阵屏编写了专用的库文件，让我们来一步一步探知库文件的神奇魔力吧。

对micro:bit底层驱动感兴趣的同学，可以打开microbit_Screen.h和microbit_Screen.ccp文件一探究竟，这可是Arduino高手的必经修炼。

```
#include "microbit_Screen.h"  //导入库文件
void setup() {
  SCREEN.begin();        //初始化LED点阵屏
}
void loop() {
  SCREEN.plot(2, 2);    //点亮(2,2)坐标上的LED
  delay(1000);          //延时1秒
  SCREEN.unplot(2, 2);  //坐标上的LED熄灭
  delay(1000);          //延时1秒
}
```

把上述测试代码上传到micro:bit，看看试验效果与上一节Blinking的代码对比有什么不同?

**思考：我思故我在，原点在哪里？**

为什么(2,2)对应5×5点阵屏的正中间？如果这里存在一个坐标系的话，坐标原点在哪里？*x*轴和*y*轴指向哪里？

### 6.3.2 呼吸灯·点

卧室里的灯，我们除了可以控制打开或者关闭之外，还会想控制灯光的亮度，这样更适合我们的生活要求。手机一般也有一个状态提示LED，用来提示新的信息或充电状，它不是简单地一闪一灭，而是渐渐变亮，然后渐渐变弱，最后熄灭，形成类似“呼吸”的显示效果。我们能不能通过micro:bit也模拟一个呼吸灯呢？完全没问题，使用microbit_Screen库里的SCREEN.plotBrightness函数，可以很方便地实现“呼吸”的效果。

```
#include "microbit_Screen.h"
void setup (){
  SCREEN.begin();                    // 初始化LED屏
}
void loop(){
  for (int a=2; a<=255;a++){         //循环语句，控制LED亮度的增加
      SCREEN.plotBrightness(2,2,a);
    delay(10); }                     //当前亮度级别维持的时间，单位为毫秒
    for (int a=255; a>=2;a--){       //循环语句，控制LED亮度减小
    SCREEN.plotBrightness(2,2,a);
    delay(10);  }                     //当前亮度维持的时间，单位为毫秒
  delay(100);                         //完成一个循环后等待的时间，单位为毫秒
}
```

把上述代码上传到micro:bit，观察正中间LED的显示效果，是不是像只萤火虫在呼吸呢？

**思考：怎样呼吸**

（1）为什么要设定“a=2”呢？如果不是2，还可以是其他数值吗？设定“a=0”会怎样？动手试一试吧，仔细观察试验效果，调出你最喜欢的效果，找到其对应的参数，跟同学们交流一下。

（2）Delay(10)表示保持当前状态10毫秒，这个时间间隔可以调整吗？调成其他数值看看会出现什么样的效果。

（3）for()语句还有其他写法吗？

（4）能不能调整相关参数，用micro:bit制作一个跟你的呼吸频率相同的呼吸灯，伴你身旁？

### 6.3.3 走马灯·线

公元1000年左右，中国人开始制作走马灯，用于烘托春节、元宵、中秋等节日氛围。走马灯是一件精巧的气动装置，上有平放的叶轮，下有点燃的蜡烛或灯，蜡烛或灯产生的热力造成气流，热气上升带动叶轮旋转，轮轴上有剪纸，烛光将剪纸的影投射在屏上，图像便不断走动。早期多在灯各个面上绘制古代武将骑马的图画，而灯转动时，由于人眼存在“视觉暂留”现象，看起来好像几个人你追我赶一样，立显于灯影，活灵活现，故名走马灯。

在电子及编程学习过程中，一般使用一串LED（发光二极管）组成一条发光线，来模拟跑马灯的流动效果，可以单向滚动也可以循环滚动，形成你追我赶的场景。上节我们已经学会如何点亮单个LED，这次，我们使用5×5点阵屏中的一行来模拟走马灯，代码如下。

```
#include "microbit_Screen.h"
void setup (){
  SCREEN.begin();}        // 初始化5×5 LED点阵屏
void loop(){
    static unsigned char i = 0;
    SCREEN.unplot(i,4); // 使用最底下一行LED
    i = (i + 1) % 5;    // 滚动效果
    SCREEN.plot(i,4);
    delay(200);
}
```

上传代码到micro:bit，观察试验效果。

**思考：水滴效果**

（1）“i = (i + 1) % 5”还有没有其他的写法？数字“5”代表什么意思？这样写有什么好处？

（2）有没有办法实现循环走马灯？试试看。

（3）你能不能设计一个新的算法，实现街道两旁“水滴”效果的LED灯条？

### 6.3.4 指示牌·面

我们知道，一条线是由很多点组成的，面是由线构成的。我们上面点亮了一个LED，又使用一行LED实现了跑马灯的效果，接下来我们把5×5 LED点阵屏作为

micro:bit的显示屏来使用，这是micro:bit被定义为“micro PC”的一条原因，点阵屏和AB按钮一起，构成了这个“micro PC”的输出（显示器）和输入（键盘）设备。

下面的代码在5×5 LED点阵屏上展示8个方位指示箭头，上传代码到micro:bit，观察屏幕显示效果。

```
#include "microbit_Screen.h"
void setup() {
  SCREEN.begin();                          // 初始化5×5 LED点阵屏
}
void loop() {                              // 循环显示
  for (int i = 0; i < 8; i++)
  SCREEN.showArrow((ArrowNames)i);         // 方位编号
  SCREEN.showArrow(ArrowNames::North);     // 北
  SCREEN.showArrow(ArrowNames::NorthWest);// 西北
  SCREEN.showArrow(ArrowNames::West);      // 西
  SCREEN.showArrow(ArrowNames::SouthWest);// 西南
  SCREEN.showArrow(ArrowNames::South);     // 南
  SCREEN.showArrow(ArrowNames::SouthEast);// 东南
  SCREEN.showArrow(ArrowNames::East);      // 东
  SCREEN.showArrow(ArrowNames::NorthEast);// 东北
}
```

**思考：电子罗盘**

我们展示了方向箭头，有没有办法做一个真正的指南针呢？micro:bit怎样才能获得方位信息呢？还需要哪些元素或外部元器件？

### 6.3.5 逐帧动画·动

动画的英文“Animation”一词源自于拉丁文字根“anima”，意思为“灵魂”，动词animate是“赋予生命”的意思，引申为使某物活起来，跟我们的“走马灯”多有异曲同工之妙。现代动画作为一种综合艺术，集合了绘画、数字媒体、音乐、文学等众多艺术门类于一身，被称为“创造生命运动的艺术”。

micro:bit作为“micro PC”是可以像PC一样播放动画的，下面的代码就是一个简单的逐帧动画案例（显示原理见图6-23），简单是简单了点，但原理相同。

```
". . # . . | . # # # . | . # # # ." +
". # # . . | . . . # . | . . . # ." +
". . # . . | . . # . . | . # # # ." +
". . # . . | . # . . . | . . . # ." +
". . # . . | . # # # . | . # # # ."
   第1帧        第2帧        第3帧
```

图 6-23　逐帧动画原理图

```
#include "microbit_Screen.h"
void setup() {
  SCREEN.begin();                           // 初始化5×5 LED点阵屏
}
void loop() {                               // 逐帧动画内容（影片内容）
  SCREEN.showAnimation((String)
    ". . # . . . # # # . . # # # . " +
    ". # # . . . . . # . . . . # . " +
    ". . # . . . . # . . . # # # . " +
    ". . # . . . # . . . . . . # . " +
    ". . # . . . # # # . . # # # . "
  );
}
```

## 思考：表情动画

小伙伴们，能不能展开奇思妙想，使用手中的micro:bit，自己创作一件展现科技与艺术的动画作品呢？带上你的作品参加中国电子学会现代教育技术分会组织的CM3大赛吧。

你可以设计自己的表情包micro:bit小眼睛等。

**扩展阅读：代码 VS. makecode积木**

| 函数名称 | 功能简介 | makecode积木 |
|---|---|---|
| plot(x,y); | 点亮(*x*，*y*)坐标处的LED，*x*为横坐标，*y*为纵坐标。(0，0)表示左上方 |  |
| unplot(x,y); | 关闭(*x*，*y*)坐标处的LED，*x*为横坐标，*y*为纵坐标。(0，0)表示左上方 |  |
| plotBrightness (x,y,brightness); | 设定(*x*，*y*)坐标处LED的亮度(0 ~ 255)，*x*为横坐标，*y*为纵坐标。(0，0)表示左上方。亮度(0 ~ 255)表示LED从熄灭状态到最亮状态 |  |

## 6.4 传感器·输入

跟Arduino相比，micro:bit除了性能提升之外，两个重量级的运动传感器——MMA8652三轴加速度计和MAG3110三轴磁力计，显然个性鲜明。基于这两个传感器的应用，给同学们带来了不少的乐趣和挑战。

### 6.4.1 加速度

加速度是高中物理的核心概念，是牛顿经典力学的基础。加速度传感器在移动终端有着广泛的应用，各种手机记步软件、防跌落功能、体感游戏等都是基于加速度传感器的应用。上下电梯、汽车启停时，我们能够感受到加速度的存在，但是我们平时“看”不到加速度。那么，能不能通过技术手段，让加速度可视化呢？使用micro:bit内部集成的加速度传感器MMA8653，能不能把瞬态加速度实时提取出来？让我们来一探究竟吧。

到Adafruit官网分别下载MMA8653的库文件MMA8657.zip和Adafruit提供的Adafruit_Microbit-master.zip文件，并添加到Arduino IDE库文件里。

重新启动Arduino IDE，选择“文件”→“示例”→“Adafruit_Microbit”→“accelerometer_MMA8653”测试文件，如图6-24所示。

图 6-24　加载 MMA8653 加速度传感器

上传以下代码到micro:bit，打开串口，如图6-25（A）所示。摇动micro:bit，观察*x*、*y*、*z*三个维度上的加速度变化，体验板子的运动与串口数值变化的关系，这样是不是实现了加速度的可视化了呢？

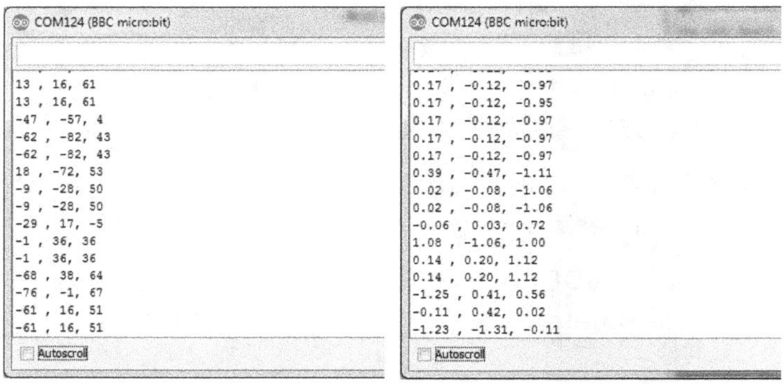

（A）　　（B）

图 6-25　串口输出实时加速度值

```
#include "Wire.h"
#include "MMA8657.h"
MMA8653 accel;
```

```
void setup() {
  Serial.begin(9600);
  Serial.println("microbit accel test");
  accel.begin(false, 2); // 配置为8bit模式，测量范围为2g（重力加速度）
}
void loop() {
  accel.update();          // 分别输出x、y、z轴加速度数值到串口
  Serial.print(accel.getX());    Serial.print(" , ");
  Serial.print(accel.getY());    Serial.print(", ");
  Serial.println(accel.getZ());
  delay(100);
}
```

有兴趣的同学，可以查阅MMA8653的数据手册，将串口输出的数值标定为具体的量纲。按下面所示修改代码，以重力加速度g为单位输出数据到串口，如图6-25（B）所示。

```
void loop() {
  accel.update();         // 以新量纲输出x、y、z轴加速度数值到串口
  Serial.print((float)accel.getX() * 0.0156);    Serial.print(" , ");
  Serial.print((float)accel.getY() * 0.0156);    Serial.print(", ");
  Serial.println((float)accel.getZ() * 0.0156);
  delay(100);
}
```

**思考：图表可视化**

对比图6-25所示两个串口显示效果有什么不同。这样虽然把加速度的当前数值实时传导了出来，可是面对这些字符串数据，还是有点晕啊，能不能更直白点呢?

### 6.4.2 磁力计

micro:bit板载的磁力计MAG3110可以测量所处位置磁场（由地磁场和电路板组件产生的磁场加在一起的总和）的3个轴向的组成部分，可以用来测量地磁方向、物体静止时候的方向和传感器周围磁力线的方向。

SparkFun为MAG3110创建了一个针对Arduino IDE的库文件，这样我们可以更容易从MAG3110读取传感器数据。

你可以到SparkFun的github网页下载库文件以及示例代码。按照上节讲述的步骤，使用“库管理器”安装如图6-26所示。

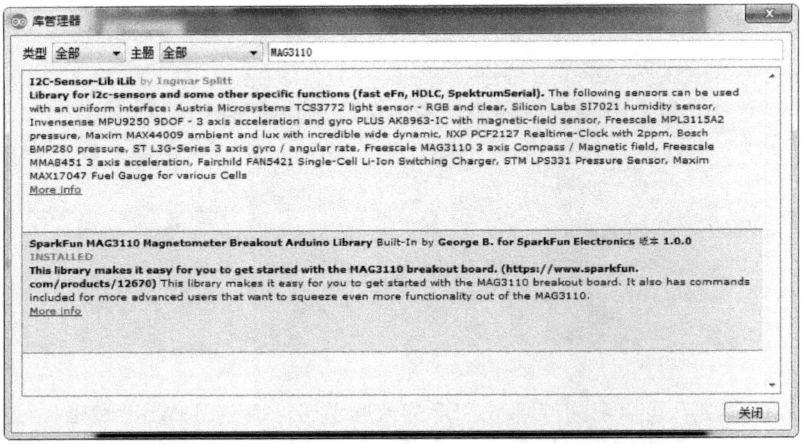


图 6-26 加载磁力计 MAG3110 库文件

重新启动Arduino IDE，选择“文件”→“示例”→“Adafruit_Microbit”→“SparkFun_MAG 3110_Basic”测试文件，代码如以下。

```
#include <SparkFun_MAG3110.h>
MAG3110 mag = MAG3110();
void setup() {
  Serial.begin(9600);
  mag.initialize(); //初始化MAG3110
  mag.start();      //传感器开始工作
}
void loop() {
  int x, y, z;
    if(mag.dataReady()) {                          //等待数据采集就绪
    mag.readMag(&x, &y, &z);                       //读取传感器数据
    Serial.print("X:");Serial.print(x);            //串口输出x轴数据
    Serial.print(", Y: ");Serial.print(y);         //串口输出y轴数据
    Serial.print(", Z: ");Serial.println(z);       //串口输出z轴数据
    Serial.println("--------");
  }
}
```

上传代码到micro:bit，打开串口，如图6-27所示。转动micro:bit，观察$x$、$y$、$z$三个维度上的地磁场数据变化，体验板子的运动与串口数值的关系。

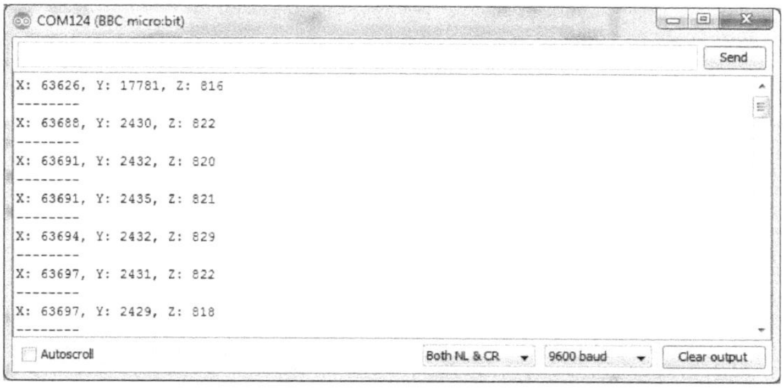


图 6-27　串口输出实时磁力计数据

**问题：磁力计是如何工作的？**

地磁场是指地球内部存在的天然磁场。地球可视为一个磁偶极，其中一极位在地理北极附近，另一极位在地理南极附近。地球的磁北极实际上是磁场的指南极，它会吸引构成罗盘指针的磁铁的指北极。测量磁场是个非常复杂的过程，会涉及磁场强度、磁感应强度、磁滞等电磁学知识，爱钻研的同学可以将MAG3110这颗芯片与3轴加速度传感器结合使用，看看能不能使用micro:bit制作一个电子罗盘出来?

# 6.5　蓝牙通信

蓝牙Bluetooth的应用非常广泛。自从1998年提出蓝牙技术以来，蓝牙技术的发展异常迅速。蓝牙作为一种新的短距离无线通信技术标准，可以支持物体与物体之间的通信（IoT，物联网），可以同时进行数据和语音传输，使得在其范围内的各种信息化设备都能实现无缝资源共享。

micro:bit的主芯片nr51822就是一款多协议蓝牙低功耗（BLE）单芯片解决方案，广泛应用于PC周边、物联网（IoT）设备、上网电视、遥控器、运动健身保健设备、玩具以及自动化设备等。

## 6.5.1 BLE库

使用micro:bit进行蓝牙通信前，需要安装必要的库文件。在库管理器里搜索“BLE Peripheral”，选择“安装”（见图6-28）。Sandeepmistry为无线通信芯片nRF51822和nRF8001创建Arduino外设库文件，帮助你快速创建、定制基于UART及其他形式的外设应用。

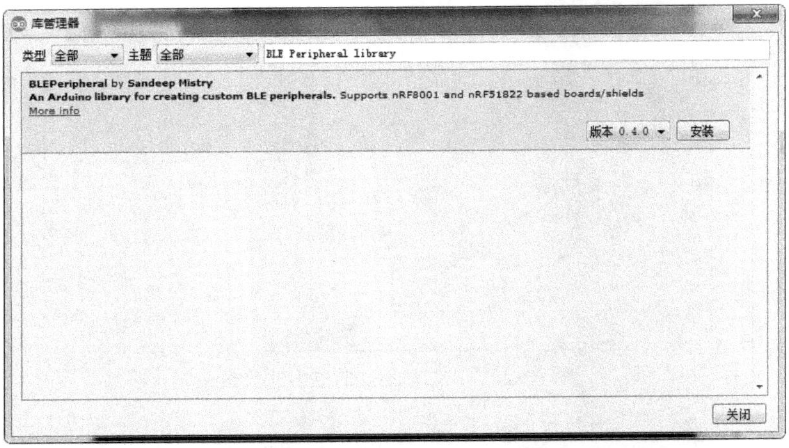


图 6-28　加载 BLEPeripheral 低功耗蓝牙库

当你开始真正的设计时，一般都是比较复杂的系统，非常有必要对micro:bit板子的资源做一番梳理，以便合理管理相应的库文件。幸运的是，Adafruit已经替我们做好了这份工作，把常用的库文件和参考代码封装到一个“Adafruit_Microbit”库里。

在库管理器里搜索“Adafruit GFX”并“安装”（见图6-29）。“Adafruit_GFX”是Adafruit图形显示核心库，包括常见的小尺寸到中尺寸的字符LCD、LED、段码及图形OLED显示设备。Adafruit_GFX库文件提供了一套通用图形（点、线、圆等）显示方法，提供开放的源代码。

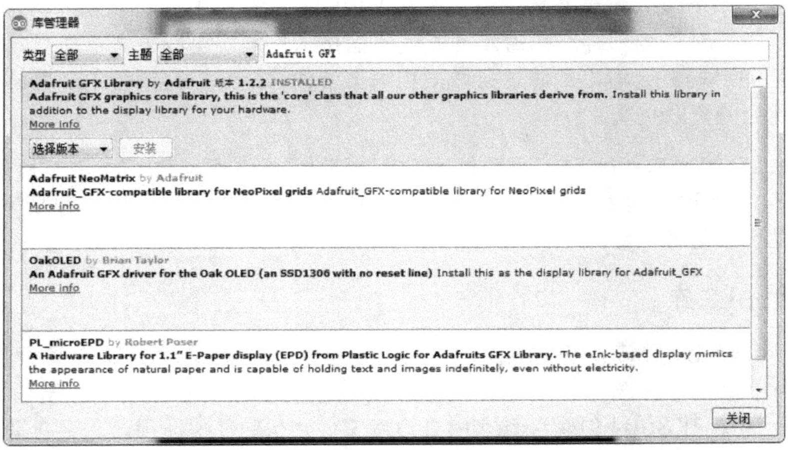


图 6-29　加载 Adafruit GFX 图形驱动库

接下来安装Adafruit_Microbit库文件，这是Adafruit专门为micro:bit整理的库文件，包括驱动代码和经典参考实例。请下载ZIP文件，依次选择“项目”→“加载库”→“添加一个.ZIP库”，系统会弹出“选取你想加入并含有库的zip文件或文件夹”对话框，Adafruit_Microbit库文件存放的位置，单击“打开”完成安装。新安装的库文件内除了含有“Adafruit_Microbit.cpp”和“Adafruit_Microbit.h”两个核心驱动文件外，还有一些常用测试实例，后续的学习过程中，我们会用到。

安装完成后，可以选择“文件”→“示例”→“Adafruit_Microbit”下的“blinkdemo”“buttondemo”和“matrixdemo”测试（见图6-30、图6-31）。

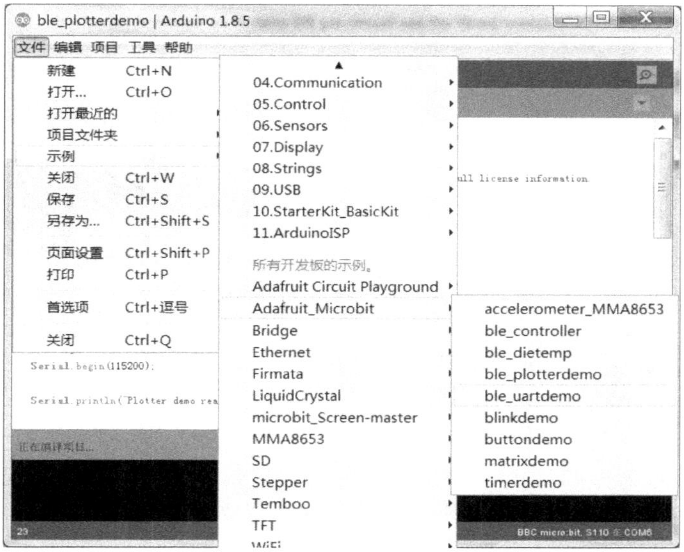

图 6-30 测试 BLE 低功耗蓝牙串口通信

**扩展阅读：管理显示屏**

micro:bit的5×5 LED点阵屏是25个LED采用阵列扫描的方式复用的，所以你不能直接指定某一个LED一直亮或一直灭，这些LED必须不断扫描，以保持亮度。Adafruit_Microbit库文件也提供了一套驱动这些LED的方式，比较一下matrixdemo和microbit_Screen库文件中的showAnimation有什么不同？想想看，还有没有其他驱动方式？如果你能想到更好的驱动和管理这些LED的方法，你能不能也为micro:bit写一个库文件？

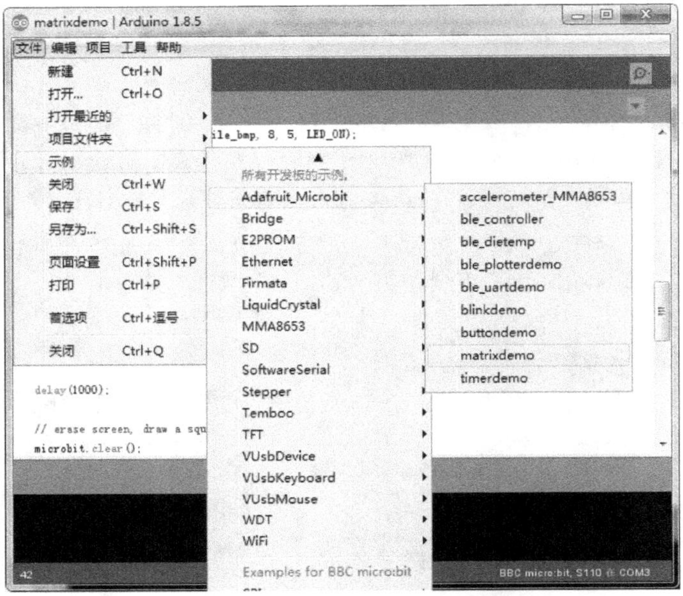


图 6-31 测试点阵屏驱动

好了，总算把后续需要用到库文件都安装完了。精彩的项目，马上就要开始上演啦！

### 6.5.2 无线串口

micro:bit的主控芯片nRF51822已经内置了蓝牙功能，这就可以有很多精彩的玩法啦，特别是通过蓝牙把手机、平板电脑等移动设备连接起来，做出酷炫作品。Adafruit专门为micro:bit开发了苹果iOS及安卓系统的App应用，方便我们玩转micro:bit，你可以在苹果商店或者Google Play应用商店搜索“Bluefruit”并免费下载。

打开Arduino IDE主界面，选择“文件”→“示例”→“Adafruit_Microbit”→“ble_uartdemo”并载入程序，如图6-32所示。

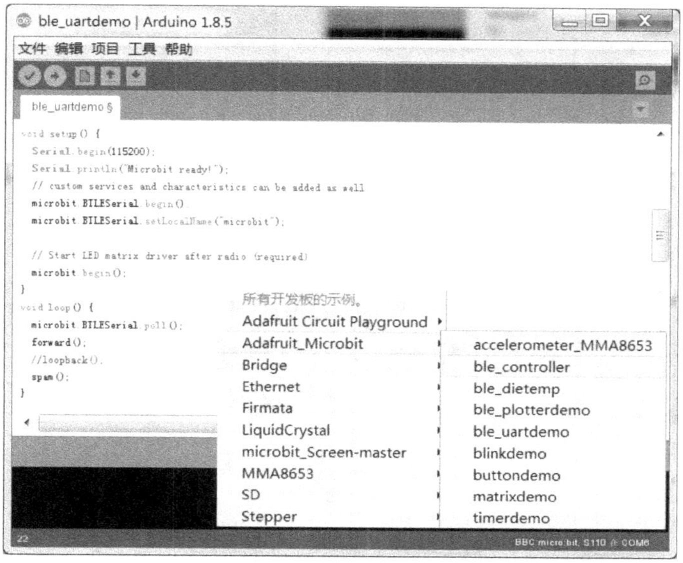

图 6-32　测试低功耗蓝牙通信程序 ble_uartdemo

找到下面的代码：

```
forward();
//loopback();
//spam();
```

修改成：

```
//forward();
loopback();
spam();
```

这样把micro:bit切换到每秒自动上传数据给手机的模式，更便于我们在手机上观察这些数据的变化。改好后，上传代码到micro:bit。

代码上传完成后，在手机或者平板电脑上，打开“Bluefruit”，出现如图6-33(A)所示。“Name”栏提示“Find by name”，当蓝牙设备比较多的时候，可以通过蓝牙设备名称来快速找到需要配对的设备。“Must have UART service”表示只接受UART串口类型的蓝牙设备连接。在图6-33（B）中，选择最下面蓝牙信号最强的一个设备，单击右侧的“CONNECT”按钮进行连接。

**注意：Plotter绘图**

在安卓和iOS系统下，“Bluefruit”软件的界面略有不同，请仔细查找对应的参数与选项。Bluefruit的Plotter数字可视化功能只有在iOS系统下才可以使用，安卓系统不支持Plotter模式，所以建议优先选用iOS系统设备。

接下来，App进入“Choose mode to connect to”选择连接模式，我们这节的任务是测试UART，所以点选图6-33（B）中的“UART”。

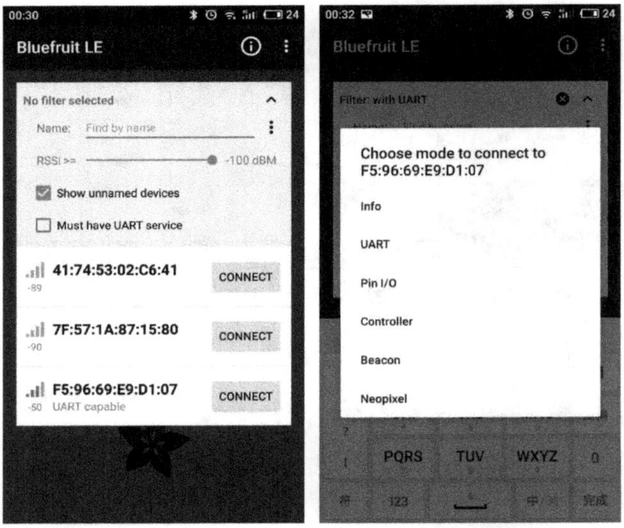


（A）　　　　　　　　（B）

图 6-33　手机测试蓝牙 UART

然后出现图6-34所示的界面，文本框内不停接收到来自micro:bit的信息“168584 tick-tacks”。想跟micro:bit打招呼的话，可以在“SEND”左侧的文本框内输入“你好，小比特！”，点击“SEND”，如图6-34（B）所示。

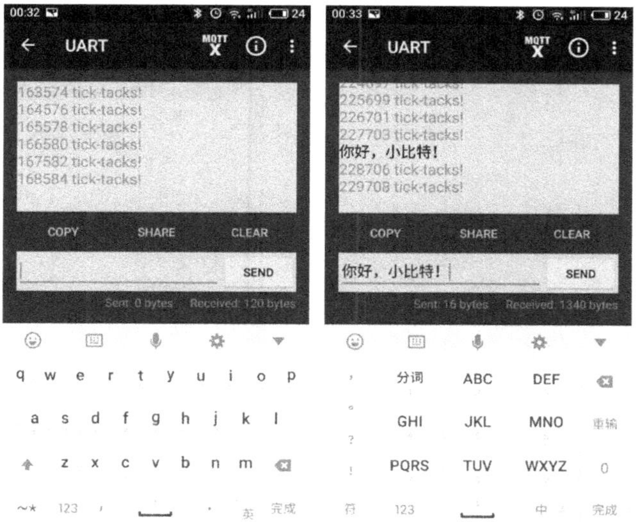


（A）　　（B）

图 6-34　手机 App 与蓝牙 UART 通信

重新改回最初的代码：

```
forward();
//loopback();
//spam();
```

重新上传代码，再次连接micro:bit和手机，把电脑串口波特率设置成115200，同时打开手机App分别发送问候字符，如图6-35（A）所示，看看对方是否能正常接收。如果出现图6-35（B）的对话，那要恭喜啦，表明通micro:bit和手机通信正常，我们可以开始接下来的学习了。

**注意：短信息**

micro:bit的蓝牙串口，资源和缓存有限，每次通信数据量不宜过大，不建议不超过10个字符，另外蓝牙通信对中文的支持不好。

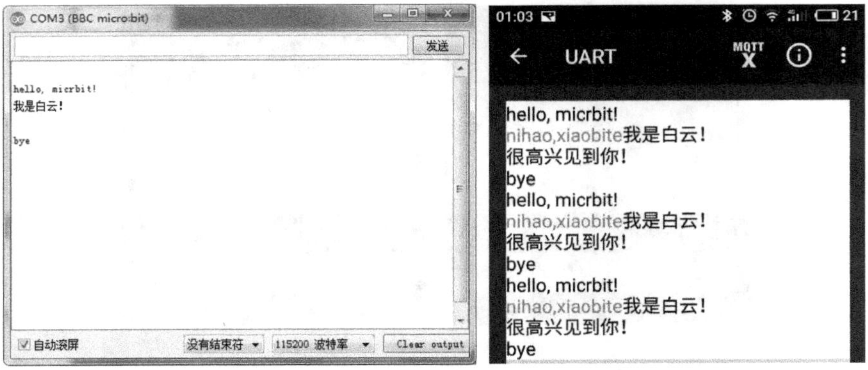


（A）　　　　　　　　（B）

图 6-35　采用 115200 串口波特率通信

### 6.5.3 数据可视化

BluefruitApp在苹果iOS系统下还有一个绘图功能，可以轻松实现数据可视化，下面我们就来体验一下吧。在Arduino IDE主界面选择“文件”→“示例”→“Adafruit_Microbit”→“ble_plotterdemo”，载入代码并上传到micro:bit，如图6-36（A）所示。这个示例程序把micro:bit板载加速度传感器MMA8652的数值，分别发送给USB串口（见图6-36（B））和蓝牙串口。

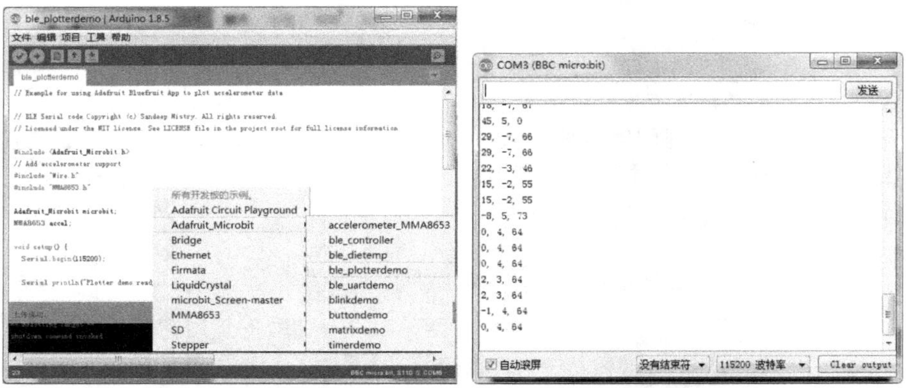


（A）　　　　　　　　（B）

图 6-36　通过串口观察数据

```
// 串口分别输出x、y、z轴数据
Serial.print(accel.getX());
Serial.print(", ");
Serial.print(accel.getY());
Serial.print(", v);
Serial.println(accel.getZ());
// 蓝牙输出x、y、z轴数据
microbit.BTLESerial.print(accel.getX());
microbit.BTLESerial.print(",");
microbit.BTLESerial.print(accel.getY());
microbit.BTLESerial.print(",");
microbit.BTLESerial.println(accel.getZ()); // 结束绘图
```

在iPad或者iPhone上，打开Bluefruit，这次选择“Plotter”模式，如图6-37(A)所示。前后、左右、上下晃动micro:bit板子，可以看到*x*、*y*、*z*方向上的加速度数据值，以3种不同颜色在屏幕上变动，如图6-37（B）所示。在介绍MMA8652加速度传感器一节，我们使用串口输出字符数据，实现了加速度值的实时变化显示，，和这节介绍的“Plotter”模式，你更喜欢哪种显示形式呢?

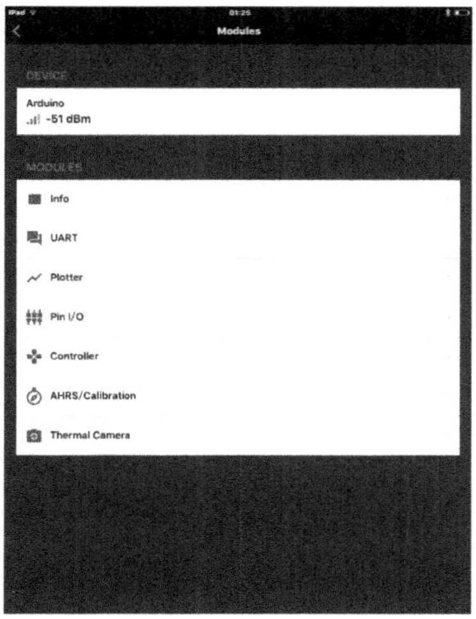


（A）

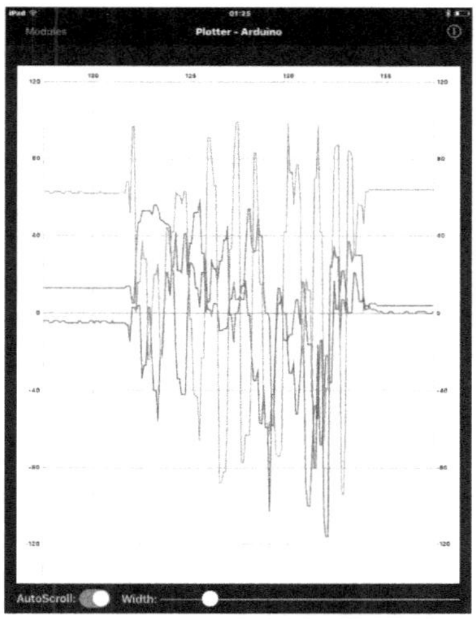


（B）

图 6-37　通过手机 App 以可视化方式显示数据

仅需使用BTLESerial.print()和BTLESerial.print( “,” )组合，你可以绘制任何你喜欢的东西，把抽象的数值以可视化的方式显示出来，呈现给大家。别忘了，最后再加一句bleSerial.println()表示一组数据单元绘制结束。

所以，如果你想绘制加速度的平均值 $\bar{a}=\sqrt{a_x^2+a_y^2+a_z^2}$ ，可以这样修改代码：

```
void loop() {
  microbit.BTLESerial.poll();
  accel.update();
  //串口分别输出x、y、z轴数据
  Serial.print(accel.getX());
  Serial.print(", ");
  Serial.print(accel.getY());
  Serial.print(", ");
  Serial.println(accel.getZ());
// 蓝牙输出x、y、z轴数据
  microbit.BTLESerial.print(accel.getX());
  microbit.BTLESerial.print(",");
  microbit.BTLESerial.print(accel.getY());
  microbit.BTLESerial.print(",");
  microbit.BTLESerial.print(accel.getZ());
  float vector = (accel.getX() * accel.getX()) + (accel.getY() * accel.
getY()) +  (accel.getZ() * accel.getZ());
  vector = sqrt(vector);
  microbit.BTLESerial.println(vector);   //输出平均值并结束绘图
  delay(100);
}
```

App绘制出的平均加速度变化如图6-38所示。

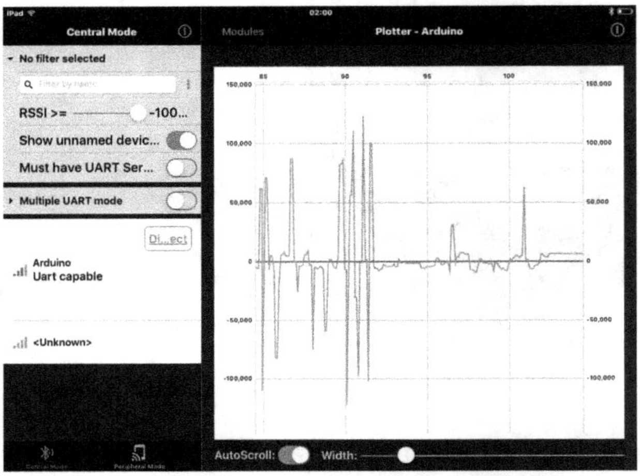


图 6-38　手机 App 以可视化方式观察平均加速度

# 6.6 Blynk物联网

Blynk是一款物联网（IoT）服务平台，特别适合喜欢折腾小型开发板的创客制作和校园项目学习，可以运行在iOS和Android等系统的移动互联网设备上，用来控制Arduino、Raspberry Pi和micro:bit等外设，用户不用操心协议、UI等琐碎的事情，专注硬件端的实现就好了（见图6-39）。Blynk的配置和使用方法非常简单，可以创建精美的界面和挂件来控制各种外设。

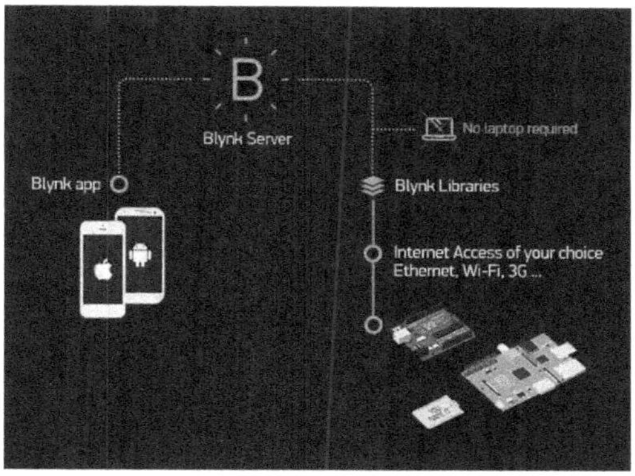


图 6-39　Blynk 物联网（IoT）服务示意图

## 6.6.1 Blynk App

第一步，要在手机或平板电脑上安装Blynk App。直接到Blynk官网下载适合你的软件。

在网上下载Blynk的时候可能有很多个版本，而Blynk的服务器在国外，有些版本的Blynk软件是连不上Blynk服务器的，出现的现象就是一直提示登录不上等问题。如果你用的是安卓系统，建议你先安装一个华为应用商店，在华为应用商店里面搜索Blynk直接安装。苹果iOS系统比较简单，直接在App Store搜索Blynk安装就可以了。

第二步，注册Blynk。

打开Blynk软件，首先出现的界面如图6-40（A）所示。

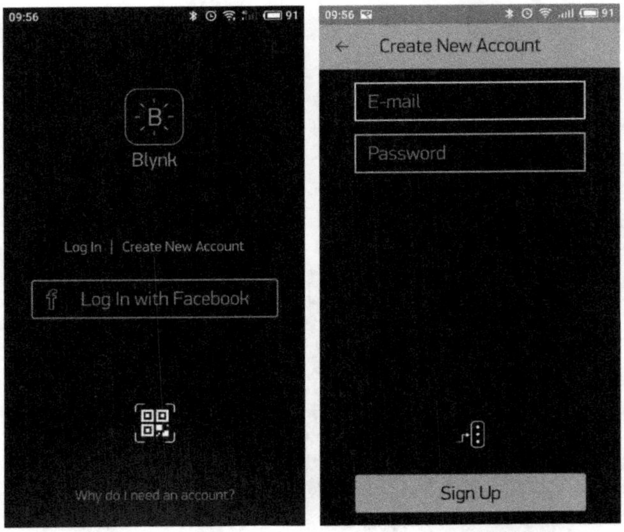


（A）　　（B）

图 6-40　你注册 Blynk

点击图6-40（A）的中“Create New Account”，然后跳转到新的界面，如图6-40（B）所示，输入你的常用邮箱和登录密码，在开发项目中生成的令牌会发送到该邮箱。

第三步，注册完成后登录Blynk，第一次使用可能会直接提示创建新项目。点击图6-41（A）“New Project”创建一个新项目，会转入新的界面，输入项目的名称，本例的项目名称是“micribit”，选择设备“BBC micro:bit”，选择“BLE”蓝牙作为通信类型，为了本书印刷方便，把项目调亮，选择“LIGHT”模式，点击“Create”创建新项目，如图6-41（B）所示。接着转入新的界面，提示“Auth Token”识别字符串已经发送到你的注册邮箱里，如图6-41（C）所示，点击“OK”回到新建项目主界面。

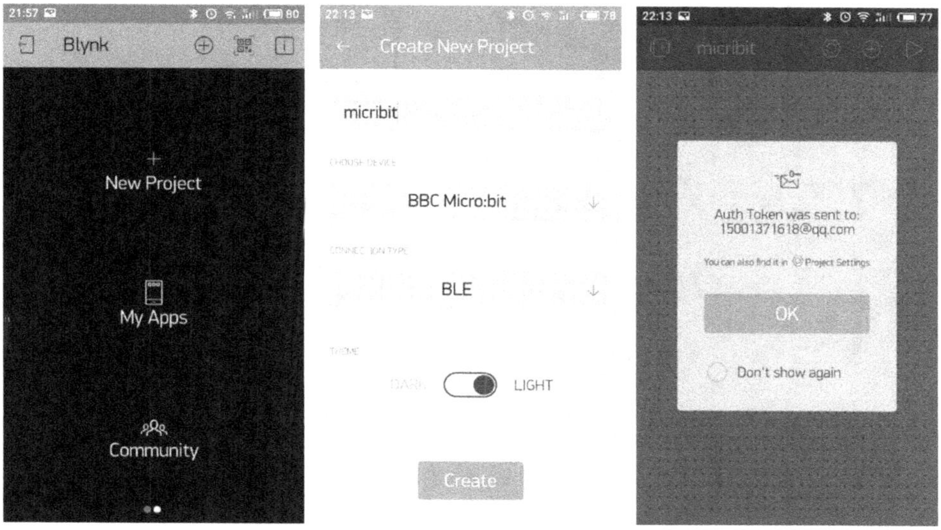


（A）　（B）　（C）

图 6-41　连接 micro:bit

进入注册用的邮箱，打开Blynk发过来的新邮件，找到“Auth Token:”后的一串字符码（见图6-42），保存下来，这是micro:bit新建项目的唯一识别码，在Arduino代码里会用到它。

**Auth Token for micribit project and device micribit**

发件人：dispatcher <dispatcher@blynk.io>

(由 msprvs1=17470qo_bj-DS=bounces-84135@spmailtechno.com 代发)

时　间：2017年10月24日(星期二) 晚上10:13

Auth Token : 4e5f1f6790f74c0fbe4d4620693d331e

Happy Blynking!

图 6-42　micro:bit 的 Auth Token

至此，我们就完成了一个基于micro:bit的物联网应用的创建。

## 6.6.2　Blynk库文件

接下来打理micro:bit端的事务。在Arduino IDE库管理器里搜索“Blynk”，选择“安装”，如图6-43所示。也可以到Blynk官网下载最新的库文件，使用ZIP文件安装。

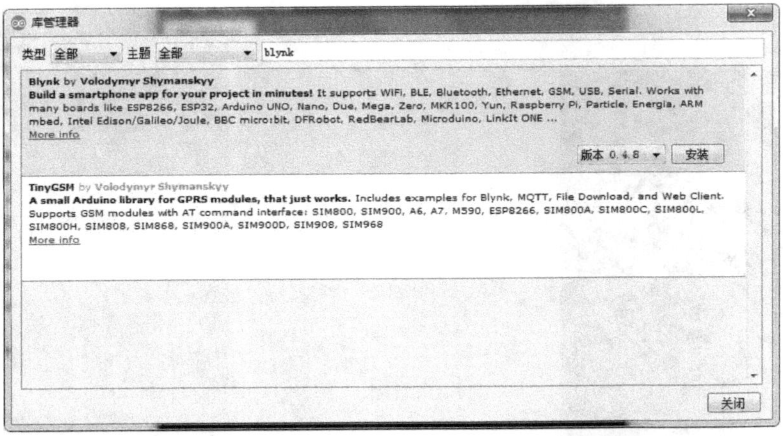


图 6-43　加载 Blynk 库文件

Blynk库文件安装完成后，按图6-44（A）所示，依次单击“文件”→“示例”→“Blynk”→“Boards_Bluetooth”→“BBC_MicroBit”，载入测试代码，如图6-44（B）所示。

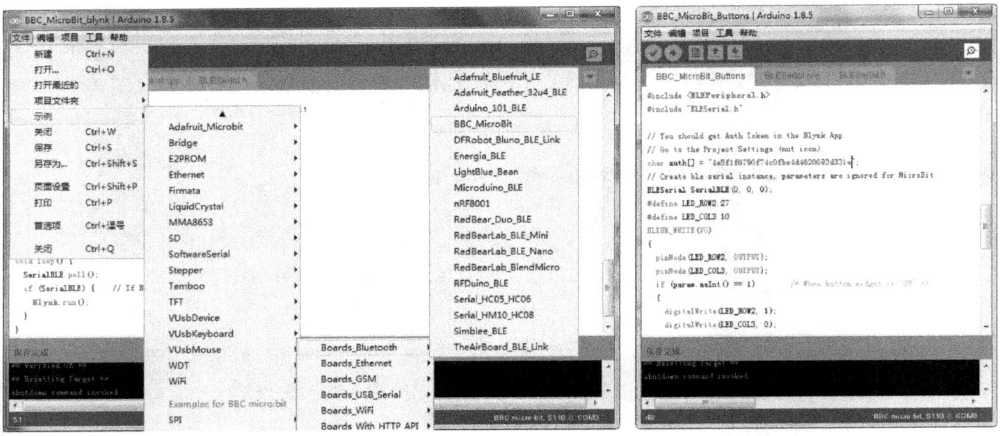


（A）　　　　　　　　　　　　　　　　（B）

图 6-44　选择“文件”→“示例”→“Blynk”→“Boards_Bluetooth”→“BBC_MicroBit”

找到以下代码。

```
// You should get Auth Token in the Blynk App.
// Go to the Project Settings (nut icon).
char auth"" = "YourAuthToken";
```

修改为以下代码，其中“4e5f1f6790f74c0fbe4d4620693d331e”就是识别字符串。

```
// You should get Auth Token in the Blynk App.
// Go to the Project Settings (nut icon).
char auth"" = "4e5f1f6790f74c0fbe4d4620693d331e";
```

上传测试代码到micro:bit，打开串口终端，显示如图6-45所示的信息，表明micro:bit已经做好联网准备。

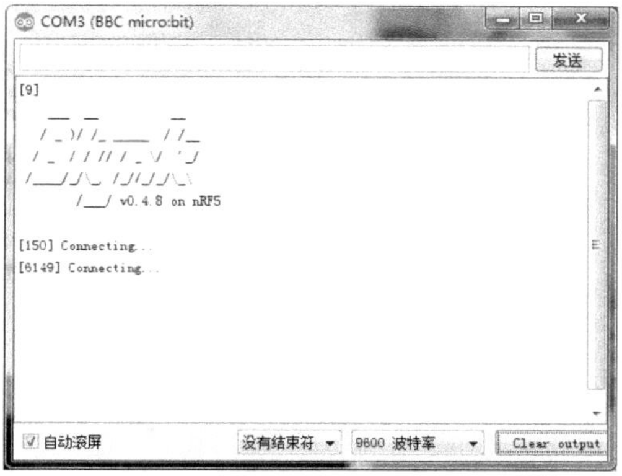


图 6-45　与 Blinky 连接成功

### 6.6.3　输入测试

回到我们刚刚建立的Blynk新项目主界面，如图6-46（A）所示，点击顶部右侧的⊕按钮，进入“Widget Box”部件选择界面，如图6-46（B）所示，找到“BLE”选项并点击，回到主控界面，如图6-46（C）所示，注意选择的是“BLE”而不是“Bluetooth”。

在micribit项目主界面可以看到一个蓝牙的图标，点击蓝牙图标，进入项目设置界面（Project Settings），如图6-47(A)所示，在界面底部，点击“micribit”进入我的设备（My Devices）界面，如图6-47（B）所示，再次点击“Micribit”，进入设备设置界面，如图6-47（C）所示，可以看到当前项目的设备信息，如果忘记设备设别字符，可以点击“E-mail”，重新发送识别字符串。

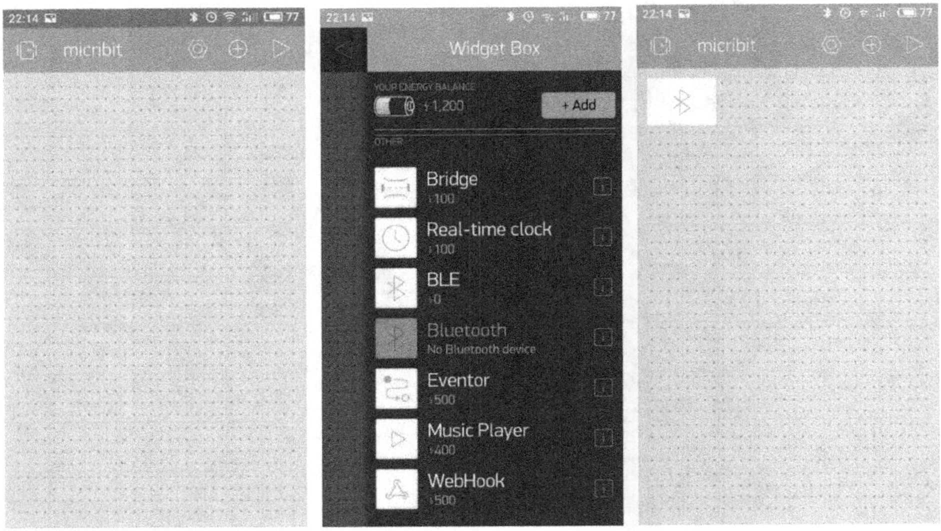


（A）　（B）　（C）

图 6-46　Blynk 新项目输入测试

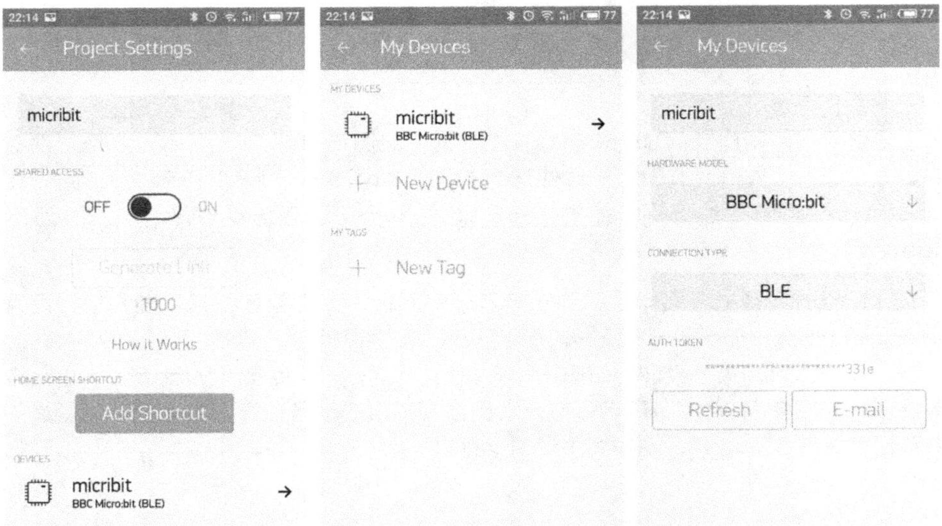


（A）　（B）　（C）

图 6-47　Blynk 新项目注册信息

接下来给项目添加其他的输入，输出器件，回到micribit项目主界面，再次点击顶部右侧的⊕按钮，进入“Widget Box”部件选择界面，如图6-48（A）所示，找到“Value Display”并点击，进入“Value Display Settings”界面，选择管脚类型为“Virtual”，管脚编号为“V1”，如图6-48（B）所示，点击“CONTINUE”按钮。接下来可以修改部件名称和显示颜色，分配为micro:bit模拟输入通道1A，显示范围为0~1023，采样速率为每秒一次，具体配置如图6-48（C）所示。

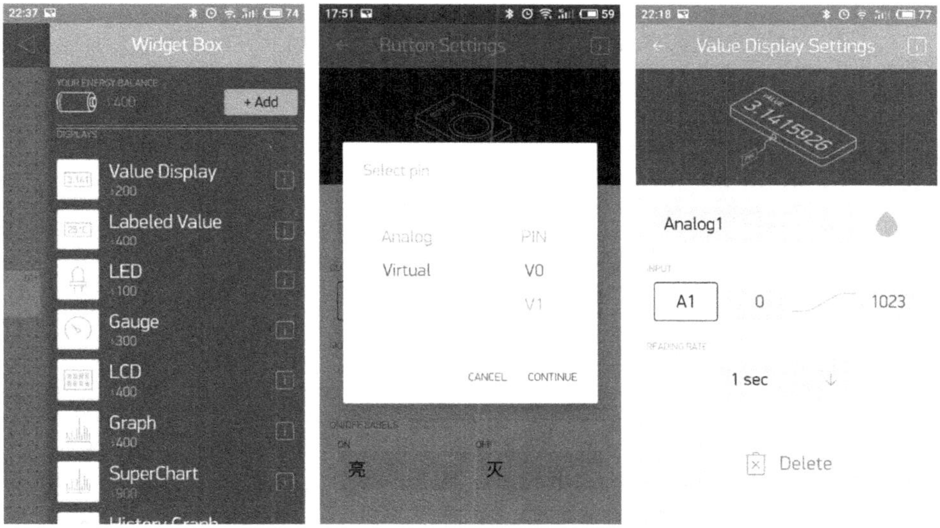


（A）（B）（C）

图 6-48　配置输入，输出模式

配置完成后，返回micribit项目主界面，点击顶部的运行按钮 ，进入“BLE Settings”蓝牙连接配置界面，如图6-49（A）所示，点击图中“Connect BLE device”按钮。进入“Select BLE device”界面，从周边能搜索到的蓝牙设备中，选取“Blynk”设备，图6-49（B）中只有一个蓝牙设备，直接点击“OK”，进入“#Blynk connected”界面，表明蓝牙连接已经成功了，如图6-49（C）所示。

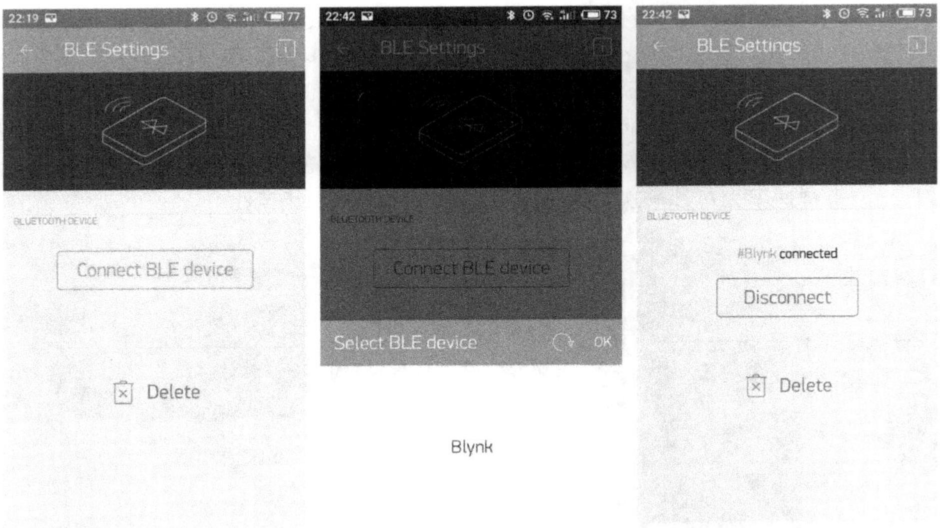


（A）　　　　（B）　　　　（C）

图 6-49　连接蓝牙设备

返回micribit主界面，可以看到蓝牙图标高亮显示，“ANALOG1”部件里已经传来micro:bit模拟输入通道1的数值信息，如图6-50（A）所示。同时串口界面也会提示“Ready”信息，表明通信正常，如图6-50（B）所示。

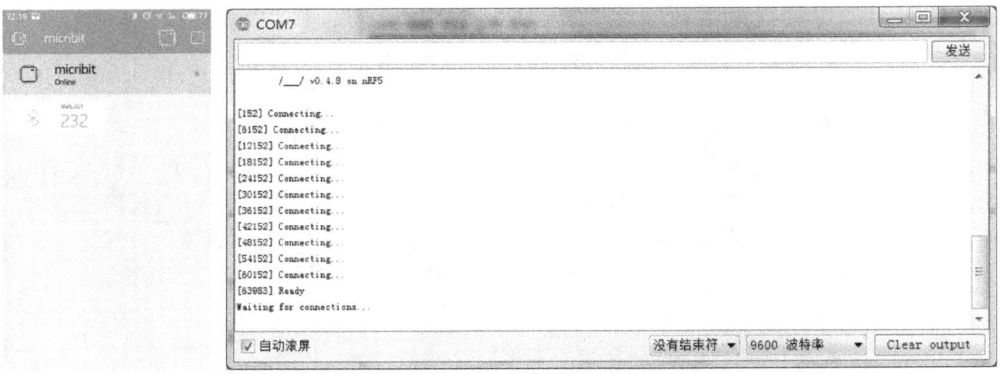


（A）　　　　（B）

图 6-50　通过串口验证测试结果

上面的测试，把micro:bit的模拟信号传送给了手机。除了模拟信号，micro:bit板载的其他资源也可以传输信息给Blynk App，但是需要先对Arduino代码进行修改。

```
// Configure on-board buttons
pinMode(PIN_BUTTON_A, INPUT_PULLUP);
pinMode(PIN_BUTTON_B, INPUT_PULLUP);
```

如果我们想把按钮A、B的状态信息传送给手机，请把下面的代码插入Arduino配置文件setup前面，如图6-51中高亮部分所示，重新上传代码到micro:bit。

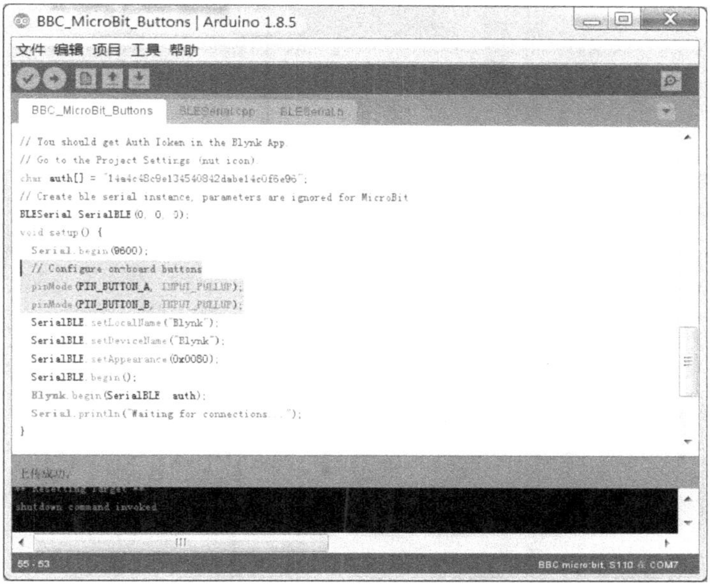


图 6-51　追加 A、B 按钮控制

Blynk App的配置也要相应地调整，在micribit项目主界面，点击顶部右侧的⊕按钮，进入“Widget Box”部件选择界面，回到项目主界面可以看到新建的部件图标，长按图标，进入图标编辑模式，可以移动图标的位置和大小，如图6-52（A）所示，把已经建立的图标做好排布。布局好部件后，点击“Value Display”部件，进入“Value Display Settings”界面，选择管脚类型为“Digital”，管脚编号为“D5”，如图6-52（B）所示，点击“CONTINUE”按钮。接下来可以修改部件名称和显示颜色，这样就把micro:bit的按钮A绑定到数字输入通道“D5”，显示范围为0~1023，采样速率每秒一次，具体配置如图6-52（C）所示。

接下来，按照图6-53（A）和（B）所示，重复上面的操作，将按钮B配置为数字通信通道“D11”。返回主界面，点击顶部的运行 ▷ 按钮，同时按下按钮A和B，可以看到Blynk App运行界面如图6-53（C）所示。

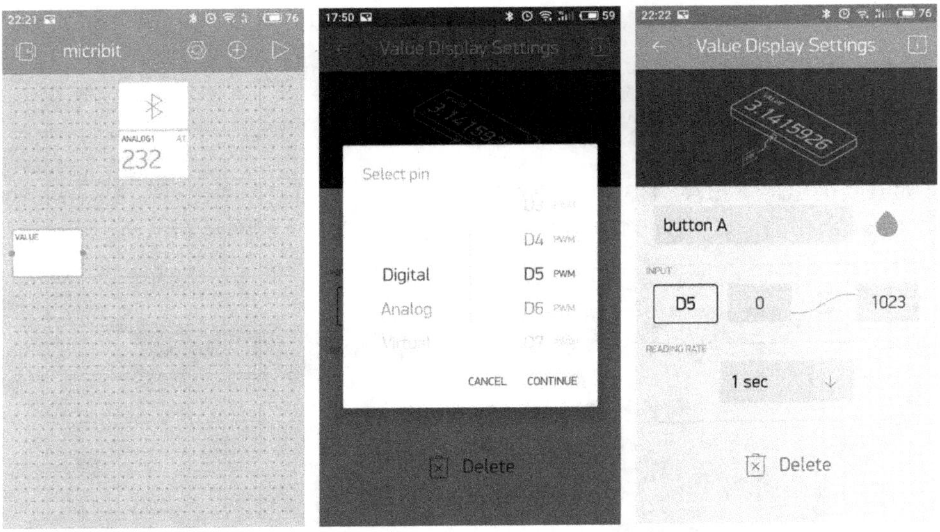


（A）　　（B）　　（C）

图 6-52　配置按钮 A、B 在 Blinky 里的属性

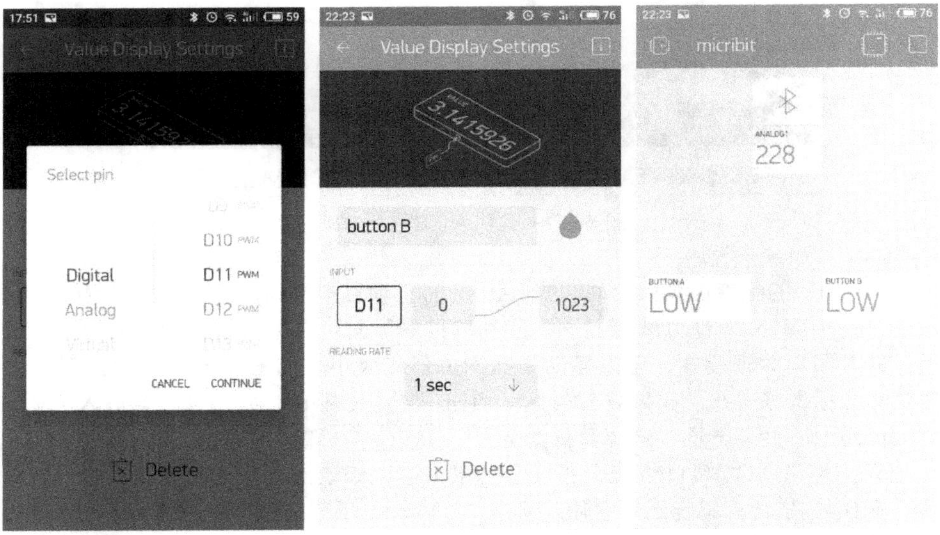


（A）　　（B）　　（C）

图 6-53　完成按钮 A、B 控制实验

至此，我们就完成了Blynk App与micro:bit之间的数字输入和模拟输入通信。

### 6.6.4 输出控制

输入和输出，对计算机来说，是一对共生概念。上面测试了给Blynk App输入数据，接下来我们来挑战一下使用Blynk App输出信号来控制micro:bit。

```
#define LED_ROW2 27
#define LED_COL3 10
BLYNK_WRITE(V0)
{
  pinMode(LED_ROW2, OUTPUT);
  pinMode(LED_COL3, OUTPUT);
  if (param.asInt() == 1)          /* When button widget is "ON" */
  {
    digitalWrite(LED_ROW2, 1);
    digitalWrite(LED_COL3, 0);
  }
  else
  {
    digitalWrite(LED_ROW2, 0);
    digitalWrite(LED_COL3, 0);
  }
}
```

同样，首先需要对Arduino代码进行修改，把以上代码插入图6-54中高亮显示的位置。重新把代码上传到micro:bit。

图 6-54 修改 Arduino 代码

回到micro:bit项目主界面，Blynk App的配置也要相应地调整。点击顶部右侧的⊕按钮，进入图6-55（A）所示的“Widget Box”部件选择界面，找到“Button”部件并点击，进入“Button Settings”界面，先把部件名称改为“27*10中间LED”，选择管脚类型为“Virtual”，管脚编号为“V0”，选择“SWITCH”模式，如图6-55（B）所示，点击“CONTINUE”按钮。接下来可以修改部件名称和显示颜色，这样就把micro:bit正面5×5点阵屏正中间的LED与虚拟管脚“V0”绑定到了一起。返回主界面，点击顶部的运行按钮 ，按图6-55（C）中间的虚拟按钮，观察micro:bit显示屏的变化，看看是否达到了预期的效果。

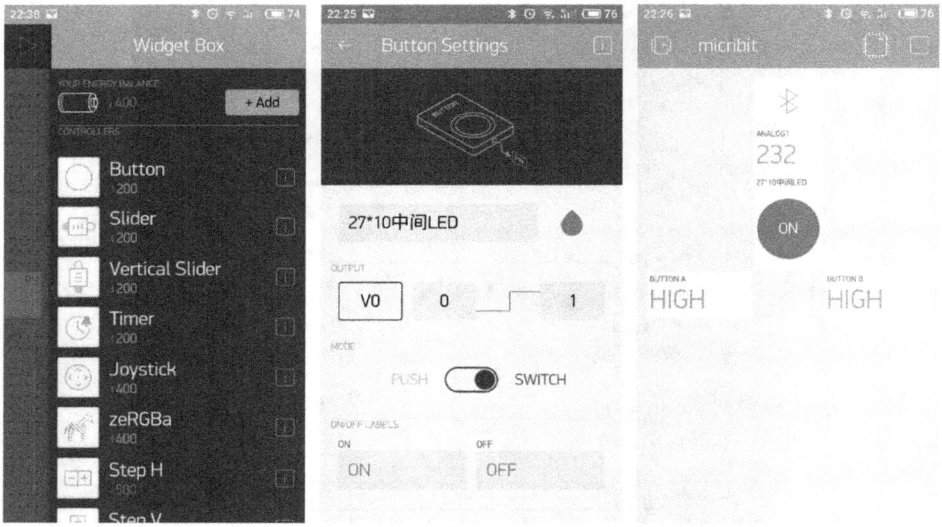


（A）　　（B）　　（C）

图 6-55　控制 micro:bit 上指定的 LED

经过这章的学习，你是不是对Arduino和micro:bit有了初步的了解呢？喜欢用手机控制micro:bit的玩法吗？学习到这里就告一个段落了。你应该新学了不少的知识和本领，还多了micro:bit这位小伙伴。能不能跟同学一起设计一件有趣的作品呢？想一想，micro:bit还可以做什么？不妨说说看，也可以到书友会交流你的想法。

# 7 Processing 互动

虽然micro:bit设计之初就被定义成一款微型电脑，但是无论在计算速度还是屏幕显示方面，比起真正的电脑还是很弱的。更有趣的玩法，是把micro:bit和电脑结合起来，制作互动媒体作品。在互动媒体方面，最有名的编程软件莫过于Processing了，这是一种以数字艺术为背景的程序语言，由麻省理工学院媒体实验室开发，其用户定位是对科学和艺术之间的跨领域表现感兴趣的人。

## 7.1 Processing简介

Processing是由美国麻省理工学院媒体实验室美学与运算小组(Aesthetics Computation Group )的Casey Reas与Ben Fry创立的一款专为设计师和艺术家使用的编程语言。通过它，用户无需具备太高深的编程技术，便可实现梦幻般的视觉展示及媒体交互作品，如图 7-1 所示。

图 7-1　Processing 作品

Processing可结合micro:bit、Arduino等相关硬件，制作出令人惊艳的互动作品。图 7-2所示是一个户外互动广告，设计者通过Processing创作这个作品，通过传感器，实现当观众在广告面前走动时，字体也会随着运动进行分解、移动的效果，炫酷又合时宜地表达主题。

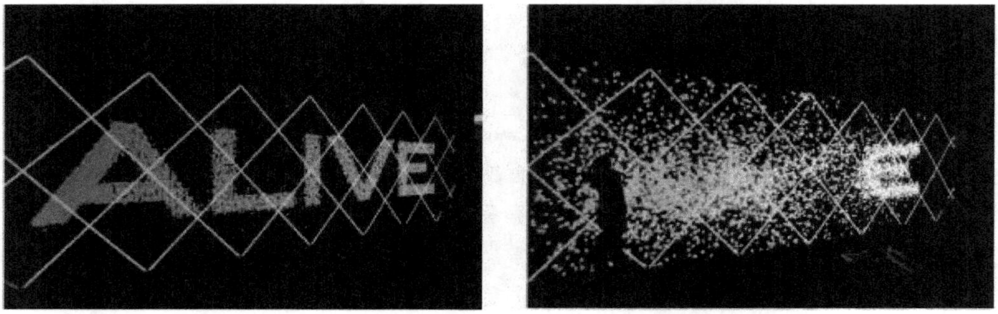


图 7-2　alive

再看图 7-3，它展示的是湖北大学数字媒体艺术专业的邹磊利用Processing创作的作品“旋转之美”。它通过传感器，实现了当观众跺脚、鼓掌、大声说话等发出声音时，屏幕中旋转的画面会跟着声音的大小发生改变的效果，是唯美又有新意的设计。

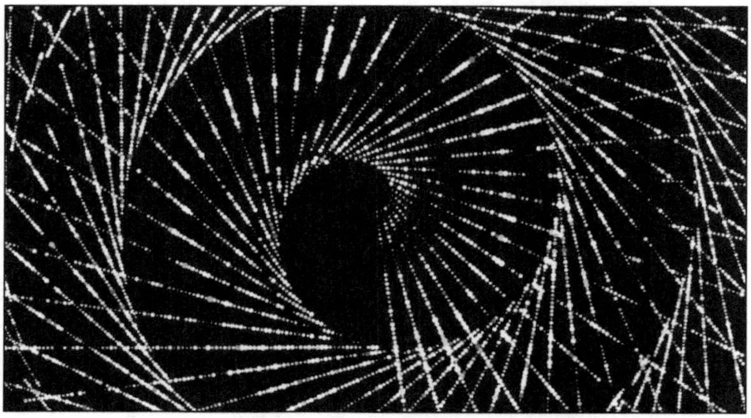

图 7-3　旋转之美

Processing的创始人Casey Reas和Ben Fry编写了《爱上Processing》，中文版由陈思明和郭浩赟翻译，目前已出版第二版。国内知名创客宜昌城老张编写了多个Processing与Arduino互动的作品，并在博客上开源。目前评价较高的书是纽约大学的Daniel Shiffman写 的《The Nature of Code: Simulating Natural Systems with Processing》，中文名为《代码本色：用编程模拟自然系统》。

# 7.2 准备工作

## 7.2.1 下载与安装

Processing可以在Windows、Mac OS X、Linux等操作系统上使用。Processing分为很多版本，如图7-4所示。

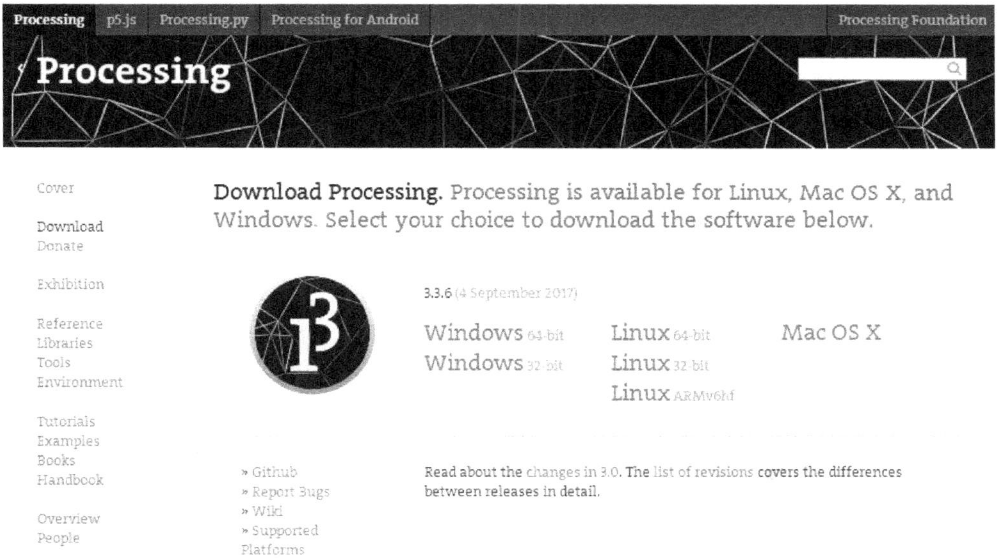


图 7-4　Processing下载页面

Processing无需安装，解压后就可以使用，启动界面和工作界面如图7-5和图7-6所示。你是否发现Processing的界面和Arduino IDE（集成开发环境）的界面很像？其实当年Arduino的创始团队正是在Processing和Wiring（Arduino的孪生兄弟，只开源了IDE，最初设计团队没有完全开源硬件）的基础上开发了Arduino IDE，并实质性走向完全的开源硬件，引导全球的创客潮流。

图 7-5 Processing 的启动界面

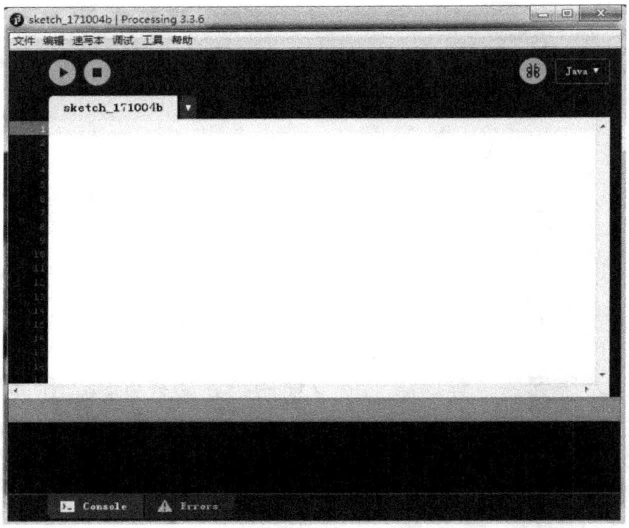


图 7-6 Processing 的工作界面

### 7.2.2 互动原理

“振动泡泡”是宜昌城老张创作的Processing与Arduino的互动作品。如图7-7所示，当用振动传感器敲击桌面时，产生触发信号，然后Ardunio控制器把传感器的振动触发信息上传给Processing上位机程序，于是其画布里的泡泡弹起、跳跃、撞击，好一派欢快景象。过一会，在重力作用下，泡泡平静下来，落在矩形框的底部。如果再次用振动传感器敲击桌面，位于矩形框底部的泡泡们又开始弹起、跳跃，重复上述过程。

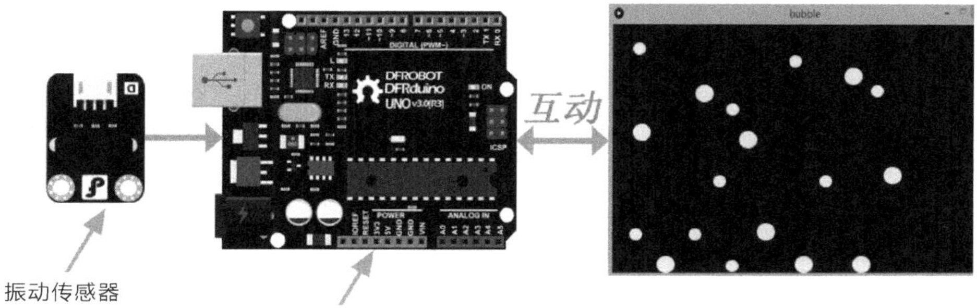


图 7-7　振动泡泡效果图

一个典型的互动媒体作品的运行，一般分为动作采集、智能处理、显示输出3个关键环节，如图7-8所示。

图 7-8　互动媒体作品的运行流程

以互动媒体作品“振动泡泡”为例，其每个运行环节都包含了相应的运行内容，见表 7-1。

表7-1　“振动泡泡”的运行环节分析

| 运行环节 | 运行内容 |
|---|---|
| 动作采集 | 通过振动传感器，采集触发信息 |
| 智能处理 | Arduino将触发信息上传给Processing程序，<br>Processing根据触发信息来控制泡泡的振动。 |
| 显示输出 | 让泡泡弹起、跳跃、撞击，然后平静下来，落在矩形框底部 |

**扩展阅读：串口通信**

目前常见的Processing的互动范例，传感器采集大部分采用Arduino，二者之间的互动一般是利用串口功能来实现的，不过这一章，我们的目标是使用micro:bit与Processing进行交互，因此我们有必要了解一下串口通信的原理。

串口（串行）通信一般是相对于并行通信来说的，是指外设和计算机间，通过数据信号线、地线、控制线等，按位进行传输数据的一种通信方式。串口通信最重要的参数是波特率、数据位、停止位和奇偶校验。

（1）波特率：这是一个衡量通信速度的参数。它表示每秒钟传送的码元符号bit（通常为1，但也可以多bit）的个数。例如波特率为300表示每秒发送300bit数据。

（2）数据位：这是衡量通信中实际数据位的参数。当计算机发送一个信息包时，实际的数据不会是8位的。比如，标准的ASCII码是0 ~ 127（7位），扩展的ASCII码是0 ~ 255（8位）。如果数据使用简单的文本（标准 ASCII码），那么每个数据包使用7位数据。每个包是指一个字节，包括开始/停止位、数据位和奇偶校验位。

（3）停止位：用于表示单个包的最后一位。

（4）奇偶校验位：校验是串口通信中一种简单的检错方式，有4种检错方式：偶检查、奇检查、高检查和低检查。当然，没有校验位也是可以的。

图7-9所示为串口通信发送数据的形式，micro:bit和Processing一方作为发送端，一方作为接收端，依据这一规则进行互动通信。

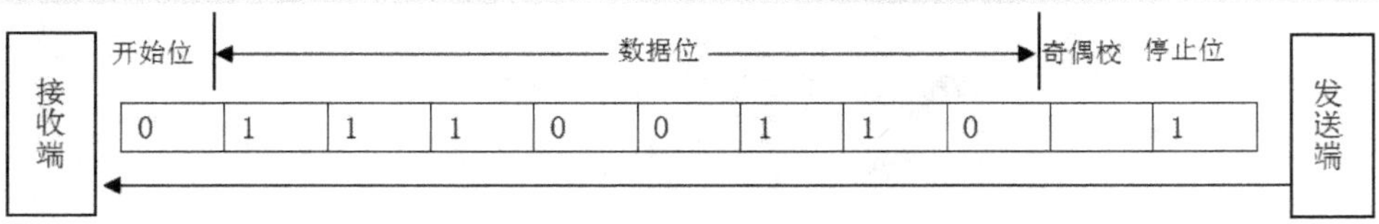


图7-9　串口通信形式

Processing支持网络功能，所以和智能硬件之间通过Wi-Fi进行互动也是很好的方式。只是micro:bit自身不带Wi-Fi功能，所以和Processing的互动通信一般只能通过串口来实现。

### 7.2.3　串口驱动

micro:bit在Windows中需要另外安装Mbed串口驱动程序。而在Linux和Mac OS上无需安装驱动程序。下面以Windows7为例介绍Mbed串口驱动程序的安装过程。首先连接micro:bit到计算机，然后双击Mbed串口驱动程序进行安装，待出现如图7-10所示的界面，即安装完成。接下来，便可在Windows的设备管理器中查看micro:bit的端口号了。如图7-11所示，我使用的这台计算机中micro:bit的端口号是COM1。端口号与计算机连接过的设备有关，不同设备的端口号不同。

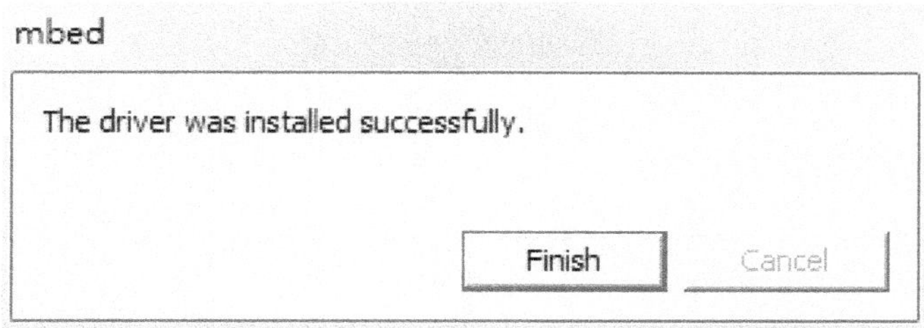


图 7-10　Mbed 串口驱动程序安装完成界面

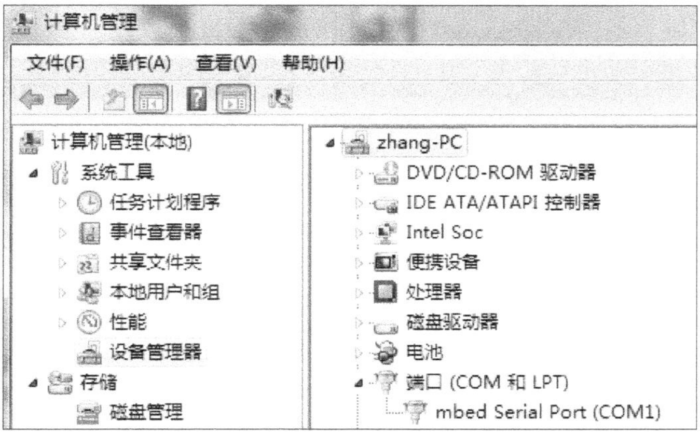


图 7-11　用设备管理器查看端口号

## 7.2.4　串口测试

在为micro:bit写代码时，首先要进行串口的初始化设置，比如波特率、数据位、停止位和奇偶校验等，如下两段micro:bit的Python代码的作用是实现数据的发送和接收。

micro:bit发送数据：

```
from microbit import *
uart.init(baudrate=9600, bits=8, parity=None, stop=1)
while True:
    if button_a.is_pressed()==True:
        uart.write("\x01")
```

micro:bit接收数据：

```
from microbit import *
uart.init(baudrate=9600, bits=8, parity=None, stop=1)
while True:
    if uart.any():
        incoming = str(uart.readall(), "UTF-8")
        display.show(incoming)
```

代码中的关键函数介绍：

uart.init(baudrate=9600, bits=8, parity=None, stop=1)：初始化串口，设置波特率为9600，数据位为8位。

uart.write()：写入缓冲区。

uart.any()：返回缓冲区数据个数，大于0代表有数据。

uart.readall()：读取所有数据。

既然要通过串口进行通信，那就有必要进行串口测试，这里我们使用sscom工具进行串口测试，图7-12所示为sscom的默认打开界面。

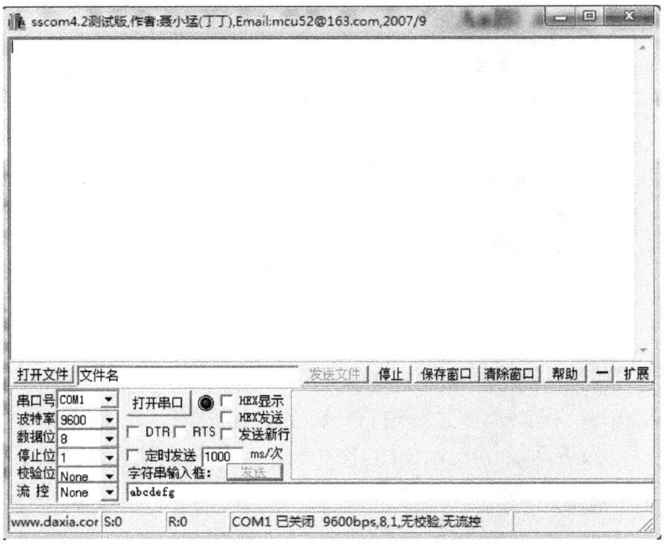


图7-12　sscom的默认打开界面

现在我们使用上述“micro:bit发送数据”和“micro:bit接收数据”两段代码进行串口测试。首先要在sscom工具中选择正确的串口号，与图7-11所示的串口号对应，并设置与代码中一致的波特率（9600）、数据位、停止位、校验位等信息。

运行“micro:bit发送数据”程序，打开串口，勾选“HEX显示”，按下micro:bit的按钮A，则会在sscom窗口显示micro:bit发送到串口的信息“01”，如图7-13所示。

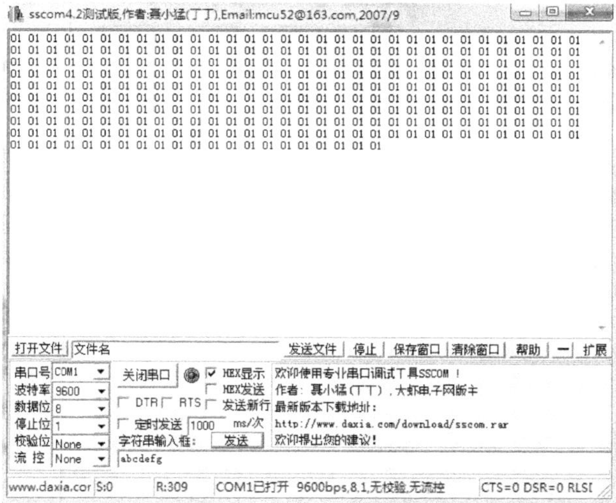


图 7-13　micro:bit 发送数据串口测试

运行“micro:bit接收数据”程序，打开串口，在“字符串输入框”中输入字符“a”，单击“发送”，在micro:bit屏幕上便会显示来自串口的信息“a”，如图7-14所示。

图 7-14　micro:bit 接收数据串口测试

在makecode编程中，可通过“进阶”→“serial”找到有关串口的功能模块，如图7-15所示。

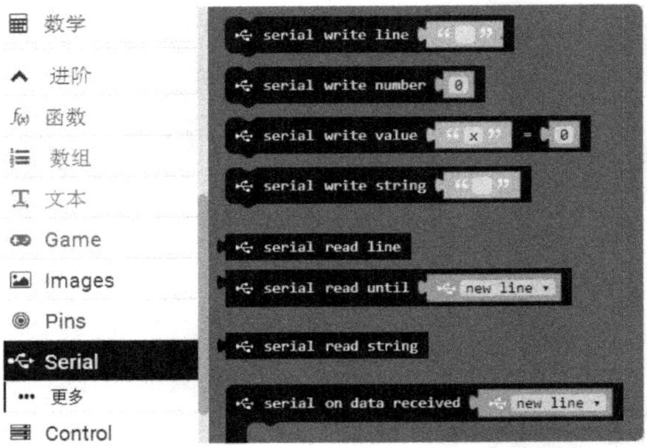


图7-15　串口功能模块

**注意：波特率115200**

makecode中串口的默认波特率是115200。在做串口通信实验时，sscom工具的波特率也要同步改为115200，数据才能正常显示。但是，makecode如果使用了其他引脚，其波特率是可以更改的。

# 7.3　互动作品

## 7.3.1　micro:bit控制Processing

1. 经典范例：SimpleRead

作为以交互为特色的编程语言，Processing的官方范例中就提供了多个和硬件进行互动的作品。通过“文件”→“范例程序”打开，可以找到这些作品，如图7-16所示。

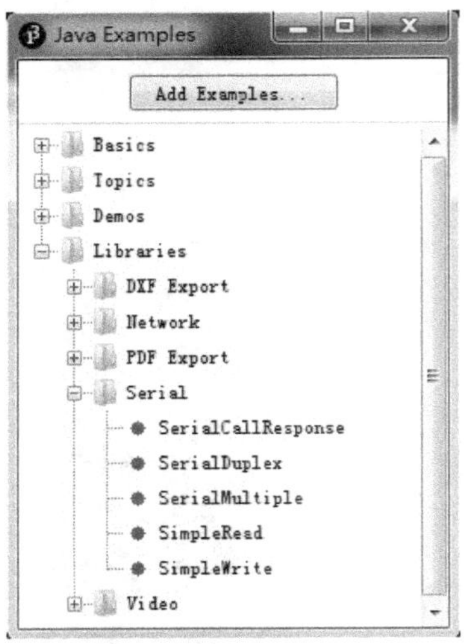


图7-16　打开Processing的范例程序

和硬件互动的范例在“Libraries”的“Serial”中。其中SimpleRead是一个能够读取硬件发送过来的信息，然后根据信息变换背景的小程序。这个范例中同时提供了Processing和Arduino的代码（是不是再次证明了Processing和Arduino之间的关系非常亲密？），Arduino代码在Processing程序的后面部分，一般会在注释中注明为“Arduino Code”，如图7-17所示。

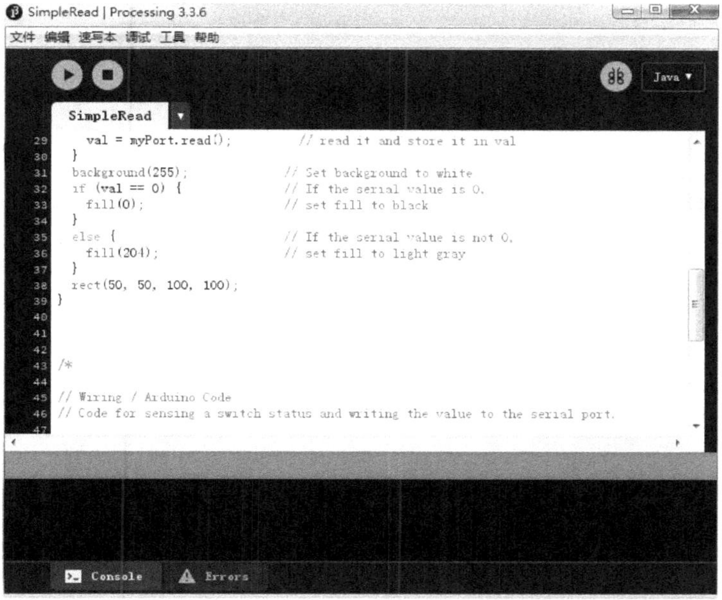


图 7-17　SimpleRead 的编辑窗口

在学习的过程中，我们同样 可以效仿范例中的做法，将micro:bit代码放在Processing的注释语句中，以便查看、学习。

Processing代码：

```
import processing.serial.*;
Serial myPort;  //从串口库中生成一个对象
int val;        //采用串口的方式接收数据，放在val中
void setup()
{
  size(200, 200);
  //我用的是苹果电脑的串口
  //因为我用了一个转接器，所以打开了Serial.list()[0]
  //在Windows电脑上，通常用COM1
  //打开你正在使用的串口设备
  String portName = Serial.list()[0];
  myPort = new Serial(this, portName, 9600);
}
```

```
void draw()
{
  if ( myPort.available() > 0) {  //如果接收到了数据
    val = myPort.read();          //把数据保存在变量val中
  }
  background(255);               //设置背景色为白色
  if (val == 0) {                //如果串口数据为0
    fill(0);                     //设定填充色为黑色
  }
  else {                         //如果串口数值不是0
    fill(204);                   //填充浅灰色
  }
  rect(50, 50, 100, 100);
}
```

micro:bit代码:如果按下按钮A，则串口输出1，否则串口输出0。这样Processing通过判断接收到的数据就可以和micro:bit进行互动了。

```
from microbit import *
uart.init(baudrate=9600, bits=8, parity=None, stop=1)
while True:
    if button_a.is_pressed()==True:
        uart.write("\x01")
    else:
        uart.write("\x00")
    sleep(100)
```

**小提示：如何修改Processing代码中的COM口**

找到Processing代码中的“String portName = Serial.list()[0];”，其中0表示COM1，4表示为COM5，以此类推。有些代码中可能会有这样的语句：myPort = new Serial(this, "COM3", 9600)，修改起来就更简单了。在我的电脑中，micro:bit使用的COM口为COM1，因此代码语句为 String portName = Serial.list()[0]。

范例SimpleRead的功能是读取micro:bit发送过来的数据，然后根据数据变换背景。如果Processing接收到的数据为0，则背景为黑色，否则为灰色，其画面的变化如图7-18所示。

图 7-18 Processing 画面的两种状态

当然我们也可使用makecode来编写代码。但因为makecode不能发送\x00、\x01之类的十六进制字符，Processing的代码就需要做点修改。以下为修改后的Processing及makecode的代码，请注意Processing注释语句部分与上述Processing代码的不同。

Processing及makecode代码：

```
import processing.serial.*;
Serial myPort;
int val;
void setup()
{
  size(200, 200);
  String portName = Serial.list()[0];
  myPort = new Serial(this, portName,115200);   //波特率为115200
}

void draw()
{
  if ( myPort.available() > 0) {
    val = myPort.read();
  }
  background(255);
  if (val == 49) {         // 1的ASCII码是49！
    fill(0);
  }
  else {
```

```
    fill(204);
  }
  rect(50, 50, 100, 100);
}

/*
//makecode代码
```

```
basic.forever(() => {
    if (input.buttonIsPressed(Button.A)) {
        serial.writeString("1")
    } else {
        serial.writeString("0")
    }
})
*/
```

由上文可知，使用makecode程序实现与Processing的通信，其串口波特率为115200，因此Processing中使用myPort = new Serial(this, portName,115200)。为了统一，下面的范例中，波特率全部使用115200。

虽然micro:bit是将字符1发送给Processing，但是Processing接收到的却是字符1的ASCII码49，因此对接收到的数据进行判断的语句是if (val == 49)。

**2．范例：擦窗**

micro:bit与Processing结合还可以做出一些有意思的互动程序，比如摇一摇micro:bit，让Processing窗口上的图片变得模糊，就像在擦窗一样。按下按钮A或者单击鼠标，图片又会变得清晰。

Processing代码：

```
//先出现画面，摇一摇，图片逐步模糊
import processing.serial.*;//导入serial通信库
Serial myPort;//创建对象端口
int data;//变量data作为接收到的数据
PImage photo;
int dian;
```

```
void setup() {
  size(800, 393);//大小
  photo=loadImage("wzms.jpg");      //加载一张图片
  background(255);//底色
  smooth();//设置平滑效果
  image(photo, 0, 0);
  //波特率为115200
  myPort = new Serial(this, Serial.list()[0], 115200);
}
void draw() {
  if (myPort.available()>0)
  {
    data=myPort.read();
    print(data);
    if (data==48) {image(photo, 0, 0);}  //按下按钮A，图片变清晰
    if (data==49) {
      //为了快速出现效果，加上循环，
      for (int i=0;i<1000;i++) {
        int x=int(random(photo.width));// 从0~图片宽度随机选取一个像素
        int y=int(random(photo.height));//从0~图片高度随机选取一个像素
        int xy=x+y *photo.width;
        loadPixels();
        float r=red(photo.pixels[xy]);
        float g=green(photo.pixels[xy]);
        float b=blue(photo.pixels[xy]);
        //设定随机圆的大小
        dian=int(random(3, 15));
        noStroke();      //无线条模式
        fill(r, g, b, 100);     //填充颜色
        ellipse(x, y, dian, dian);    //画圆
      }
    }
  }
}
//单击鼠标，图片变清晰
void mousePressed() {
  image(photo, 0, 0);
}
```

从代码可以看出，计算机通过串口接收到数据“48”，则图片变清晰；接收到数据“49”，则图片变模糊。

micro:bit代码：

```
from microbit import *
uart.init(baudrate=115200, bits=8, parity=None, stop=1)
while True:
    if button_a.was_pressed()==True:
        uart.write("0")
    if accelerometer.was_gesture("shake"):
        uart.write("1")
```

Processing代码中需要加载一张名为wzms.gif的图片，可通过“速写本”→“添加文件”添加图片，完成后会默认在保存程序的文件夹下新建一个data文件夹，图片便保存在这个文件夹下（也可将图片直接拖到Processing窗口中）。摇一摇micro:bit，则图片变模糊，效果如图7-19所示。

图7-19　摇一摇，图片变模糊的状态

小提示：accelerometer.was_gesture("shake")写出来的程序，摇动的时候并不敏感，需要大力摇动，而且不能连续。如下代码是根据加速度传感器的*x*、*y*、*z*数值直接写的摇动判断函数，效果可能会更好。

```
from microbit import *
import math
uart.init(baudrate=115200, bits=8, parity=None, stop=1)
def shake():
    readingX = accelerometer.get_x()
    readingY = accelerometer.get_y()
    readingZ = accelerometer.get_z()
    reading1 = math.sqrt(readingX*readingX+readingY*readingY+readingZ*
readingZ)
    sleep(100)
   readingX = accelerometer.get_x()
```

```
    readingY = accelerometer.get_y()
    readingZ = accelerometer.get_z()
    reading2 = math. sqrt(readingX*readingX+readingY*reading
Y+readingZ*readingZ)
    reading = reading2 - reading1
    if (reading > 1500):
        return True
    else:
        return False
while(1):
    if button_a.was_pressed():
        uart.write("0")
        display.show("0")
    if shake()==True:
        uart.write("1")
        display.show("1")
```

当然，我们也可使用makecode来编写代码，以下为makecode的代码，Processing代码不变。

makecode代码：

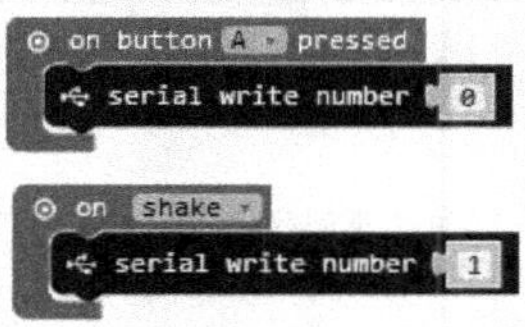


```
input.onButtonPressed(Button.A, () => {
    serial.writeNumber(0)
})
input.onGesture(Gesture.Shake, () => {
    serial.writeNumber(1)
})
```

### 7.3.2 Processing控制micro:bit

1. 经典范例：SimpleWrite

打开Processing软件，小程序，如图7-20所示。

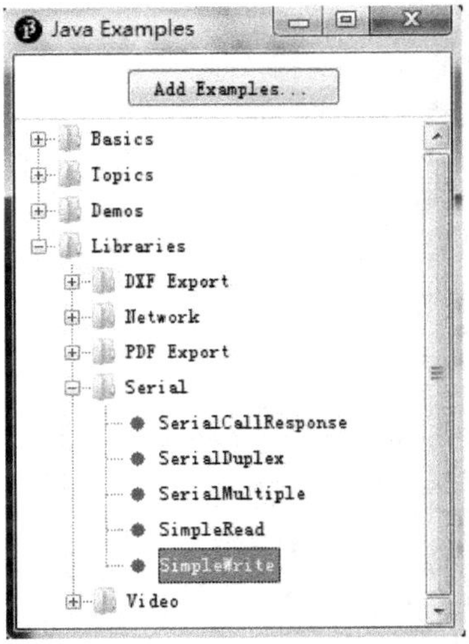

图 7-20　范例 SimpleWrite

Processing代码：如果鼠标指针移动到正方形上，那么背景变为灰色，并向串口发送“H”；否则背景为黑色，并向串口发送“L”。

```
import processing.serial.*;
Serial myPort;  //
int val;        //
void setup()
{
  size(200, 200);
  String portName = Serial.list()[0];
  myPort = new Serial(this, portName, 115200);
}
void draw() {
  background(255);
  if (mouseOverRect() == true) {  //如果鼠标指针在正方形上
    fill(204);                    //改变颜色
    myPort.write('H');            //发送H
  }
  else {                          //如果鼠标指针不在正方形上
    fill(0);                      //改变颜色
    myPort.write('L');            //发送L
  }
  rect(50, 50, 100, 100);         //绘制一个正方形
}
```

```
boolean mouseOverRect() { //检测鼠标指针是否在正方形上
  return ((mouseX >= 50) && (mouseX <= 150) && (mouseY >= 50) &&
(mouseY <= 150));
}
```

micro:bit代码：

```
from microbit import *
uart.init(baudrate=115200, bits=8, parity=None, stop=1)
while True:
    if uart.any():      # uart.any()为返回缓冲区的数据个数，大于0代表有数据
        incoming = str(uart.readall(), "UTF-8")  # uart.readall()
读取所有数据
        display.show(incoming)
```

运行Processing程序，如果鼠标指针移动到正方形上，则背景变为灰色，且micro:bit屏幕显示“H”；否则背景为黑色，且micro:bit屏幕显示“L”，测试效果如图7-21所示。

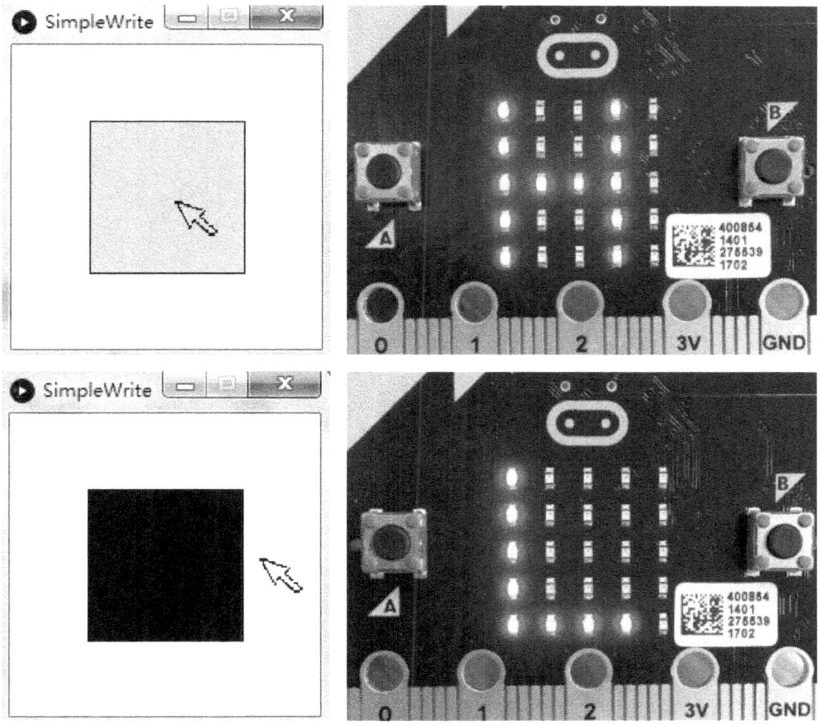


图7-21　程序运行效果

同样，我们也可使用makecode来编写代码，需要注意的是，makecode读取数据需要用换行符来分隔，因此Processing还要加上一句myPort.write(“\n”)（标红部分），其他不变。

部分Processing代码及makecode代码：

```
void draw() {
  background(255);
  if (mouseOverRect() == true) {  //如果鼠标指针在正方形上面
    fill(204);                  //改变颜色
    myPort.write('H');        //发送H
  }
  else {                              //如果鼠标指针不在正方形上
    fill(0);                           //改变颜色
    myPort.write('L');                    //发送L
  }
  myPort.write('\n');
  rect(50, 50, 100, 100);            //绘制一个正方形
}
/*
//makecode代码
```

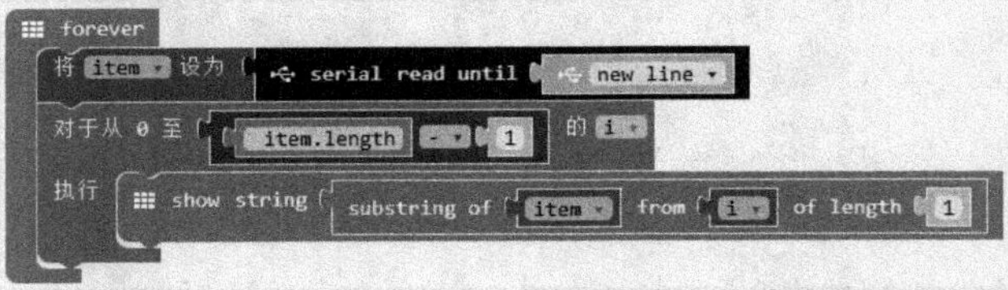


```
let item = ""
basic.forever(() => {
    item = serial.readUntil(serial.delimiters(Delimiters.NewLine))
    for (let i = 0; i <=  item.length - 1; i++) {
        basic.showString(item.substr(i, 1))
    }
})
*/
```

**2．范例：互动LED屏幕**

用Processing控制micro:bit还能做出一些有意思的互动作品。比如在Processing窗口中设计出同micro:bit一样的LED矩阵，然后用鼠标单击屏幕上的LED，micro:bit就会同步显示或关闭相应位置的LED，这样我们就可以随自己心意点亮想要的图案了，是不是很酷？

Processing代码：

```
import processing.serial.*;
Serial myPort;       //串口
int"" c = new int[25];
int w=25;//宽度
int s=10;//间隔
int move=100;
void setup() {
  size(400, 400);
  String portName = Serial.list()[0];
  myPort = new Serial(this, portName, 115200);
}
void draw() {
  translate(move, move);
  for (int x=0; x<5; x++) {
    for (int y=0; y<5; y++) {
      fill(c[x+(y*5)]);
      rect((w+s)*x, (w+s)*y, w, w);
    }
  }
}
void mousePressed() {
  int mx=mouseX-move;
  int my=mouseY-move;
  for (int x=0; x<5; x++) {
    for (int y=0; y<5; y++) {
      if ((mx>(w+s)*x && mx<(w+s)*x+w) && (my>(w+s)*y && my<(w+s)*y+w))
 {
        if (c[x+(y*5)]==255){
          c[x+(y*5)]=0;
        }
        else{
          c[x+(y*5)]=255;
        }
        //发送数字0~24，miceo:bit接收到数字后，点亮或者熄灭相应的LED
        String r=Integer.toString(x+(y*5));
        print(r);
        myPort.write(r);
      }
    }
  }
}
```

这段代码定义了一个规则：如果LED是点亮的状态，那么单击LED会使其熄灭，反之亦然。

micro:bit代码：

```
from microbit import *
uart.init(baudrate=115200, bits=8, parity=None, stop=1)
while(1):
    if uart.any():
        incoming = uart.readall()
        led=int(incoming)
        if (display.get_pixel(led % 5,int(led / 5))==0):
            display.set_pixel(led % 5,int(led / 5),9)
        else:
            display.set_pixel(led % 5,int(led / 5),0)
```

如果想要点亮一颗心，则程序的运行效果如图7-22所示。

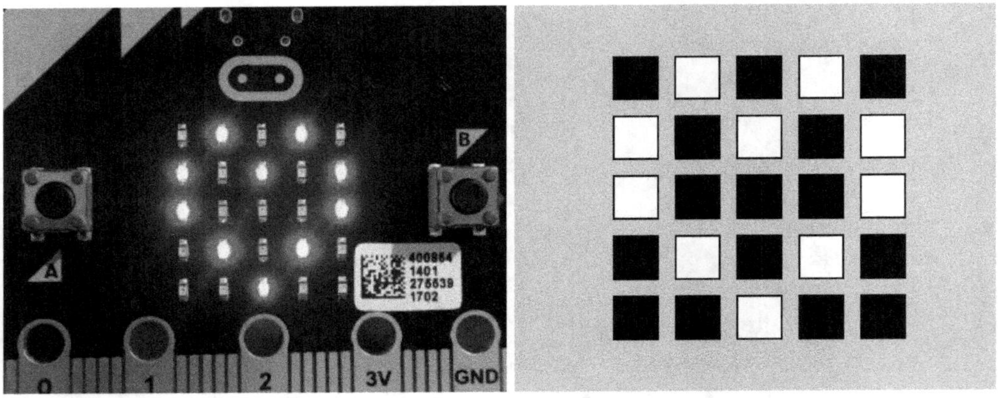

图7-22 点亮一颗心

同样，我们也可使用makecode来编写代码，正如上文所言，makecode读取数据需要用换行符来分隔，因此Processing还要加上一句yPort.write("\n")(标红部分)，其他不变。

Processing部分代码及makecode代码：

```
void mousePressed() {
  int mx=mouseX-move;
  int my=mouseY-move;
  for (int x=0; x<5; x++) {
```

```
    for (int y=0; y<5; y++) {
      if ((mx>(w+s)*x && mx<(w+s)*x+w) && (my>(w+s)*y && my<(w+s)*y+w))
{
        if (c"x+(y*5)"==255){
           c"x+(y*5)"=0;
         }
        else{
          c"x+(y*5)"=255;
        }
        //发送数字0~24，micro:bit接收到数字后，点亮或者熄灭相应的LED
        String r=Integer.toString(x+(y*5));
        print(r);
        myPort.write(r);
        myPort.write("\n");
      }
    }
  }
}
/*
//makecode代码
```

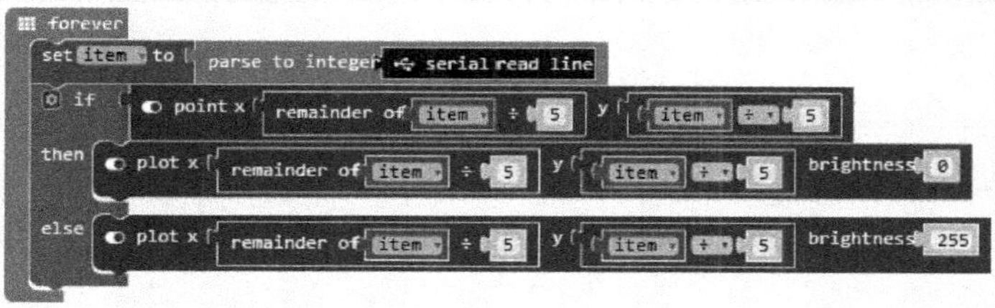


```
let item = 0
basic.forever(() => {
    item = parseInt(serial.readLine())
    if (led.point(item % 5, item / 5)) {
        led.plotBrightness(item % 5, item / 5, 0)
    } else {
        led.plotBrightness(item % 5, item / 5, 255)
    }
})
*/
```

### 7.3.3 综合案例

1. 经典范例：SerialDuplex

打开Processing软件，通过“文件”→“范例程序”找到范例SerialDuplex，这是一个串口双向互动的小程序。

Processing代码：

```
import processing.serial.*;
Serial myPort;       // The serial port
int whichKey = -1;   //
int inByte = -1;     // Incoming serial data
void setup() {
  size(400, 300);
  // create a font with the third font available to the system:
  PFont myFont = createFont(PFont.list()[2], 14);
  textFont(myFont);
  // List all the available serial ports:
  printArray(Serial.list());
  String portName = Serial.list()[0];
  myPort = new Serial(this, portName, 115200);
}
void draw() {
  background(0);
  text("Last Received: " + inByte, 10, 130);
  text("Last Sent: " + whichKey, 10, 100);
}
void serialEvent(Serial myPort) {
  inByte = myPort.read();
}
void keyPressed() {
  // Send the keystroke out:
  myPort.write(key);
  whichKey = key;
}
```

micro:bit代码：

```
from microbit import *
uart.init(baudrate=115200, bits=8, parity=None, stop=1)
i=0
while(1):
    if uart.any():
        incoming = str(uart.readall(), "UTF-8")
        incoming=incoming.strip('\n')
        display.show(incoming)
```

```
    if button_a.was_pressed():
        i=i+1
        if i>9:
            i=i-10
        uart.write(str(i))
        display.show(str(i))
    if button_b.was_pressed():
        i=i-1
        if i<0:
            i=i+10
        uart.write(str(i))
        display.show(str(i))
```

运行以上代码，则按下micro:bit上的按钮A，Processing窗口中的数字增加；按下按钮B，Processing窗口中的数字减少；按下电脑键盘上的按钮，micro:bit屏幕显示按下的数字或字符，测试效果如图7-23和图7-24所示。

图7-23 按下micro:bit上的按钮A的效果

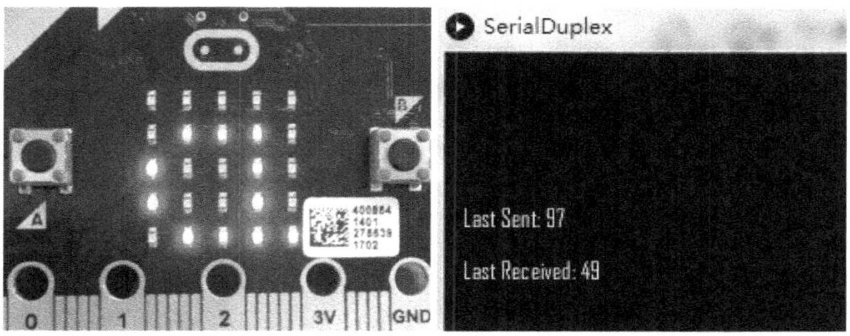


图7-24 按下电脑键盘上的按钮A的效果

同样，我们也可使用makecode来编写代码，由以上案例可知，makecode读取数据需要用行符来分隔，因此Processing还要加上一句myPort.write("\n")，其他不变。

makecode代码：

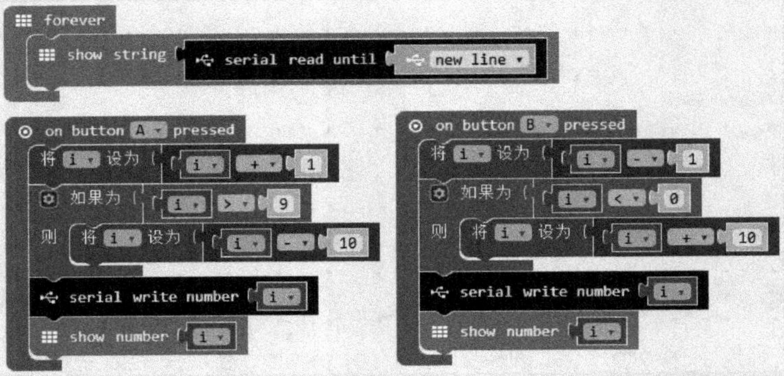


```
let i = 0
basic.forever(() => {
    basic.showString(serial.readUntil(serial.delimiters(Delimit
ers.NewLine)))
})
input.onButtonPressed(Button.A, () => {
    i = i + 1
    if (i > 9) {
        i = i - 10
    }
    serial.writeNumber(i)
    basic.showNumber(i)
})
input.onButtonPressed(Button.B, () => {
    i = i - 1
    if (i < 0) {
        i = i + 10
    }
    serial.writeNumber(i)
    basic.showNumber(i)
})
```

**2. 音乐互动**

micro:bit和Processing双向互动还能做出一些更炫酷的互动作品。比如在Processing中设计一个播放音乐的窗口，按下按钮B播放音乐，按下按钮A暂停播放，并且当音乐中有节拍时，发送信息给micro:bit让LED点矩阵显示一颗心的图案。

本案例中，Processing要用到Minim库。最新版本已内置了Minim库，我们可以从贡献管理器（Contribution Manage）中安装它。通过“速写本”→“引用库文件”→“添加库文件”打开贡献管理器的“Libraries”选项卡，在“Filter”框中键入“Minim”，从列表中选择库，然后单击“Install”，如图7-25所示。

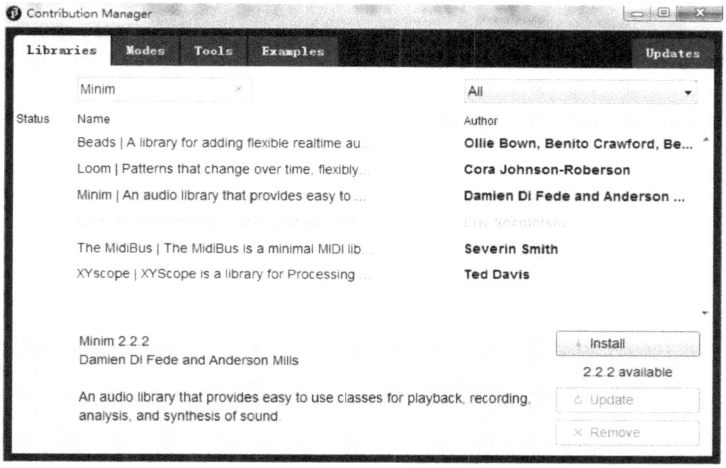


图7-25　安装Minim库的界面

安装完成后，我们便可通过“文件”→“范例程序”看到我们添加的Minim库，如图7-26所示。

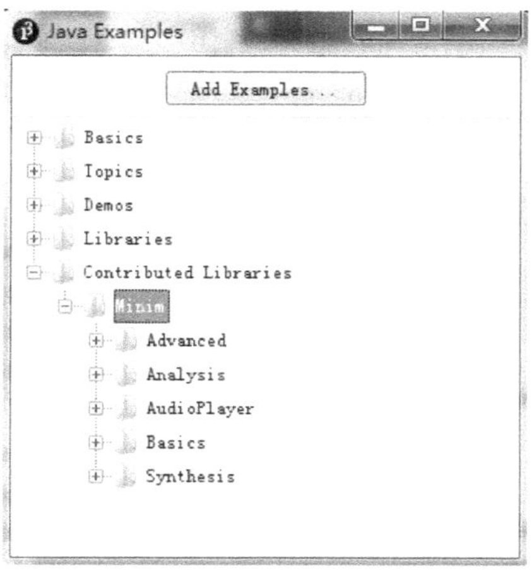


图7-26　Minim库范例程序

通过“Minim”→“Analysis”找到Minim库中的“FrequencyEnergyBeat

Detection范例程序，如图7-27所示。

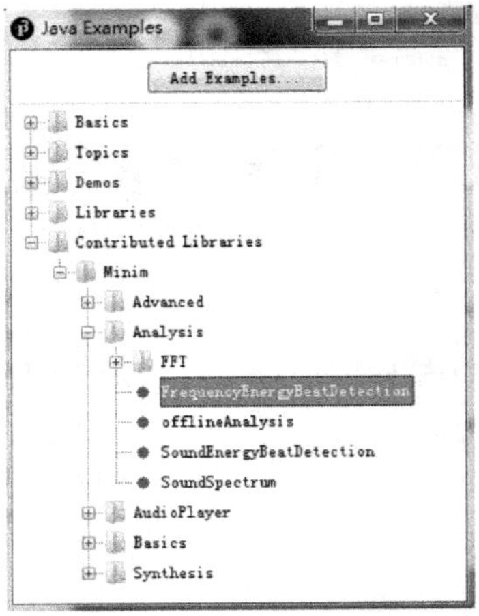


图7-27　范例FrequencyEnergyBeatDetection

范例中用 Minim 库中的 BeatDetect 实时读取 Buffer 中的数据并采集音频频率，识别出 Kick（底鼓）、Snare（军鼓）和 Hi-Hat（小擦）3种鼓点。本案例的音乐互动作品便是在此范例程序的基础上完成的。另存后开始修改范例程序（限于篇幅，书中的代码去除了注释），以下是修改过的Processing代码。

Processing代码：运行程序，开始播放音乐，并且Processing窗口中的矩形会随着节拍的变化而变化，窗口上的文字KICK、SNARE、HAT也会随着各自的鼓点大小发生变化，而且当检测到底鼓时，则向micro:bit发送信息k；当接收到信息48（0的ASCII码）时，则停止播放音乐；当接收到信息49（1的ASCII码）时，则继续播放音乐。

```
import ddf.minim.*;
import ddf.minim.analysis.*;
Minim minim;
AudioPlayer song;
BeatDetect beat;
BeatListener bl;
float kickSize, snareSize, hatSize;
//xzr
import processing.serial.*;
Serial myPort;
class BeatListener implements AudioListener
{
  private BeatDetect beat;
```

```
    private AudioPlayer source;
    BeatListener(BeatDetect beat, AudioPlayer source)
    {
      this.source = source;
      this.source.addListener(this);
      this.beat = beat;
    }
    void samples(float[] samps)
    {
      beat.detect(source.mix);
    }
    void samples(float[] sampsL, float[] sampsR)
    {
      beat.detect(source.mix);
    }
}
void setup()
{
   size(512, 200, P3D);
   minim = new Minim(this);
   song = minim.loadFile("marcus_kellis_theme.mp3", 1024);
   song.play();
   beat = new BeatDetect(song.bufferSize(), song.sampleRate());
   beat.setSensitivity(300);
   kickSize = snareSize = hatSize = 16;
   bl = new BeatListener(beat, song);
   textFont(createFont("Helvetica", 16));
   textAlign(CENTER);
   //xzr
   String portName = Serial.list()[0];
   myPort = new Serial(this, portName, 115200);
}
void draw()
{
   //xzr
   if ( myPort.available() > 0) {  // 如果有数据
     int val = myPort.read();           // 读数据并将它存储在变量中
     //print(val);
     if (val==48){
       song.pause();
     }
     if (val==49){
       song.play();
```

```
    }
  }
  background(0);
  float rectW = width / beat.detectSize();
  for (int i = 0; i < beat.detectSize(); ++i)
  {
    if ( beat.isOnset(i) )
    {
      fill(0, 200, 0);
      rect( i*rectW, 0, rectW, height);
    }
  }
  int lowBand = 5;
  int highBand = 15;
  int numberOfOnsetsThreshold = 4;
  if ( beat.isRange(lowBand, highBand, numberOfOnsetsThreshold) )
  {
    fill(232, 179, 2, 200);
    rect(rectW*lowBand, 0, (highBand-lowBand)*rectW, height);
  }
  //xzr
  if ( beat.isKick() ) {kickSize = 32;myPort.write('k'); }
  if ( beat.isSnare() ) snareSize = 32;
  if ( beat.isHat() ) hatSize = 32;
  fill(255);
  textSize(kickSize);
  text("KICK", width/4, height/2);
  textSize(snareSize);
  text("SNARE", width/2, height/2);
  textSize(hatSize);
  text("HAT", 3*width/4, height/2);
  kickSize = constrain(kickSize * 0.95, 16, 32);
  snareSize = constrain(snareSize * 0.95, 16, 32);
  hatSize = constrain(hatSize * 0.95, 16, 32);
}
```

micro:bit代码：当micro:bit接收到信息k时，LED显示图像；当按下micro:bit的按钮A时，向Processing发送信息0，音乐暂停；当按下micro:bit的按钮B时，向Processing发送信息1，音乐播放。

```
from microbit import *
uart.init(baudrate=115200, bits=8, parity=None, stop=1)
d="09090:99999:99999:09990:00900"
```

```
i=9
while(1):
    if uart.any():
        incoming = str(uart.readall(), "UTF-8")
        incoming=incoming.strip('')
        if incoming=="k":
          i=9
    if (i>0):
      i=i-1
    temp=d.replace("9",str(i))
    display.show(Image(temp))
    sleep(20)
    if button_a.was_pressed():
      uart.write("0")
    if button_b.was_pressed():
      uart.write("1")
```

运行程序，其效果如图7-28所示。

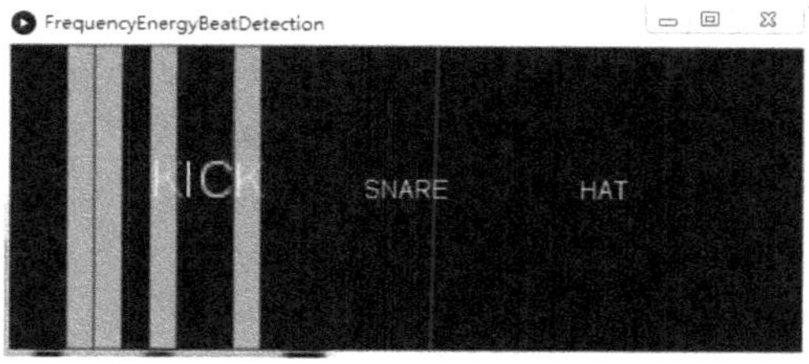

图7-28　程序运行效果

## 思考：扩展功能

音乐互动的方式还可以有更多种，比如：(1)用micro:bit的按钮A、B控制背景切换；(2)micro:bit的LED点阵屏朝上控制音乐播放，LED点阵屏朝下暂停播放；(3)用micro:bit的按钮A控制播放下一首，用micro:bit的按钮B控制播放上一首等，有兴趣的朋友可以自行尝试完成。

# 8 我用 Python

“人生苦短，我用Python”语出自Python语言的发明人Guido van Rossum。2014年，Guido在一场Python交流活动中穿着的一件印有上述语录的T恤衫。英文原为“Life is short, you need Python!”（见图8-1）。

图 8-1 “人生苦短，我用 Python”

“人生苦短，我用Python”正是因为这件T恤衫而走红网络，本章标题也跟风借用了语录的后半句，目前这件T恤衫依然有售。

这一章，我们“借用Python学习micro:bit”，或者说成“借用micro:bit学习Python”也是一样，反正按照中小学的学业要求，你在进入大学前，是要学习一门语言、掌握一款硬件的，“用micro:bit学Python”正好一举两得。

本章介绍如何用MicroPython玩转micro:bit。

**扩展阅读：另送AI（人工智能），不谢**

如果在玩micro:bit而入门了Python，你将会与人工智能（AI）应用更近一步，因为有很多人工智能的开源库是用Python语言编写的，当然，在这一章节中不能让你完全入门，但可以让你体验Python带来的乐趣。

## 8.1 从Python

如果你还没有听说过的Python，还是百度一下吧。

Python是一种面向对象的解释型计算机程序设计语言，由荷兰人Guido van Rossum发明。1989年圣诞节期间，Guido为了打发假日的无聊，决心开发一个新的脚本解释程序。之所以选中Python（在英文里是大蟒蛇的意思）作为该编程语言的名字，是因为他是Monty Python（英国喜剧团体）的爱好者。Python的第一个公开发行版发行于1991年。更多关于Python语言的故事可以参考“十五言”网站上的《人生苦短，我用Python——门编程语言的发展简史》。

Python是纯粹的自由（开源）软件，源代码和解释器CPython遵循 GPL(GNU General Public License)协议。Python语法简洁、清晰、自由、灵活，特色之一是强制用空白符(white space)作为语句缩进。

Python具有丰富和强大的库，常被昵称为“胶水语言”，能够把用其他语言（尤其是C/C++）制作的各种模块很轻松地联结在一起。常见的一种应用情形是，使用Python快速生成程序的原型（有时甚至是程序的最终界面），然后对其中有特别要求的部分，用更合适的语言改写，比如3D游戏中的图形渲染模块，性能要求特别高，就可以用C/C++重写，而后封装为Python可以调用的扩展类库。需要注意的是，在你使用扩展类库时可能需要考虑平台问题，某些类库可能不提供跨平台的支持。

人们给Python梳理出来很多优点，你不妨看看扩展阅读部分。

| 扩展阅读：Python的优点 | |
|---|---|
| 简单 | Python是一种代表简单主义思想的语言。阅读一个良好的Python程序就感觉像是在读英语一样。它使你能够专注于解决问题而不是去搞明白语言本身。 |
| 易学 | Python极其容易上手，因为Python有极其简单的说明文档。 |
| 开源免费 | Python是FLOSS（自由/开放源码软件）。使用者可以自由地发布这个软件的拷贝、阅读它的源代码、对它做改动、把它的一部分用于新的自由软件中。FLOSS是基于团体分享知识的概念的。 |
| 方便移植 | 由于Python的开源本质，Python已经被移植在许多平台上。这些平台包括Linux、Windows、FreeBSD、Macintosh、Solaris、OS/2、Amiga、AROS、AS/400、BeOS、OS/390、z/OS、Palm OS、QNX、VMS、Psion、Acom RISC OS、VxWorks、PlayStation、Sharp Zaurus、Windows CE、PocketPC、Symbian以 及Google基 于Linux开 发 的Android平台。 |
| | 注：接下来要介绍的MicroPython就是Python在32位ARM芯片上的移植项目。 |

续表

| | |
|---|---|
| 面向对象 | Python既支持面向过程的编程，也支持面向对象的编程。在面向过程的语言中，程序是由过程或仅仅是可重用代码的函数构建起来的。在面向对象的语言中，程序是由数据和功能组合而成的对象构建起来的。 |
| | 注：Python移植到具体的ARM芯片后，所调用的资源（GPIO、ADC、PWM、I2C、SPI总线等）就有了实体对应，在MicroPython中很多的调用“对象”已经“实体化”，编程也跟着从“面向对象”转到“面向实体”。 |
| 可扩展性 | 如果需要一段关键代码运行得更快或者希望某些算法不公开，可以用C或C++编写部分程序，然后在Python程序中使用它们。 |
| 可嵌入性 | 可以把Python嵌入C/C++程序，从而向程序用户提供脚本功能。 |
| 丰富的库 | Python标准库确实很庞大。它可以帮助处理各种工作，包括正则表达式、文档生成、单元测试、线程、数据库、网页浏览器、CGI、FTP、电子邮件、XML、XML-RPC、HTML、WAV文件、密码系统、GUI（图形用户界面）、Tk和其他与系统有关的操作。这被称作Python的“功能齐全”理念。除了标准库以外，还有许多其他高质量的库，如wxPython、Twisted和Python图像库等。 |

列了这么多的优点，你没有理由不爱上Python。果然，2017年IEEE发布编程语言排行榜，Python高居首位，成为全球最受欢迎的编程语言。如果还没有下定决心学习Python，建议你读一读《为什么说“人生苦短，我用Python”》。

**扩展阅读：Python自学建议（之前已经系统学过一门编程语言）**

（1）找一本浅显易懂的图书。例程比较好的教程，从头到尾看下去。不要看很多本，专注于一本，把里面的例程都动手敲一遍，搞懂为什么。

（2）找一个实际项目练手。下一节我们使用micro:bit设计的STEAM学习案例就是不错的学习项目，不光动手敲代码，最好还要实际搭建出来，在学校或者班里发起一个学习兴趣小组。有了基本功之后，最好再找一个真实项目（不一定非要是商业项目）练练手。

（3）找一个会Python的人，问他一点学习规划的建议，上知乎、找度娘也是不错的途径，然后在遇到卡壳的地方找他指点，这样会事半功倍。学会借用网络资源，学会搜索，学会精准提问，没人愿意帮你写作业或是回答“一搜便知”的问题。

| 扩展阅读：零基础学Python的建议 |
| --- |
| 对于完全没有编程经验的初学者，在学习Python的时候，面对的不仅仅是Python这门语言，还需要面临“编程”的一些普遍问题，比如：从零开始，不知道从何入手，找了本编程教材发现第二章开始就看不懂了；缺少计算机基础知识，被一些教程略过的“常识性”问题卡住；缺少数据结构、设计模式等编程基础知识，只能写出小的程序片段等。所以除了前面说的3点经验，给初学编程者一些额外的建议。 |
| （1）首先要有信心。虽然你可能看了几个小时也没在屏幕上打出一个三角形，或者压根儿就没能把程序运行起来。但相信我，很多程序员一开始也是这么折腾过来的。 |
| （2）选择合适的教程。有些书很经典，但未必适合你，可能你写了上万行代码之后再看它会比较好。 |
| （3）写代码，然后写更多的代码。光看教程，编不出程序。从书上的例程开始写，再写小程序片段，然后写完整的项目。 |
| （4）不但要学写代码，还要学会看代码，更要会调试代码。读懂你自己程序的报错信息。再去找些Github上的程序，读懂别人的代码。 |
| （5）除了学习编程语言，也兼顾补一点计算机基础知识和英语。学会查官方文档，用好搜索引擎和开发者社区。 |

百闻不如一见，来自Ulipad的图8-2，倒是可以满足你的好奇心，先看看Python编程的代码长成什么样子。

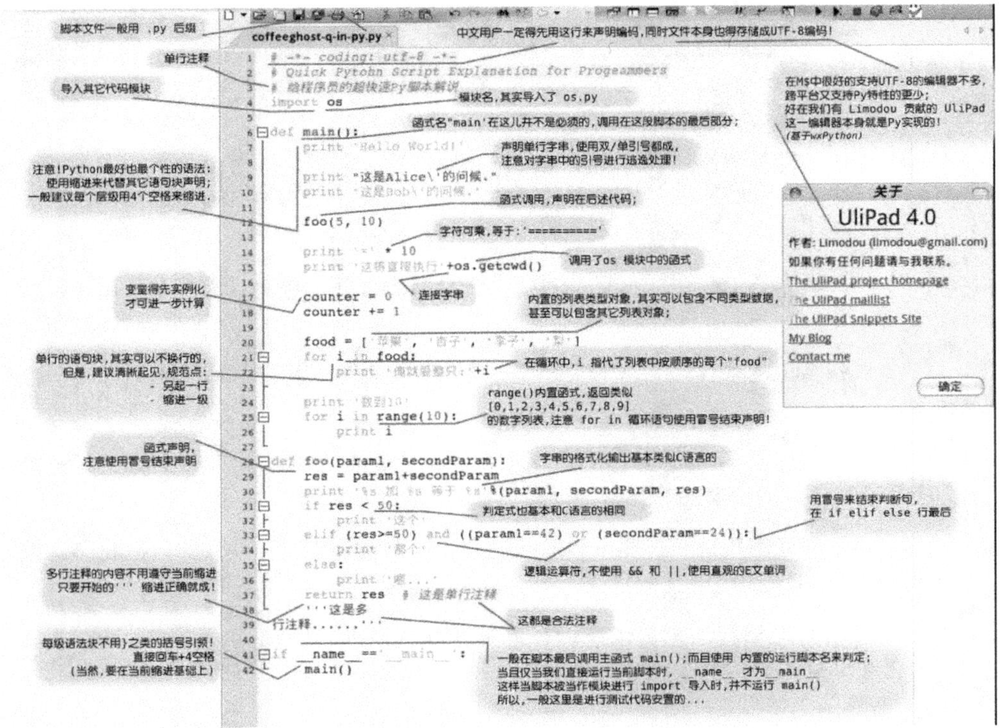


图 8-2 Python 语言形象图

## 8.2 到MicroPython

那么MicroPython又是怎么回事呢？为什么要在Python前加一个“Micro”呢？

“Micro”是一个英文词缀，前置表示“小”“微”“轻”的意思，合在一起的字面意思是“微型Python”或者“轻量级Python”的意思。那么，实现了“微型Python”或者“轻量级Python”用来做什么呢？——这源自于嵌入式硬件工程师、设计师等开发人员的一个梦想：

“能不能用Python来实现对单片机、MCU（微控制器）、微处理器等嵌入式芯片的操控呢？”

答案是肯定的。和Python一样，也有一段不错的故事。不过关于MicroPython的故事要从英国剑桥大学的教授Damien George说起。Damien既是英国剑桥大学的教授，也是一名硬件工程师，经常使用Python语言来工作，同时也在做一些机器人项目，有一天，他突然冒出了一个想法：能否用Python语言来控制单片机实现智能控制机器人项目呢?

Damien为了实现这个想法，花费了6个月的时间来裁剪、打造Python环境下控制单片机等嵌入式MCU，并把它命名为MicroPython，它基于ANSI C，语法跟Python 3基本一致，拥有自家的解析器、编译器、虚拟机和类库等。

支持32位ARM处理器的第一个版本的MicroPython控制板基于STM32F405完成，命名为“Pyboard”，在Python内核使用“PYB”的名称，目前最新的版本如图8-3所示。

借助Micro Python，用户完全可以通过Python脚本语言实现硬件底层的访问和控制，比如说控制LED、LCD显示屏、电机，访问SD卡等。MicroPython完全开源（基于MIT协议），被授权人拥有复制、修改、发行和再授权的权利。

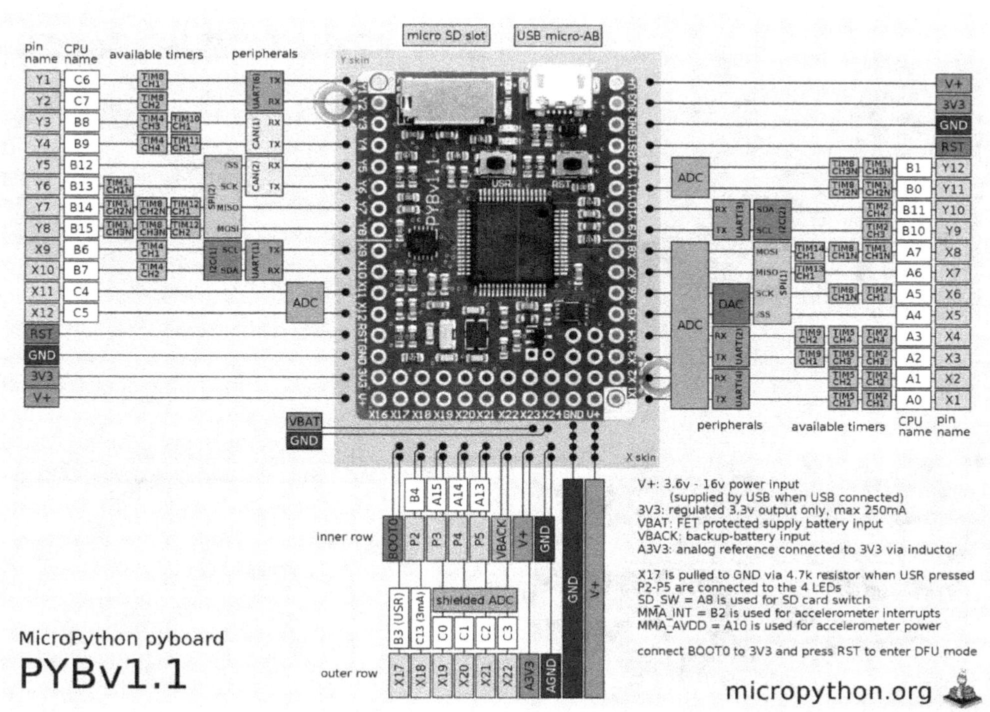


图 8-3　MicroPython 官方的 V1.1 版 PYB（pyboard）

MicroPython的目标是尽可能地与普通的Python兼容，使你可以轻松地将代码从桌面传输到微控制器或嵌入式系统。

## 8.3 再到micro:bit

有了上面的介绍，MicroPython和micro:bit的结合水到渠成。

micro:bit搭载Nordic nRF51822低功耗蓝牙芯片，内核是运行在48MHz的ARM Cortex-M0 32位微处理器，内存有256KB Flash，RAM空间也有16KB，完全可以支持MicroPython运行。

所谓“近水楼台先得月”，MicroPython对micro:bit的移植直接由Damien亲自操刀，专门针对micro:bit做了全新的定制、编译实现，移植工作受到了多方的关注，充分展现了开源、分享的精神和力量。

| micro:bit-MicroPython网站 | MicroPython官网 |
|---|---|
| 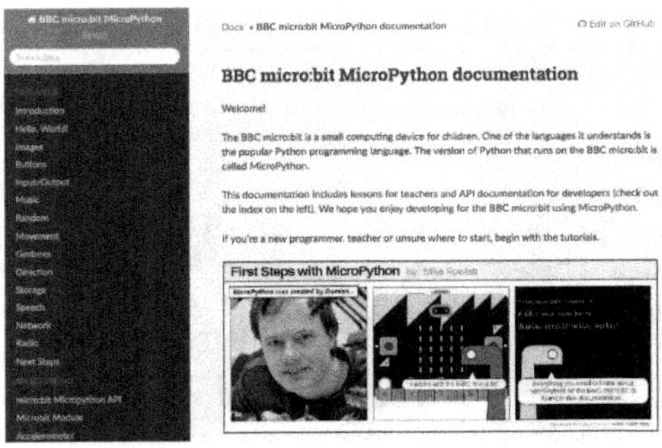 | 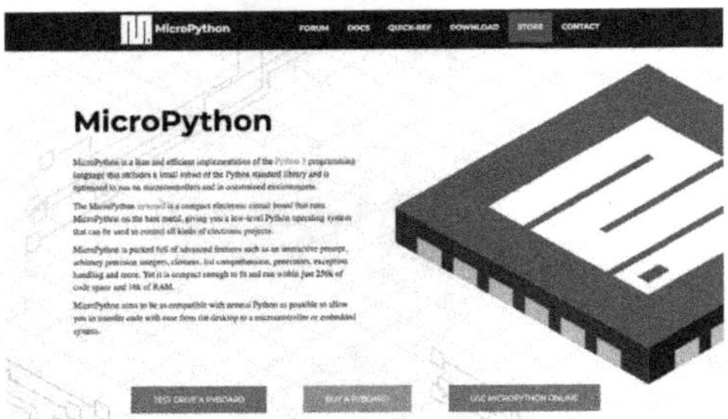 |
| Python官网上关于MicroPython和micro:bit的页面 | github上关于MicroPython和micro:bit的页面 |
|  | 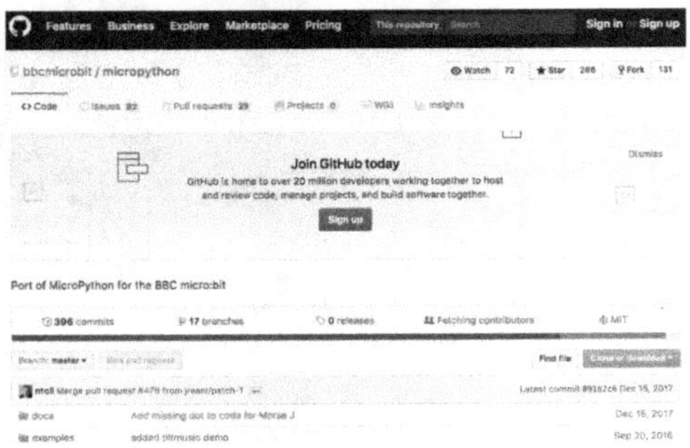 |

micro:bit团队甚至专门开发了针对micro:bit的Python语言仿真器。在英国，

micro:bit团队的愿景是：希望借助micro:bit让学习Python和硬件开发的年龄门槛降低到初中生（英国针对11岁的在校初一新生免费发放100万片micro:bit）。

从Python到MicroPython，再到MicroPython和micro:bit的结合，绕了那么多弯，只为两个目标：一是学习Python编程，二是学习硬件设计。一举两得，相得益彰！从下一节开始，我们直奔主题，咱们一起“撸起袖子干”。

## 8.4 环境搭建

使用MicroPython编程，有在线编辑与离线编辑两种工作模式，同时有图形化与代码两种编辑方式，衍生出了很多编辑器，比如M:Python、MU pythoneditor、BXY editor等，大家可以根据自己的口味，自行选择一款合适的。

## 8.5 试一试

让我们开始一段Python的编程之旅吧：给micro:bit写入第一个程序，轻松玩起micro:bit,用两行代码便可让micro:bit显示滚动的“HelloWorld！”在这一节中，我们学习Python的脚本语言以及micro:bit的基本应用。

### 8.5.1 代码输入

打开编辑器（这里用m:Python），让我们从世界上最著名的程序开始，在代码编辑区域中手动输入以下代码。

```
from microbit import *
display.scroll('HelloWorld!')
```

第一次见Python代码，你或许不懂这几行代码是什么意思。不要着急，休息，休息一下。

我们从第一行代码说起。“from microbit import * ”的意思是告诉MicroPython我们要调用microbit库中的所有函数，from的意思是“从……地方”，import的意思是“导入”，*在这里的意思是“所有”。所以“from microbit import *”就是从microbit库中导入所有东西，以后使用microbit时都要记得导入这个库。

第二行的“display.scroll('HelloWorld!') ”的意思是滚动显示“HelloWorld!”这条信息，display也是一个类似于microbit的库，只是它被包含在了microbit里面，就像一个大盒子，大盒子里面有物品，也可能有小盒子，display就是一个小盒子。display.scroll的意思就是使用display这个库里面的scroll()函数，这个函数的作用是滚动显示()内的信息。

注意：在编程时所有符号都要切换成英文输入法再输入，否则会出现错误。

### 8.5.2 代码编译

单击右上角的文本，修改我们的程序名字为“HelloWorld”，然后单击左上角的下载按钮，将其保存到任意地方，得到HelloWorld.hex文件如图8-4所示。至此，你已经完成人生第一个程序的编写工作了。你现在要做的就是把程序烧录到micro:bit中。

图 8-4　在 m:Python 下编译并下载“HelloWorld”

### 8.5.3 存入U盘

用USB线连接上我们的micro:bit，打开“我的电脑”，会发现有一个名为“MICROBIT”的存储盘如图8-5所示。

图 8-5　链接 micro:bit 到电脑

单击鼠标右键，把刚刚保存的HelloWorld.hex这个文件发送到microbit这个存储盘里，如图8-6所示，我们会发现micro:bit板子USB接口边上那颗红色LED开始闪烁，说明正在烧录程序。文件烧录成功后，红光稳定，程序烧录成功。

图 8-6　通过 U 盘将程序烧录到 micro:bit 中

### 8.5.4 测试验证

烧录完成后，micro:bit的显示屏中滚动出现我们所输入的文本信息“HelloWorld！”如图8-7所示。

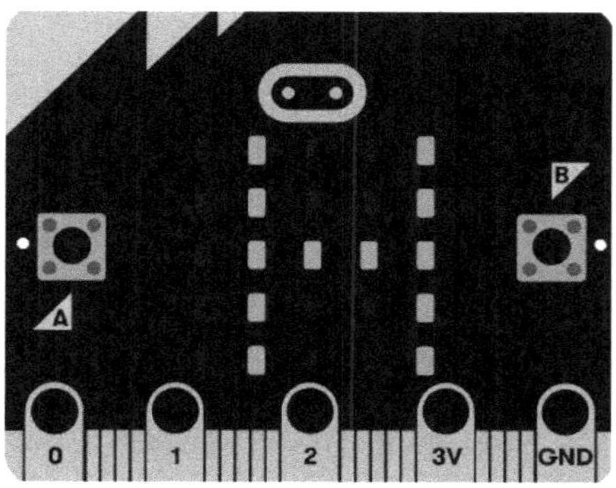

图 8-7　“HelloWorld！”程序的运行效果

### 8.5.5 import

在第一个程序中使用“from microbit import*”导入了microbit库中的所有东西，

除此之外还有没有其他方法能导入库呢?

答案是肯定。我们也可以直接使用“import microbit”，它与“from microbit import*”的区别从字面上就可以看出来，把一个库比作一个“盒子”，那么“import microbit”是把这整个“盒子”都拿到手了，而“from microbit import*”是把“盒子”里面的所有东西都取了出来。所以它们两个的用法会有一些不同，用“import microbit”的时候就需要打开这个“盒子”之后才能使用里面的函数，所以需要在前面加上那个库的名字，代码如下。

```
import microbit
microbit.display.scroll('HelloWorld')
```

我们如果想省去这个麻烦，但又不想使用库里的所有东西，那我们直接导入库中的其中一个函数就行了，如同从“盒子”里只取走需要的部分。从microbit库中导入display库的代码如下。

```
from microbit import display
display.scroll('HelloWorld')
```

总结一下：

（1）当我们想使用整个库里的所有东西时，可以使用“from库import*”，但是要注意，当我们使用这种方法包含了两个以上的库时，如果它们之间有重名的函数，在使用时就会混淆，发生错误。

（2）当只想使用库里的某样东西时，我们可以“from库import库 ，某函数名”，这样可以尽量规避因为函数重名而发生的错误，而且还能在使用时不用加入库的名字。

（3）当只想单纯地使用库时，直接“import库”就可以了，这样虽然使用时麻烦，但能避免因为函数重名而发生的错误。

### 8.5.6 图形化

如果你对于Python不是很熟悉或者是刚入门，可以从模块化编程入手。在m:Python中增加了图形化编辑模式（见图8-8），可以通过拖曳各个模块来编写程序，本书其他章节有大量图形化的案例介绍，在本节将不作具体介绍，可以访问steamaker.cn或访问MicroPython中文社区了解更多与MicroPython图形化有关的应用案例。

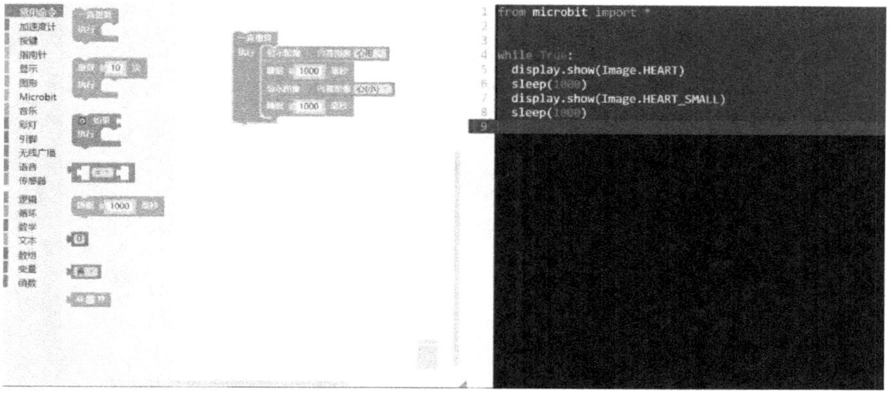


图 8-8　图形化与代码编辑无缝切换的 m:Python 开发环境

图形化编程对于刚入门以及制作小型程序的用户来说很有帮助，可以让我们不用记住那么多的函数、代码，但制作大型程序的话，很可能会导致逻辑不清，产生错误。

将模块组合起来后，右侧的代码区域就会自动生成相应代码，可以通过使用各个模块来记住相应的代码以及使用方式，在我们熟悉了代码之后，就可以在代码模式中自由地发挥了。

## 8.6 练一练

这一节，我们跟着4个案例一起入门micro:bit吧。从显示内置图像到显示DIY图像，再到显示心跳动态图案到轻松决策数字沙漏，案例循序渐进，你可以初步了解程序的基本结构。Python代码如此简单，动起手来，给micro:bit值入你的代码吧！

### 8.6.1 显示一颗红心

MicroPython中有着丰富的内置图像库，能让我们用简单的方法创建出复杂而有趣的图形，当然，我们也可以自己DIY，来创建出属于自己的图形。

我们现在来试一下调用MicroPython的内置图像库吧。首先，将microbit库导入。在第二行输入我们所要使用的display库中的show()函数，也就是显示图像函数，我现在输入Image.HEART，显示的是一个心形（内置图像在B.2.2节中有详细的记载，有兴趣的读者可以在里面挑选喜欢的图像来更换），具体代码如下。

```
from microbit import *
display.show(Image.HEART)
```

单击下载程序，将程序烧录进micro:bit中，我们可以看到显示屏上面出现了一颗红心。

**注意：不同对象拥有不同方法**

我们在写第一个程序时，使用了display.scroll()滚动显示函数，那我们可不可以滚动显示图像呢?

```
from microbit import *
display.scroll(Image.HEART)
```

结果是会报错，因为滚动显示函数不支持显示一个图像。

### 8.6.2 显示DIY图像

尽管MicroPython里有丰富的内置图像库，但仍然无法满足我们的想象力，我们可以创建自己想要的图像，在这里介绍两种创建图像的方法。

1. 第一种方法：设置整个LED点阵屏的亮度

老样子，导入microbit库。在第二行输入我们所要使用的display库中的show()函数,这两步与使用内置图像时相同。在show()函数的括号中输入Image()函数，在Image()函数中，我们可以设置每个LED的亮度，micro:bit的LED点阵屏上有5×5共25个LED，所以我们也要设置25个LED的亮度，例如：Image(‘99999:77777:55555:33333:11111’)，就是设置第一行LED的亮度为9，第二行LED的亮度为7，第三行LED的亮度为5，第四行LED的亮度为3，第五行LED的亮度为1，代码如下。

```
from microbit import *
display.show(Image('99999:77777:55555:33333:11111'))
```

我们设计完图形后，就可以下载、烧录程序，来看一下我们所设计的图形是怎么样的。

**扩展阅读**

Image()函数可以与乘法一起用，那么效果是怎样的呢？我们来试试看吧。

```
from microbit import *
display.show(Image('11111:11111:11111:11111:11111')*5)
```

我们可以看到，LED点阵屏上面显示的结果，可以等价于下面所示的程序，将里面的数字都乘以5。

```
from microbit import *
display.show(Image('55555:55555:55555:55555:55555'))
```

**扩展阅读**

既然Image函数可以与乘法连用，那么内置图像呢？它的亮度默认是9，我们来试试能不能将它改变吧！

```
from microbit import *
display.show(Image.HAPPY * (1/9))
```

2. 第二种方法：设置单个LED的亮度

导入microbit库。在第二行输入我们要使用的display库中的set_pixel()函数，这个函数可以设置特定的某个LED亮度为多少，在这个函数中，我们要输入3个参数，第一个是LED在哪一行，第二个是在哪一列，第三个是亮度为多少。( MicroPython中的LED编号是0~4，也就是说0是第一行，1是第二行，4是第五行，列也是如此．）例如：display.set_pixel(1,1,9)就是第二列第二行的LED亮度设置为9，代码如下：

```
from microbit import *
display.set_pixel(1,1,9)
```

这个方法比起上一个方法，优点在于它不会影响其他LED，因为它只改变特定的某一个LED的亮度。缺点在于如果要用它设计图形会比较麻烦，例如要设置第一行的亮度为9，它就需要使用5个这样的函数，如下所示。

```
from microbit import *
display.set_pixel(0,0,9)
display.set_pixel(1,0,9)
display.set_pixel(2,0,9)
display.set_pixel(3,0,9)
display.set_pixel(4,0,9)
```

### 8.6.3 显示心跳动态图案

我们来试一下使用MicroPython中的内置图像——心形和小心形来模拟心跳吧。

导入microbit库。输入我们要使用的显示图像函数并输入要显示的图像。

```
from microbit import *
display.show(Image.HEART)
display.show(Image.HEART_SMALL)
```

但由于microbit的运行速度非常快，我们很难看到心形变化到小心形的过程，所以要在这两个显示之间加入等待函数sleep()，来让我们得以看到它变化的过程。sleep()

里面的参数单位是毫秒，我现在设置的是1000毫秒，也就是1秒。

```
from microbit import *
display.show(Image.HEART)
sleep(1000)
display.show(Image.HEART_SMALL)
```

下载、烧录程序后，我们能看到LED点阵屏上面一开始显示的是心形，然后1秒后，显示屏上面的显示的图像就变成了小心形，这样就实现了micro:bit的一次心跳。

### 8.6.4 轻松决策

让我们来做一个终结纠结症的神器，让micro:bit来决策吧，将micro:bit板当成一个骰子或者一个随机选择器，让有选择恐惧症的人不用纠结到底选择哪个。

操作方法：按下micro:bit的按钮A随机选择午饭吃什么；按下micro:bit的按钮B可以当成骰子一样随机得到一个数字；摇晃micro:bit板，可以随机得到一个颜色。我们也可以自己添加任意元素、增加颜色数量等，或者也可以增加选项，如出行使用什么交通工具等。

程序思路：创建多个我们想要随机选择的列表，在里面放入各种元素。默认显示的是笑脸，当按钮A被按下时，在某个列表中随机选择一个元素；当按钮B被按下时，在某个列表中随机选择一个元素；当板子被摇晃时，在某个列表中随机选择一个元素。

代码如下。

```
from microbit import *
import random
dinner = "'rice','dumpling','noodle','bread','pizza','again......'"
#午饭吃什么
number = "'1','2','3','4','5','6'"
#数字选择
colour = "'red','blue','green','gold','yellow','white','black','pink','gray'"
#颜色选择
while True:
    display.show(Image.HAPPY)
    if button_a.is_pressed():
        #当按钮A被按下时
        display.clear()
        sleep(1000)
        display.scroll(random.choice(dinner))
    if button_b.is_pressed():
        #当按钮B被按下时
```

```
        display.clear()
        sleep(1000)
        display.scroll(random.choice(number))
    if accelerometer.was_gesture("shake"):
        #当摇晃micro:bit时
        display.clear()
        sleep(1000)
        display.scroll(random.choice(colour))
```

### 8.6.5 数字沙漏

冬日的周末午后，我点了些甜点，再加上一杯暖暖的蜂蜜柚子茶。很快，服务员送来一个牌号和餐具，还在桌面上放了一个计时沙漏，时间就这样溜走，想想都美。

可惜了，可惜了，我没闲暇享受这美好的下午茶，上段只是一段遐想，忙着准备书稿呢。咦，不如就用micro:bit做一个数字沙漏吧！

通过计时改变每一行亮起的LED数目，减少一边点亮的LED数目并使另一边的LED数目增加，从而达到沙漏的效果。

代码如下。

```
from microbit import *
t = 0
display.show(Image("99999:09990:00900:09990:99999"))
while True:
if accelerometer.is_gesture("up"):#当micro:bit向上的时候
        time = running_time()#记录初始时间
        while True:#通过时间变化改变屏幕显示
            t = t + (running_time() - time) / 1000
            if t >= 16:
                t = 16
            if t >= 16:
                display.show(Image("00000:00000:00900:09990:99999"))
            elif t >= 14:
                display.show(Image("00000:00900:00900:09090:99999"))
            elif t >= 12:
                display.show(Image("00000:00990:00900:09000:99999"))
            elif t >= 10:
                display.show(Image("00000:09990:00900:00000:99999"))
            elif t >= 8:
                display.show(Image("00900:09990:00900:00000:99099"))
            elif t >= 6:
                display.show(Image("00990:09990:00900:00000:99009"))
```

```
            elif t >= 4:
                display.show(Image("09990:09990:00900:00000:90009"))
            elif t >= 2:
                display.show(Image("09999:09990:00900:00000:90000"))
            else:
                display.show(Image("99999:09990:00900:00000:00000"))
            if accelerometer.is_gesture("down"):
                break
    if accelerometer.is_gesture("down"):#当micro:bit向下的时候
        time = running_time()#记录初始时间
        while True: #通过时间变化改变屏幕显示
            t = t - (running_time() - time) / 1000
            if t <= 0:
                t = 0
            if t <= 0:
                display.show(Image("99999:09990:00900:00000:00000"))
            elif t <= 2:
                display.show(Image("99999:09090:00900:00900:00000"))
            elif t <= 4:
                display.show(Image("99999:00090:00900:09900:00000"))
            elif t <= 6:
                display.show(Image("99999:00000:00900:09990:00000"))
            elif t <= 8:
                display.show(Image("99099:00000:00900:09990:00900"))
            elif t <= 10:
                display.show(Image("90099:00000:00900:09990:09900"))
            elif t <= 12:
                display.show(Image("90009:00000:00900:09990:09990"))
            elif t <= 14:
                display.show(Image("00009:00000:00900:09990:99990"))
            else:
                display.show(Image("00000:00000:00900:09990:99999"))
            if accelerometer.is_gesture("up"):
                break
```

## 8.7 玩一玩

试也试了，练也练了，那么接下来我们就要玩一玩了。

如何玩？难不成还能用micro:bit打游戏吗？没错，我们自己设计一款游戏来玩，不信？一起玩一玩就知道啦。

### 8.7.1 躲避游戏

游戏规则：操作micro:bit板上的按钮，让LED点阵屏最下方的红点走到缺口处，躲过一次次障碍，看看能走多远。

操作方法：micro:bit的LED点阵屏上有一个只有一个点没亮的红行从上到下下降，我们通过操作按钮A、按钮B改变点阵屏最下面一行的红点的位置，使它在红行下落到最下面前到达缺口处，否则点阵屏会显示哭脸并显示得分。红行下落的速度会逐渐加快。

程序思路：在0~4之间随机得到一个数字，这个数字就是缺口的位置，除了缺口以外的一行LED从上到下逐渐下落。控制底部的一个红点，按按钮A向左移，按按钮B向右移，按多少下，移动多少格。在LED行到底部时判断红点是否在缺口处，是的话则加一分，并且睡眠时间减少，否则显示得分并将得分清零。

我们也可以修改下落速度和速度的增加幅度，来挑战更高难度。

参考代码：

```
import random
from microbit import *
score = 0  #初始化得分
player = 0 #初始化玩家位置

while True:
  gap = random.randint(0, 4) #随机设定缺口位置
  for lie in range(5):        #逐列点亮
    for hang in range(5):     #逐行点亮
      if hang == gap:         #跳过点亮缺口的灯
        continue
      display.set_pixel(hang, lie, 9)#点亮除了缺口以外的灯
    if button_b.was_pressed():          #当按下按钮B时向右移
      player = player + button_b.get_presses()#按多少下，移多少格
      if player > 4:                    #设置最右距离为4
        player = 4
    if button_a.was_pressed():          #当按下按钮A时向左移
      player = player - button_a.get_presses()#按多少下，移多少格
      if player < 0:                    #设置最左距离为0
        player = 0
    display.set_pixel(player, 4, 9)  #点亮玩家位置
    if score > 20:                      #设置当得到20分时到达最大速度
      sleep(200)
    else:
      sleep((1000 - 40 * score))#设置速度(1000为最大间隔时间,40为速度的增幅)
```

```
    display.clear()
  if player != gap:                          #如果玩家没有到达缺口
    display.show(Image.SAD)              #显示伤心回来，等待3s
    sleep(3000)
    display.scroll((str(score))#显示得分并清零
    score = 0
  else:                                      #否则加1分
    score = score + 1
```

### 8.7.2 记忆游戏

游戏规则：根据记忆操作micro:bit板完成目标，看看自己能记得多少。

操作方法：一开始时micro:bit板会随机出现箭头，我们需要记下它出现的箭头的方向和顺序，然后转动micro:bit到相应的方向。第一轮只出现一个箭头，每成功完成一轮，下一轮会增加一个箭头数。若是中途失败了就会显示得分并重新开始。

程序思路：创建一个函数，在方向列表中随机抽取若干个方向组合成一个列表，并以箭头形式显示出来。将列表中的方向循环迭代，当micro:bit水平时开始准备记录方向，发生倾斜后记录，并判断是否与此时迭代的方向相同，如果相同则进行下一次循环迭代，直到将列表全部迭代完后加一分，否则显示得分并重新开始游戏。

我们可以通过修改每个箭头出现的间隔中的睡眠时间，来让箭头出现的时间缩短，挑战反应能力。

参考代码如下。

```
from microbit import *
import random
direction_list = "'N','E','S','W'"   #初始化方向总列表：北、东、南、西
score = 1 #初始化得分
def direction_rand():   #随机生成方向列表函数
    global directions   #使用全局变量directions
    for i in range(score):  #循环得分次数
        directions.append(random.choice(direction_list))
          #在方向总列表中随机选择一个方向添加给方向列表
          #生成一个随机的方向列表directions
    for direct in directions:#变量direct在方向列表中循环迭代
        if direct == 'N':    #如果这个方向为北，显示北箭头
            display.show(Image.ARROW_N)
        if direct == 'E':    #如果这个方向为东，显示东箭头
            display.show(Image.ARROW_E)
        if direct == 'S':    #如果这个方向为南，显示南箭头
```

```
            display.show(Image.ARROW_S)
        if direct == 'W':    #如果这个方向为西，显示西箭头
            display.show(Image.ARROW_W)
        sleep(500)
        display.clear() #等待500毫秒后清空，制造闪烁
        sleep(500)
def get_direction():     #得到方向函数
    global direction     #使用全局变量direction
    while True:
        if accelerometer.get_x() > 500 :
            direction = 'E'
            display.show(Image.ARROW_E)
        if accelerometer.get_x() < -500 :
            direction = 'W'
            display.show(Image.ARROW_W)
        if accelerometer.get_y() < -500 :
            direction = 'N'
            display.show(Image.ARROW_N)
        if accelerometer.get_y() > 500 :
            direction = 'S'
            display.show(Image.ARROW_S)
        if direction != None:
            return
        #当direction方向变量有值时结束函数
while True:
    directions = ""           #清空初始化directions列表
    direction_rand()     #随机生成一个directions列表
    for direct in directions:    #directions列表中有多少个方向就循环多少次
        direction = None     #初始化direction方向变量
        while True:
            if (-500 < accelerometer.get_x() < 500) and (-500 < accelerometer.get_y() < 500):
                #设定x轴和y轴方向在+-500之间时为水平
                get_direction() #得到一个方向值
                sleep(500)
                if direction == direct :
                #如果得到的方向和这次方向列表循环中对应的方向相同
                    display.show(Image.HAPPY)
                    sleep(500)
                    display.clear()
                    break    #跳出无限循环，进入for循环，让direct往后迭代一次
                else :
                #如果得到的方向和这次方向列表循环中对应的方向不同
                    display.show(Image.SAD)
```

```
                        sleep(3000)
                        display.scroll(str(score))
                        reset()
                   #显示得分并重新开始
    score += 1 #当一次for循环结束时加1分
sleep(1000)
```

**扩展阅读：图形化 VS. 代码编程**

同学们，对比图形化编程和本章学习的Python代码编程，同样是设计游戏，编程风格上有什么不同呢？你更喜欢哪种编程方式？如果有低年级的同学像你一样想学习编程，你会推荐他们学习哪种语言？

如果参加机器人大赛、完成复杂的操作，你会选用哪种语言？除了Python和Mixly，你还会其他的编程工具吗？

# 9 STEAM 教学案例

这一章，我们带着大家使用micro:bit做几个有趣的创意实验，这里面的很多实验都是以小学科学或者中学物理、生物课的内容为背景的，可以称得上是一种自制教具的形式。事实上，自制教具是一种非常传统也很好操作的STEM教育的载体，加上充满艺术气质micro:bit之后，STEAM中的文艺范儿（Art）就更足了。

## 9.1 瞬时速度

学习“瞬时速度”这个概念时，老师介绍说，世界100米短跑纪录保持者、世界顶尖短跑运动员博尔特跑完100米最快用了9.58秒，也就是说他在跑100米过程中的平均速度约是10.43m/s，而有人分析过他的瞬时最高速度可以达到16.5m/s。

可是怎样才能在终点测试瞬时速度呢?

不妨用micro:bit来实测一下吧。

速度的大小与时间、路程有这样的关系：

$$v=\frac{s}{t}$$

要测量瞬时速度，就需要让路程$s$尽可能小一些，当路程$s$非常小的时候，经过这个路程所需的时间也非常短，因此可以认为测得的速度便接近于瞬时速度。通过这种方式，我们就可以设计一个装置来测量跑过终点时的瞬时速度。

我们可以采用下面的研究路线：如果在终点设置距离很近的两条平行线，分别记录人触碰第一条线时候的时刻$t_0$和触碰第二条线的时刻$t_1$，则$t_1-t_0$就为进过两条线的时间$t$，将两条线的距离$l$除以$t$，则可以看作经过终点的瞬时速度，如图9-1所示。

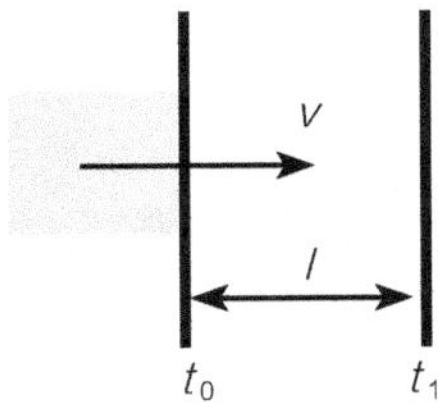


图 9-1　测量瞬时速度

在实测中，我们选择了实验室旁边的过道作为赛场，然后确定一处终点；在学校的创客空间中找到了一个电池盒、两个红色激光头、两个光线传感器和一个micro:bit，当然还有一些其他工具、材料。

先把两个激光头左右安装在过道的一侧墙面上，两个激光头都指向对面的墙面。给激光头通上电，对面墙面上就出现了两个红点，如图9-2所示。

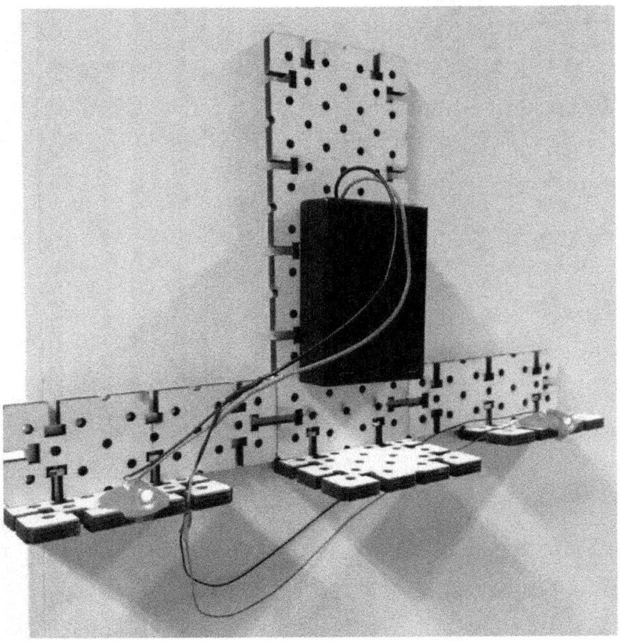

图 9-2　测试结构

在墙的对面水平地安装两个光线传感器，将这两个光线传感器的距离设置为192毫米，并调节对面激光头的位置，使得射出的两道激光平行且刚好照在对面的两个光线传感器上。将光线传感器与micro:bit连接起来，可以参考如图9-3所示的电路连接示意图。

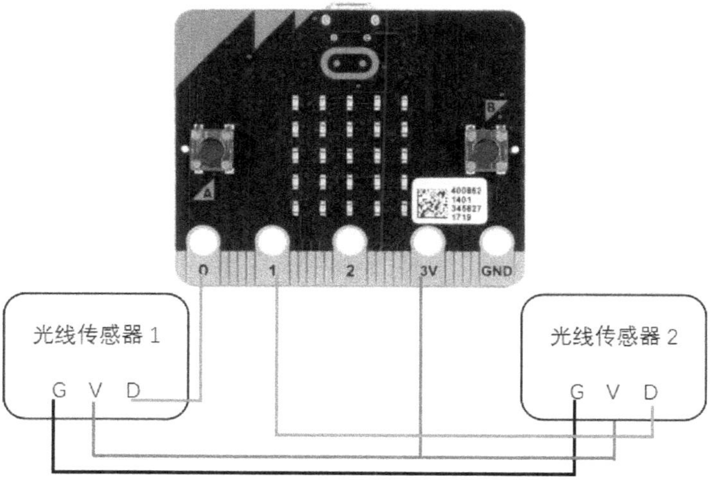


图 9-3　电路连接示意图

使用micro:bit编写一个简单的程序。

```
from microbit import *
while True:
        msg="%d%t%d" %(pin0.read_analog(),pin1.read_analog())
        print(msg)
```

该程序用来输出pin0和pin1得到的值。经过测试发现，当激光束没有被遮挡时，输出的值会在900以上；而一旦激光束被遮挡，输出的值就会低于300。

而且micro:bit中的running_time()函数可以返回启动后的毫秒数，因此程序的思路是：

（1）不断地检测pin0口的数值，直到pin0口的数值低于700则执行下一步；

（2）通过running_time()函数记录第一个时间$t_0$；

（3）不断地检测pin1口的数值，直到pin1口的数值低于700则执行下一步；

（4）通过running_time()函数记录第一个时间$t_1$；

（5）两个光线传感器的距离/已知，通过$t_1-t_0$以及/计算出速度并显示在LED点阵屏上。

具体代码如下。

```
from microbit import *
```

```
while pin0.read_analog()>=700:
    display.show(Image.ARROW_W)
t0=running_time()
while pin1.read_analog()>=700 and running_time()-t0<=1000000:
    pass
t1=running_time()
dt=t1-t0
if dt!=0:
    v=192/dt
else:
    v=0
inf="%fm/s" %v
display.scroll(inf,loop=True,delay=80)
print(inf)
```

将程序上传到micro:bit中，可以看到如图9-4所示的效果，表示micro:bit已经准备就绪，当有人从这两条激光束中穿过时，便可以得到其瞬时速度。

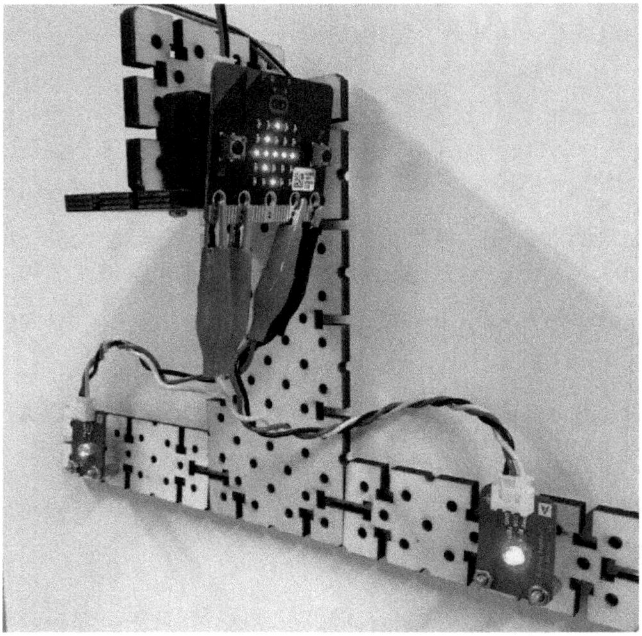

图 9-4　搭好的测试场地

搭好运动测试场，快喊上小伙伴一起来玩耍吧，看看谁的瞬时速度最快。

## 9.2 听到超声波

三年级的小比特，6岁生日那天，和妈妈一起到海洋馆看海豚表演时，发现海豚在表演跃出水面前他都会隐约听到哨声。科普书上说，人能听到的声音频率范围在20~20000Hz，低于20Hz的声波称为次声波，高于20000Hz的声波称为超声波，次声波和超声波人通常是无法听到的。不同的人能听到的声音的最高频率并不相同，而且越年轻的人可以听到越高频率的声音。这样就可以解释为什么同样的哨声，小比特可以听到而他妈妈却不能。

小比特还是希望能够实证一下科普书上的说法，毕竟“纸上得来终觉浅，绝知此事要躬行”嘛。

没错，又该 micro:bit 出场了。micro:bit 自带了两个按钮以及一个5×5的LED点阵屏，配合电池与蜂鸣器便可以制作一个小巧的听觉频率调查工具（见图9-5），除了可以确定被调查者的听觉频率外，还可以自动记录被调查者年龄、性别等数据。

图 9-5　搭载了扩展功能的 micro:bit

参与测试的小伙伴通过A、按钮B输入年龄与性别，并根据是否听到声音选择按按钮A或按钮B利用对分查找的思想确定能听到的最高频率，然后用文件系统记录下数据。如果一切顺利，小比特将可以得到很多不同年龄、不同性别被测试者的听觉频率数据，再把这些数据导出，便可以加以分析了。

其程序思想可以用图9-6表示。

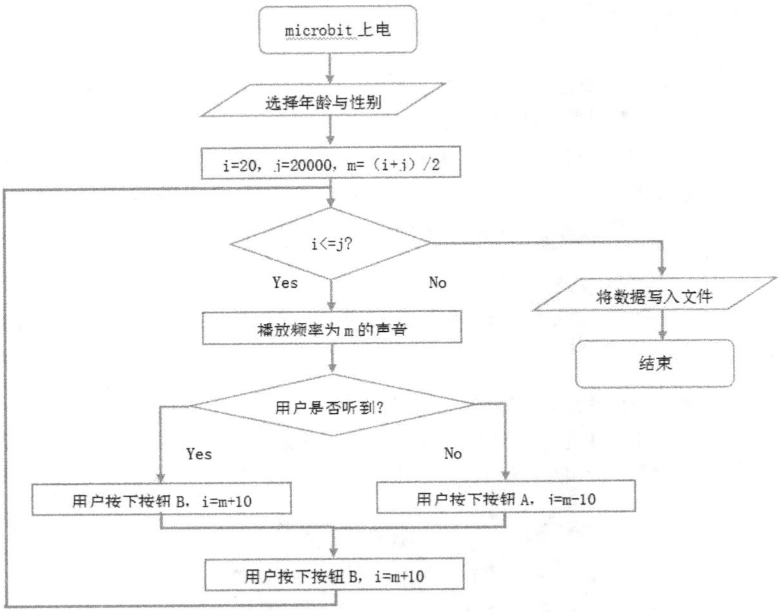


图 9-6　测试流程图

具体Python代码如下。

```
from microbit import *
import music
age=15
sex="m"
if button_a.is_pressed() and button_b.is_pressed():
    with open('data.txt','wt') as dt:          #如果上电时检测到A、按钮B被同时按下
        dt.write("age\tsex\tfreq\r\n")             #则初始化记录文件
while not button_b.was_pressed():               #等待按钮B被按下以确认输入年龄
    display.scroll("%d" %age,delay=50)
    if button_a.was_pressed():                         #当A按下一次，年龄增加5岁
        age=age+5
        if age>100:                                        #超过100岁则回到5岁
            age=5
while not button_b.was_pressed():               #等待B以确认性别
    display.scroll(sex,delay=50)
    if button_a.was_pressed():                         #按下按钮A切换性别
        if sex=="m":
            sex="f"
        else:
```

```
            sex="m"
i=20
j=20000                                  #因为范围较大，因此考虑使用对分法查找
m=int((i+j)/2)
music.pitch(m,500)
while i<=j:
    if button_a.was_pressed():       #如果听不到，则按下按钮A
        j=m-10
        m=int((i+j)/2)
        music.pitch(m,500)
    if button_b.was_pressed():       #如果听到，则按下按钮B
        i=m+10
        m=int((i+j)/2)
        music.pitch(m,500)                 #不停地测试，直到找到临界频率
with open('data.txt','rt') as dt:
    rec=dt.read()                                  #将记录文件内容读入rec
rec="%s%d\t%s\t%d\r\n" %(rec,age,sex,m)       #拼接本次测试结果
with open('data.txt','wt') as dt:
    print(rec)
    dt.write(rec)                                   #回写记录
display.scroll("fre:%dHZ" %m,loop=True)
```

为了确保调查可以顺利进行，可以多准备几块micro:bit，安装好电池和蜂鸣器，刷写好程序后，分给同学和长辈，先来一次小规模测试。

micro:bit将每次测试的数据都保存在一个data.txt文件中，若要将该文件取出，可以把micro:bit通过USB线连接至电脑，打开mu，在软件中单击，然后将左边的文件拖到右边，如图9-7所示。

图 9-7　拖曳并保存文件

文件即被复制到mu_code文件夹下，如图9-8所示。

图 9-8　文件被保存到 mu_code 文件夹

## 扩展阅读：Mac下的操作方法

首先，在Mac中安装MicroFS。

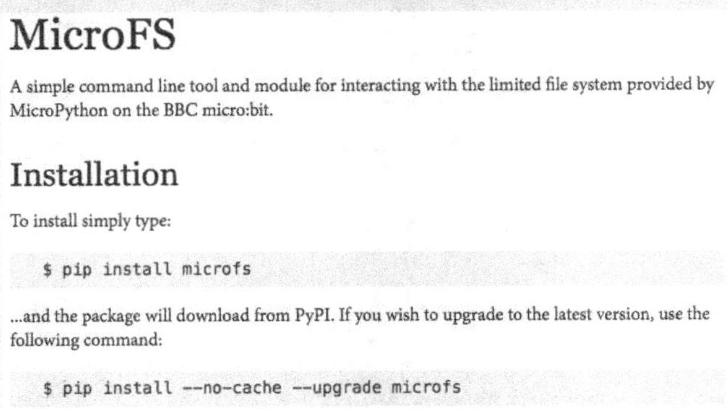

# MicroFS

A simple command line tool and module for interacting with the limited file system provided by MicroPython on the BBC micro:bit.

## Installation

To install simply type:

```
$ pip install microfs
```

...and the package will download from PyPI. If you wish to upgrade to the latest version, use the following command:

```
$ pip install --no-cache --upgrade microfs
```

连接micro:bit后，通过get方式获取文件。

$ ufs get ‘data.txt’

文件被保存到了用户根目录下。

如果micro:bit在运行过程中提示“file not found”，则需要先在电脑上新建一个空白的data.txt文件，然后通过mu或者“ufs put ‘data.txt’”命令放到micro:bit中。

获取文件后，有很多种方法能进行数据分析，使用Excel就是其中最简单的一种方法。因为数据文件中已经写入了制表符“\t”，因此可以较为方便地把数据复制到Excel表格中，然后再通过各年龄段取平均值，最后可以用折线图的方式呈现结果，如图9-9所示。

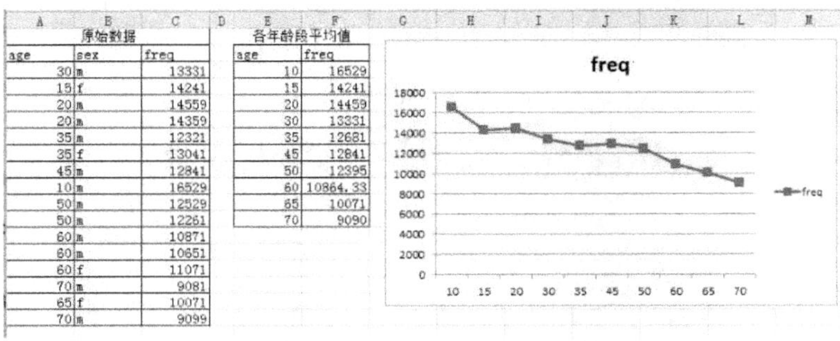

原始数据

| age | sex | freq |
|---|---|---|
| 30 | m | 13331 |
| 15 | f | 14241 |
| 20 | m | 14559 |
| 20 | m | 14359 |
| 35 | m | 12321 |
| 35 | f | 13041 |
| 45 | m | 12841 |
| 10 | m | 16529 |
| 50 | m | 12529 |
| 50 | m | 12261 |
| 60 | m | 10871 |
| 60 | m | 10651 |
| 60 | f | 11071 |
| 70 | m | 9081 |
| 65 | f | 10071 |
| 70 | m | 9099 |

各年龄段平均值

| age | freq |
|---|---|
| 10 | 16529 |
| 15 | 14241 |
| 20 | 14459 |
| 30 | 13331 |
| 35 | 12681 |
| 45 | 12841 |
| 50 | 12395 |
| 60 | 10864.33 |
| 65 | 10071 |
| 70 | 9090 |



图9-9 听觉与年龄数据统计

通过图9-9可以发现，小范围的测试数据支持科普书上的说法，总体而言，人的听觉极限频率会随着年龄的增长而降低。

当然，上述数据仅仅是小规模测试得到的，为了获得更多的数据样本，小比特希望大家也一起参与测试，你也不妨拿起身边的micro:bit试试吧。

## 9.3 失重与超重

失重与超重是高中物理学科的一对核心概念。当质量为m的物体静止放在水平面上时，将受到两个力的作用：竖直向下的重力（$G=mg$）以及竖直向上的支持力（$F$）。这两个力大小相等、方向相反。如图9-10（A）所示，静止或匀速直线运动中的电梯中质量为m的人受到电梯地板的支持力$F$就等于所受重力，此时人感觉是正常重力状态；而在图9-10（B）中，电梯和人一起作加速向下运动，根据牛顿第二定律：加速度$a=(mg-F)/m$（取竖直向下为正方向），因为$a>0$，因此$F<G$，于是人感觉到了失重。

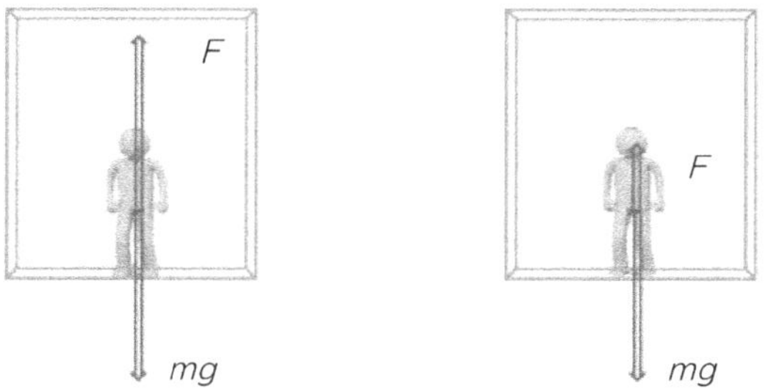


（A）$F=mg$　　（B）$F<mg$

图 9-10　超重与失重原理

我们假设有一个大力士把人和电梯斜抛着扔出去，那么人和电梯的组合物脱手后到落地的过程中，电梯中的人将是什么感受呢？我们不妨利用micro:bit来进行探究。

micro:bit板载飞思卡尔MMA8653FC三轴加速度传感器，我们可以在micro:bit中写入以下Python代码，并利用串口打印进行测试。

```
from microbit import *
while True:
      x=accelerometer.get_x()
      y=accelerometer.get_y()
      z=accelerometer.get_z()
      print("x=%f,y=%f,z=%f" %(x,y,z))
      sleep(10)
```

以上代码不停地获取加速度计x、y、z轴的值，并用格式化字符串的形式在串口上打印出来。我们可以看到，当micro:bit正面向上平放时，输出的三轴上的加速度值如图9-11所示。

```
x=-16.000000,y=-16.000000,z=-992.000007
x=-16.000000,y=-16.000000,z=-992.000007
x=-16.000000,y=-16.000000,z=-992.000007
x=-16.000000,y=-32.000000,z=-1008.000016
x=-16.000000,y=-32.000000,z=-1008.000016
x=-16.000000,y=-32.000000,z=-1008.000016
x=-32.000000,y=-32.000000,z=-992.000007
x=-32.000000,y=-32.000000,z=-992.000007
x=-16.000000,y=-32.000000,z=-992.000007
x=-16.000000,y=-32.000000,z=-992.000007
x=-16.000000,y=-32.000000,z=-992.000007
x=-16.000000,y=-16.000000,z=-992.000007
```

图 9-11　平放时的加速度值

而把micro:bit竖放时，三轴上的加速度值如图9-12所示。

```
x=16.000000,y=1024.000048,z=32.000000
x=16.000000,y=1024.000048,z=32.000000
x=0.000000,y=1024.000048,z=16.000000
x=0.000000,y=1024.000048,z=16.000000
x=0.000000,y=1024.000048,z=16.000000
x=16.000000,y=1024.000048,z=16.000000
x=16.000000,y=1024.000048,z=16.000000
x=16.000000,y=1024.000048,z=16.000000
x=16.000000,y=1024.000048,z=16.000000
x=16.000000,y=1024.000048,z=16.000000
x=16.000000,y=1024.000048,z=16.000000
x=16.000000,y=1024.000048,z=32.000000
```

图 9-12　竖放时的加速度值

不难发现，加速度传感器获取的值并非直接表示物体本身速度的变化方向，而是还包含了重力加速度值。而且x、y、z三轴值分别表示重力加速度值在图9-13所示3个轴向上的分量。

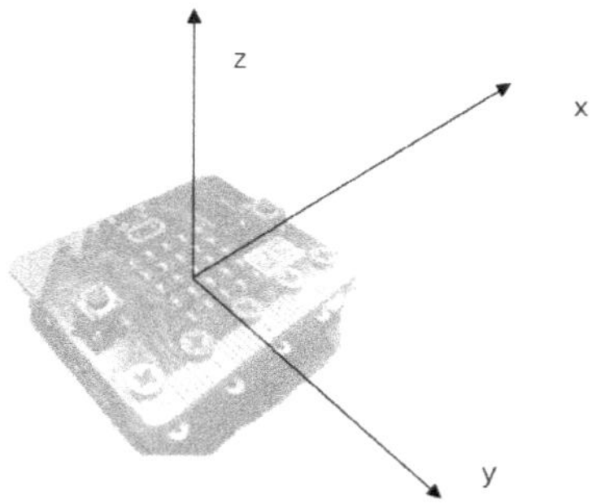


图 9-13 加速度的 $x$、$y$、$z$ 分量

当micro:bit正面向上平放时，重力完全作用在$z$轴上，此时$z$轴的读数非常接近重力加速度$g$。但是当micro:bit的姿态非平放也非竖直放置时，3轴的读数实际上表示重力分别在3轴上的分量。而为了得到处于各种姿态的micro:bit所受的重力值，需要对重力在micro:bit加速度传感器3个轴向上的分量进行矢量合成并取模。因为3个轴向的加速度矢量两两正交，因此，我们可以用如下公式计算检测到的重力加速度$g$：

$$g=\sqrt{x^2+y^2+z^2}$$

因此我们可以将上述Python代码改写如下。

```
from microbit import *
import math
while True:
      x=accelerometer.get_x()
      y=accelerometer.get_y()
      z=accelerometer.get_z()
      g=math.sqrt(x**2+y**2+z**2)
    print("%f" %(g))
```

程序更新后，无论micro:bit处于何种静止的姿态，输出值都接近于重力加速度$g$，如图9-14所示。

而当我们在垂直方向晃动micro:bit时，通过串口绘图软件，我们可以得到如图9-15所示的曲线。

曲线记录了micro:bit不断失重、超重的状态。

现在，我们有一个大胆的想法：把micro:bit扔出去，并记录这个过程中检测到的加速度值。micro:bit将要飞行的轨迹大约是图9-16所示的样子

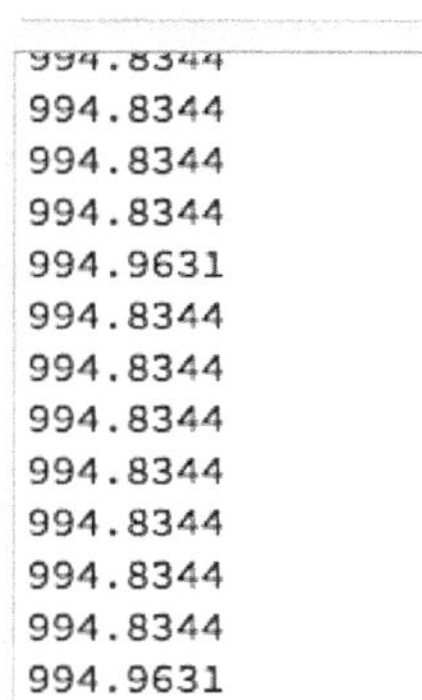
994.8344
994.8344
994.8344
994.9631
994.8344
994.8344
994.8344
994.8344
994.8344
994.8344
994.8344
994.9631

图 9-14 合成加速度的值

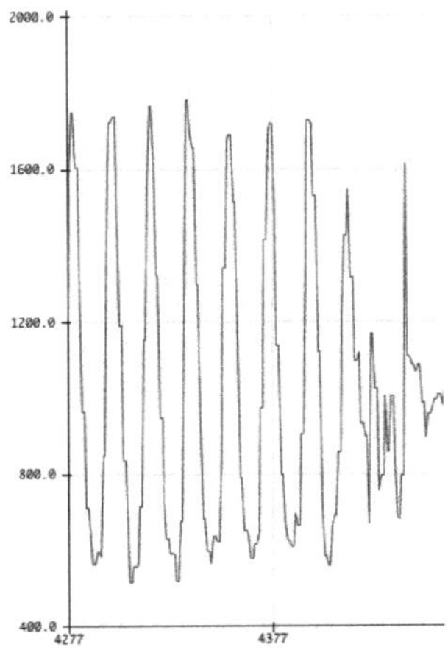


图 9-15　晃动中的加速度变化

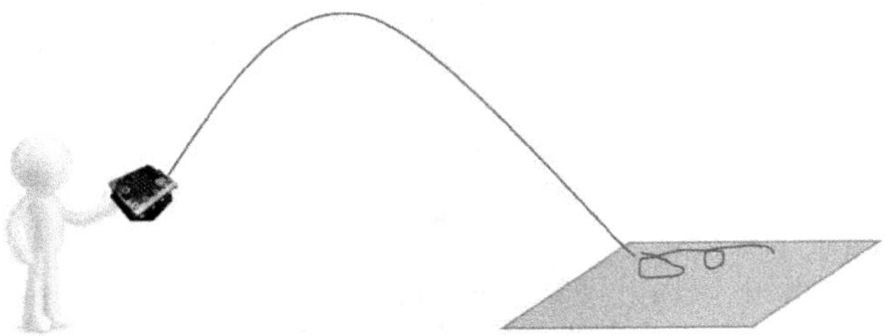

图 9-16　抛出 micro:bit

为此，我们需要一段完整的Python代码让micro:bit去执行。

```
from microbit import *
import math                                  #需要数学库以使用sqrt函数
import os                                    #涉及文件操作的库
display.scroll("ready",delay=50)             #显示"ready"
while not button_a.is_pressed():             #等待按钮A被按下同时不停
      display.scroll(“go”,delay=50)          #显示"go"
while button_a.is_pressed():                 #等待按钮A被释放
      pass
ts=running_time()                            #记录当前运行时间作为起始点
t=ts
s='t\ta\r\n'                                 #生成标题行
for i in range(180):                         #进行有限次的循环
      t=running_time()                       #因为Micro: bit资源有限
      x=accelerometer.get_x()                #因此需要控制循环次数
      y=accelerometer.get_y()                #180次的循环经过测试大约需要1.7秒
      z=accelerometer.get_z()
      g=math.sqrt(x**2+y**2+z**2)            #从传感器得到加速度值
      s=s+"%d\t%0.2f\r\n" %((t-ts),g)        #把时间与加速度值保存到字符串变量中
      print("%d\t%0.2f" %((t-ts),g))
with open('data.txt','wt') as dt:
      dt.write(s)                            #把字符串写入data.txt文件
display.scroll("done",loop=True)             #循环显示"done", 提示完成
```

micro:bit上电后，会在LED点阵屏中显示一次“ready”，然后一直重复显示

"go"，这时候按住按钮A并准备将它丢出（当然你得为micro:bit准备一个较为柔软的着陆点，比如沙发或者床），脱手之后按钮A自然就被松开了。一旦按钮A被松开，micro:bit会记录当前的running_time作为起始时刻，之后便是有限次的循环计算时间以及加速度值，最后，把这些值写进一个名为"data.txt"的文件中。

用上一节介绍的方法，同样可以从micro:bit中得到数据文件data.txt。利用Excel对数据稍加整理，便可以得到图9-17。

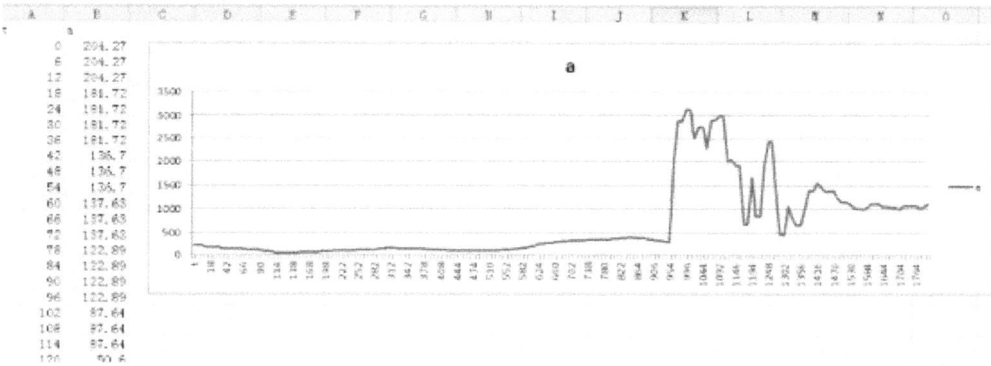

图 9-17 抛出 micro:bit 过程中的加速度变化

图9-17中横坐标表示扔出后经过的时间（单位为毫秒ms），纵坐标表示检测到的加速度值（单位为毫秒每二次方秒$mm/s^2$）。通过对图表的观察，我们将micro:bit的经历分为3个过程。

过程1：从0开始到大约950毫秒，此过程为空中飞行过程，无论是斜向上过程还是斜向下过程，micro:bit检测到的加速度值都很小。

过程2：大约954毫秒时，加速度值突然增大，直到1580毫秒之前都非常不稳定，此过程应该是micro:bit落地后翻滚造成的。

过程3：大约1580毫秒后，加速度值稳定在1000左右，此时micro:bit已经停止了翻滚。

通过对记录下来数据的分析，我们可以想象出从被抛出去到落地前，电梯中的人都会有失重的感觉。

事实上，宇航员上天前，需要在地面上进行失重训练。其中有一种模拟失重训练就是在一架拆除了所有座椅的飞机中进行的。飞机到达一定高度后，首先加速，然后关闭发动机并呈抛物线状进行滑翔，在整个滑翔过程中，机舱内的人便处于失重的状态，可以任意漂浮。

## 9.4 单摆周期

单摆是一种理想的物理模型，它由理想化的摆球和摆线组成。摆线为质量不计、不可伸缩的细线；摆球密度较大，而且球的半径比摆线的长度小得多，这样才可以将摆球看作质点，由摆线和摆球构成单摆。在满足偏角小于10° 的条件下，单摆的周期非常接近于：

$$T=2\pi\sqrt{\frac{l}{g}}$$

也就是说，设计一个单摆，测量单摆摆动时的周期$T$（或者频率$f$）与摆臂长度$l$就可以反向计算出重力加速度$g$的值。在牛顿时代，测量重力加速度往往会用到单摆。

为了测量单摆的摆动周期，传统的方式是连续对多次摆动进行计时，再求平均值以尽可能地消除误差。但是在实际操作过程中，单摆的摆幅会随着摆动次数增加而越来越小，更小的摆幅意味着更难精确地测量摆动次数。

在单摆摆动过程中，摆球在各个高度的受力情况均不相同。因此，是否可以通过测量摆球受到合加速度的变化来较为精确地获得单摆周期呢?

为了精确地获得单摆周期，并验证单摆周期公式，我们可以设计图9-18所示的实验装置。

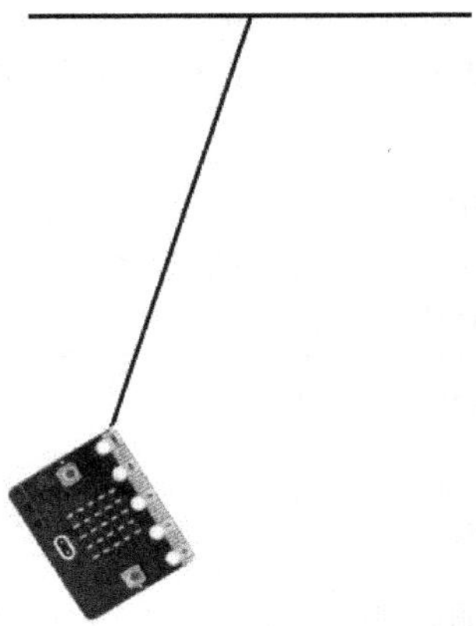

图 9-18　单摆周期测试装置

在这个探究实验中，micro:bit内置的加速度传感器并不直接用于读取重力加速度的值，而是检测micro:bit的摆动状态，因为在摆动过程中，读取到的值会发生周期性的变化。

因为采集的数据量比较大，micro:bit的内存会不够用，因此需要通过蓝牙实时地把数据传输出来，用另一个micro:bit接收。

数据采集端的micro:bit代码如下。

```
from microbit import *
import radio
import math
radio.on()
radio.config(length=32,queue=3,channel=3,power=1,data_rate=radio.RATE_1MBIT)
display.show("o")
while True:
    t=running_time()
    if t % 20<=5:                                   #20毫秒采集一次
        x=accelerometer.get_x()
        y=accelerometer.get_y()
        z=accelerometer.get_z()
        g=math.sqrt(x**2+y**2+z**2)
        radio.send("%d %s\r\n" %(t,g))     #把当前运行时间、读到的值一起发送
        sleep(5)                                    #确保每20毫秒内只采集一次
```

数据接收端micro:bit的代码如下。

```
from microbit import *
import radio
radio.on()
radio.config(length=32,queue=3,channel=3,power=1,data_rate=radio.RATE_1MBIT)
a=0
b=0
c=0
while True:
    receiver=radio.receive()
    if receiver!=None:
        uart.write("%s\r" %receiver)
```

数据接收端的micro:bit通过蓝牙接收到数据，再通过串口把数据发送给电脑。因此还需要用Python编写一段电脑端串口读取数据并将数据记录到文件的代码。

```
import serial
import threading
import time
s=""
def Serial_init():
    global ser
ser=serial.Serial('/dev/cu.usbmodem1422',115200,timeout=None)
```

```
#该处可以修改成自己电脑上连接的micro:bit的串口
    ser.close()
    ser.open()
    ser.flushInput()
    ser.xonxoff
    while ser.inWaiting()>0:
        ser.readline()
def serial_read():
    global ser
    s="%s" %(ser.readline())
    s=s.strip("b")
    s=s.strip("\\n")
    s=s.strip("\\r")
    ls=s.split()                        #运行时间数据与加速度数据分离
    return ls
Serial_init()
file_object = open('simple_pandulum_data.txt', 'w')#以写的方式打开txt文件
time.sleep(1)
for i in range(500):                          #总共采集500次
    print(i)
    t=serial_read()"0"
    d=serial_read()"1"
    s.append("%s %s\r\n" %(t,d))
file_object.writelines(s)                     #一次性写入数据
file_object.close()
ser.close()
```

连接数据接收端的micro:bit，并让充当单摆摆球的micro:bit以不超过10°的角度作平面单摆运动，然后运行上述Python程序，可以在与程序所在的同一文件夹中得到一个simple_pandulum_data.txt文件，如图9-19所示。

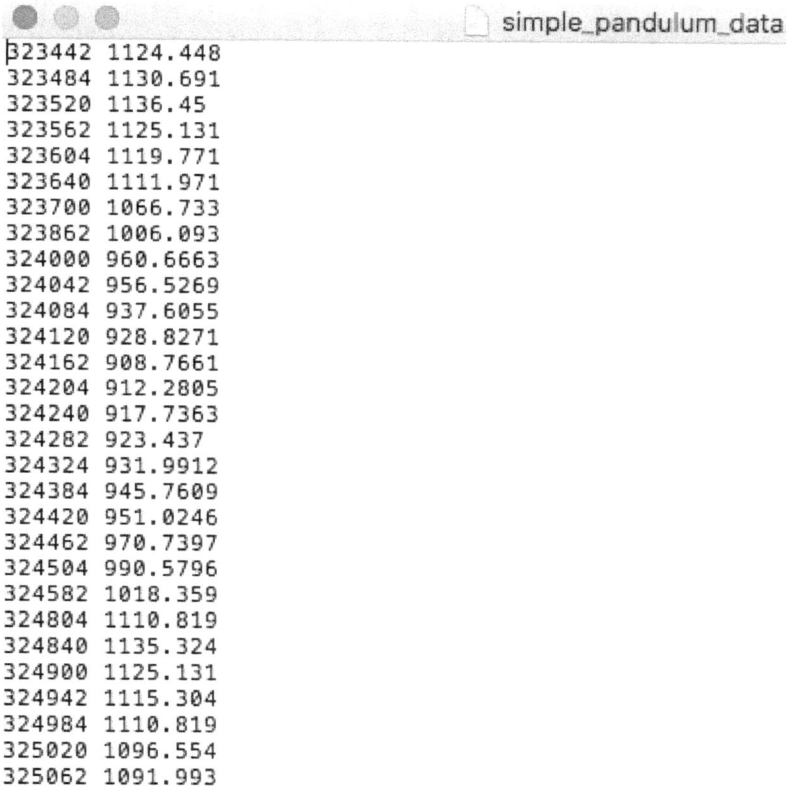

simple_pandulum_data:

```
323442 1124.448
323484 1130.691
323520 1136.45
323562 1125.131
323604 1119.771
323640 1111.971
323700 1066.733
323862 1006.093
324000 960.6663
324042 956.5269
324084 937.6055
324120 928.8271
324162 908.7661
324204 912.2805
324240 917.7363
324282 923.437
324324 931.9912
324384 945.7609
324420 951.0246
324462 970.7397
324504 990.5796
324582 1018.359
324804 1110.819
324840 1135.324
324900 1125.131
324942 1115.304
324984 1110.819
325020 1096.554
325062 1091.993
```

图 9-19　摆动过程中采集到的数据

前面几个案例的数据分析相对较为简单，因此复制到Excel就可以方便、快速地进行数据分析，而在这个案例中，我们会用一种更有意思的数据分析方法。

傅里叶变换广泛地应用在信号系统中，其基本思想是任何一个函数都可以用傅里叶级数表示。更通俗的理解是：可以通过傅里叶变换把一个由若干个不同振幅、不同频率、不同相位三角函数的叠加函数分离出组成该函数的三角函数，并得到它们的振幅和频率（频域）。

在这个案例中，micro:bit和电池的组合体充当了摆球，因此首先需要用重锤法确定micro:bit的重心，然后在测量摆线长度时需要考虑摆线到micro:bit重心的距离。

在下面的Python代码中，先把simple_pandulum_data.txt的值读出来，并转换为nparray，再对这些数据进行傅里叶变换，并将原始图形与傅里叶变换后得到的频域绘制出来。频域图像中波峰处的频率值便是单摆的摆动频率，最后根据摆动频率和摆线长度便可以算出重力加速度g。值得注意的是，记录下的数据中的运行时间，现在有了用武之地，用最后一条记录的时间减去第一条记录的时间，便可以得到整个采样时间。

```
import matplotlib.pyplot as plt
import numpy as np
import math
def show(ori_func, ft, sampling_period = 5):
    n = len(ori_func)
    interval = sampling_period / n
    # 绘制原始函数
    plt.subplot(2, 1, 1)
    plt.plot(np.arange(0, sampling_period, interval), ori_func, 'black')
    plt.xlabel('Time'), plt.ylabel('Amplitude')
    # 绘制变换后的函数
    plt.subplot(2,1,2)
    frequency = np.arange(n / 2) / (n * interval)
    nfft = abs(ft"range(int(n / 2))" / n )
    nfft"0"=0.0 #去除频率为0的分量
    plt.plot(frequency, nfft, 'red')
    plt.xlabel('Freq (Hz)'), plt.ylabel('Amp. Spectrum')
    plt.show()
    max_fre=0
    max_ind=0
    for i in range(nfft.size):
        if nfft"i">=max_fre:
            max_fre=nfft"i"
            max_ind=i
    print("峰值频率=%f" %(frequency"max_ind"/2))#单摆频率是波形频率的2倍
    print("g=%f" %(((2*math.pi*(frequency"max_ind"/2))**2)*1.83))#摆线长
data_file=open('simple_pandulum_data.txt','r')
dl=data_file.readlines()
data_file.close()
ly="
for i in range(len(dl)):
    d=dl"i".strip('\r')
    d=d.strip('\n')
    d=d.split()
    ly.append(float(d"1"))
    if i==0:
        ts=int(d"0")
    if i==(len(dl)-1):
        te=int(d"0")
duration=te-ts
```

```
print("样本采样时间:%fS" %(duration/1000))
ny=np.array(ly)
nyf=np.fft.fft(ny)
show(ny,nyf,duration/1000)
```

程序运行结果如图 9-20 所示。

样本采样时间:21.720000S

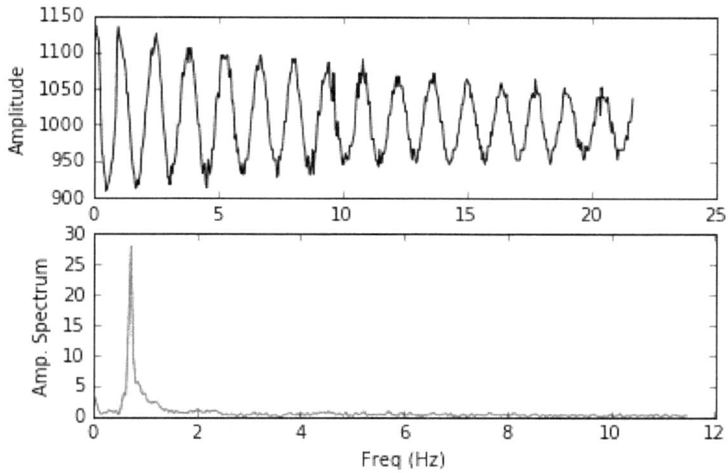


峰值频率=0.368324
g=9.801017

图 9-20 传感器数据与傅里叶变换后的频域图

图 9-20 上方的波形描述了 micro:bit 在作平面单摆运动时加速度传感器获取到的值的变化，下方是经过傅里叶变换后得到的频域图。在该图中可以看到有一个位置的波峰特别尖锐，该峰值的频率为 0.368324Hz，即单摆的运动频率。通过单摆周期的近似公式，可以求得重力加速度 g 值为 9.801017m/s$^2$，非常符合实际情况。

当然，作为一个科学探究活动，上述实验可以多次重复进行，你不妨也试试吧！

# 附录A 10个跨学科STEAM教学案例

| 1. 棒球计数器 | |
|---|---|
| 案例图示 | 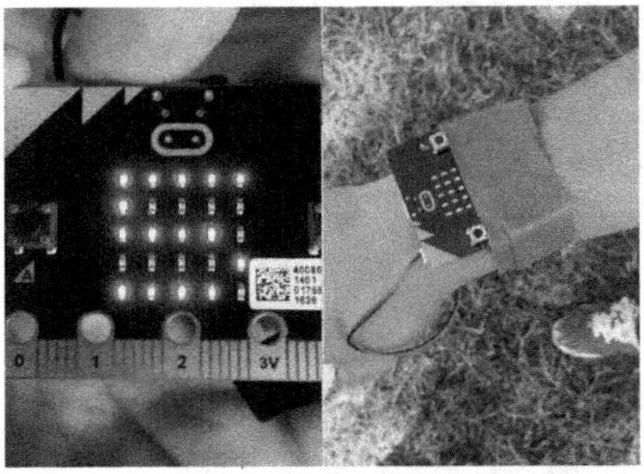 |
| 案例简介 | 在棒球运动中，为了保护球手手臂，需要记录球手的投球数量，这项工作通常是由教练或球手完成的。但这种人工计数的工作，不仅麻烦，而且容易记错。因此，我们使用micro:bit制作了一个棒球计数器模型。当球手抛球时，加速度传感器测量是否做出抛球的动作，并记录球手完成抛球的次数，显示在micro:bit主控板上。 |
| 2. 用micro:bit和3D打印机做一个莫尔斯电码发报机 | |
| 案例图示 | 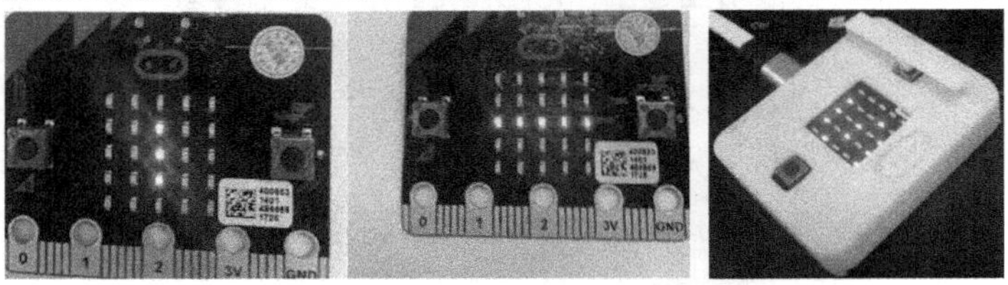 |

续表

| | |
|---|---|
| 案例简介 | 莫尔斯电码通过点、划以及中间的停顿来发送各种信息，在早期的电报通信中有着举足轻重的地位。由于它所占的带宽最少，又具一种技术及艺术的特性，在实际生活中有广泛的应用。比如通过三短、三长、三短发出SOS求救信号，比如在电影《星际穿越》中男主角cooper通过钟表的滴答进行信息传递等。<br>现在，我们使用micro:bit和3D打印机做一个莫尔斯电码发报机，发送我们想要传达的信息。220ms内的按键计为短信号·（点），220~440ms的按键计为长信号-（划）。点信号在屏幕上显示为竖线，划信号显示为横线。<br>如果等待时间大于440ms还没有输入信号，则认为当前输入已经完成。在连续输入一些信息后，按A键显示所有已经输入的字母和数字。 |
| **3. 自行车架照明灯** | |
| 案例图示 |  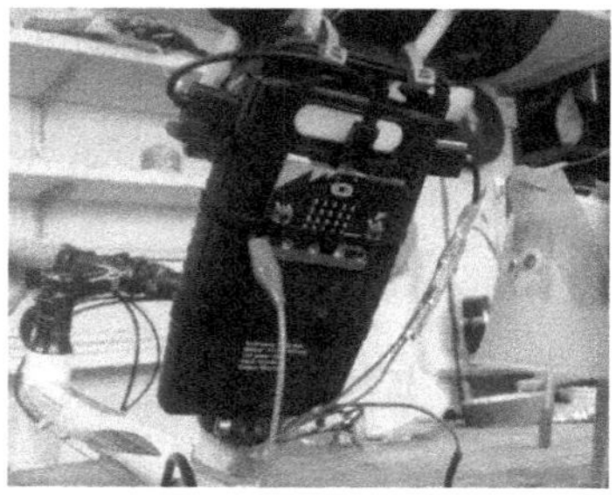 |
| 案例简介 | 对于经常会在夜间骑行的人来说，如果能够在自行车上增加个性化的灯光照明装置，会不会更酷呢？我们可以使用micro:bit和NeoPixel（LED灯带）制作一个自行车架照明装置，为夜晚骑自行车提供自定义照明。将NeoPixel固定在车架上，按下按钮A，NeoPixe按照设定好的灯光亮起来；按下按钮B，NeoPixe熄灭。 |
| **4. 触摸式音源** | |
| 案例图示 | 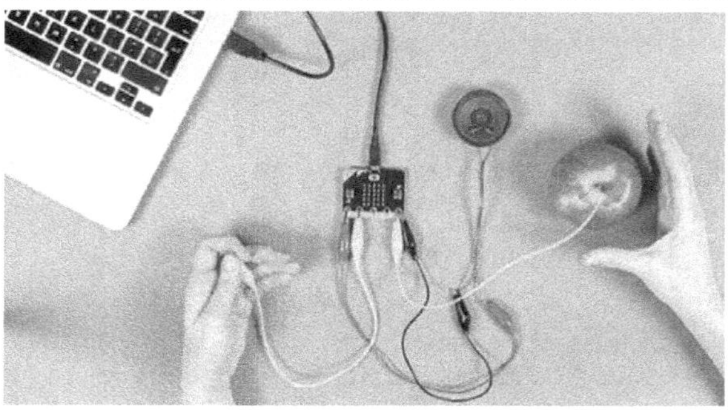 |

续表

| | |
|---|---|
| 案例简介 | “水果键盘”貌似是最有趣又相对简单的创意项目了，孩子们总会乐此不疲地尝试，用各种各样的水果模拟键盘来完成各式各样的操作。现在，我们使用micro:bit以及蜂鸣器、鳄鱼夹、苹果来制作一个触摸式音源。每次触摸香喷喷的苹果时，micro:bit都会弹奏出一个不一样的美妙音符。 |
| 5. 远程自拍 | |
| 案例图示 |  |
| 案例简介 | “自拍”，毫无疑问已经成为一种大众流行现象。人们往往手握手机或用自拍杆来控制手机自拍，有时候并不能拍出我们想要的效果。有没有比较高科技的自拍呢？比如远程自拍，将手机放在任何一个想要拍照的地方，当发出拍摄命令时，手机便可以自动拍下我们的美好瞬间，想想都觉得很酷！<br>用micro:bit能够实现高科技的远程自拍，而且是通过编程的形式来实现。首先在手机上下载安装由三星开发的micro:bit应用程序，并通过蓝牙将手机与micro:bit进行配对。当代码编写完成并下载到micro:bit之后，将手机放在任何你想要拍照的地方，手握micro:bit，按下A按钮即可实现远程拍照。当然，你还可以添加一些比较贴心的设计，比如按下A按钮后，屏幕显示倒计时，并在倒计时之后展示一个笑脸，以提醒你保持微笑等。 |
| 6. 用micro:bit做一个手机音乐遥控器 | |
| 案例图示 |  |

续表

| | |
|---|---|
| 案例简介 | 用遥控器来控制小车、风扇甚至航模早已不是新鲜事，那么能否制作一个手机音乐遥控器，让我们播放音乐和切换歌曲更加炫酷一些呢？答案是肯定的。<br>使用micro:bit制作一个手机音乐遥控器，首先要将micro:bit与手机进行蓝牙连接，然后通过在线编程网页将程序编好刷进micro:bit里（或者直接在手机上打开网页编程界面，程序编写完成之后通过蓝牙刷进micro:bit里），按A按钮切换下一曲，按B按钮播放上一曲，同时按下A+B按钮起到播放或暂停的作用。 |
| **7. 用 micro:bit 做一个可以用的指南针** | |
| 案例图示 | 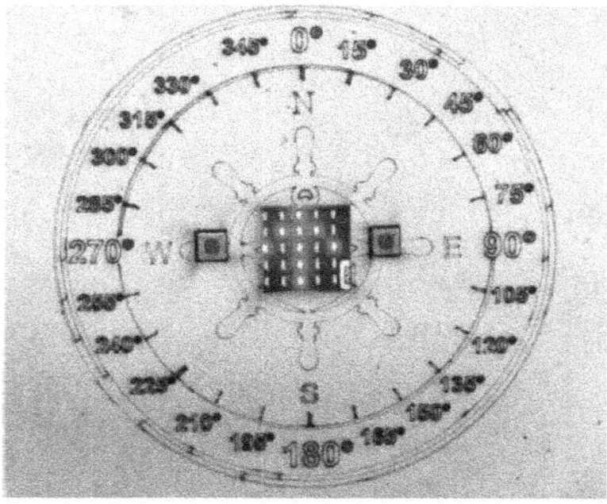 |
| 案例简介 | 使用指南针辨别方向这个事情本身并不新奇，但如果我们使用自己亲手制作的指南针帮自己或别人辨别方向，那可就是件值得骄傲和兴奋的事了！<br>我们可以使用micro:bit做一个指南针。micro:bit内部有一个磁力计，我们可以通过读取这个磁力计的读数来判断方位。按下A按钮，将当前的方位以箭头的方式显示在屏幕上。如果加上一个激光切割的底盘，这个指南针就更酷了。 |
| **8. 石头 · 剪刀 · 布** | |
| 案例图示 | 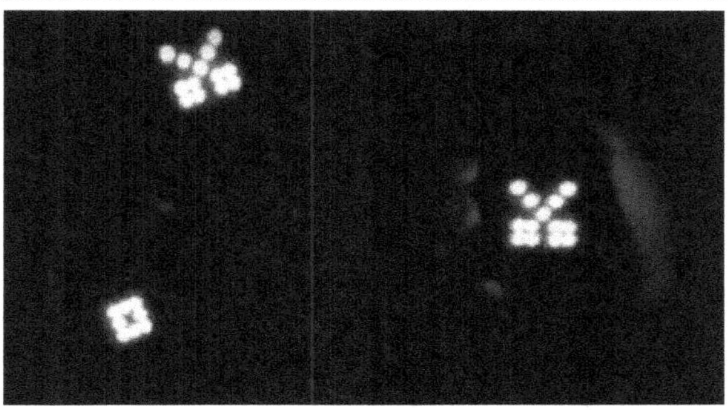 |

续表

| | |
|---|---|
| 案例简介 | “石头·剪刀·布”通常是两个玩家玩的游戏，但当两个以上的玩家一起玩时，它就变成了一个团队游戏。所有的玩家都在同一时间输出信息（石头、剪刀和布），然后石头、剪刀、布的数量被记录下来，数量最多的一方的玩家赢得比赛。<br>其实，我们可以使用micro:bit制作一个“石头·剪刀·布”的游戏模型，每个玩家手持一块micro:bit，摇晃一下，随机产生一个状态（石头、剪刀或布），并通过广播将自己的状态发送给其他玩家，每个玩家都将接收到的状态与自己的状态进行对比，若相同，则记录下来。最后将与自己相同状态的数量显示在LED屏上，数量最多的便是最后的赢家。 |
| 9.投票系统 | |
| 案例图示 |  |
| 案例简介 | 你还在为选班长、选团委、选三好学生时统计票数而发愁吗？你还在为不停地在黑板上写“正”字、数笔画而忙碌吗？赶快用micro:bit制作的投票系统进行投票吧！按下按钮，结果便会自动显示出来。<br>每按下A按钮，支持X的记录一次；每按下B按钮，支持Y的记录一次；当投票活动结束时，同时按下A、B按钮，如果支持X的数量大于支持Y的数量，则在LED点阵屏上显示X胜；如果支持X的数量小于支持Y的数量，则在LED点阵屏上显示Y胜；否则LED点阵屏显示平局。 |
| 10.穿越太空 | |
| 案例图示 | 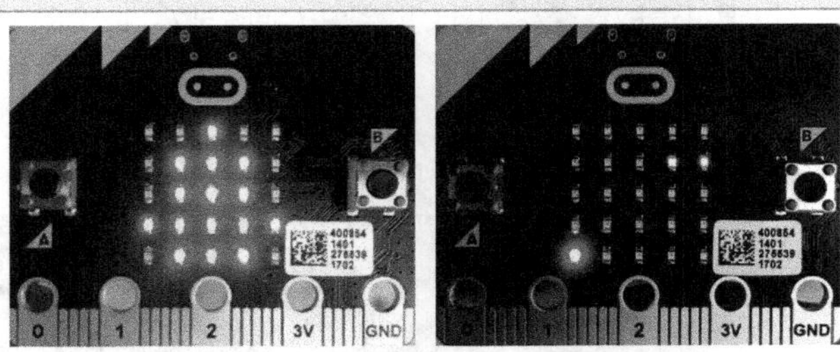 |
| 案例简介 | 很多人都喜欢看或喜欢玩惊险又刺激的飞船游戏，那为什么不自己创作一个这样的游戏，供自己或他人玩呢？相信你会获得满满的成就感。<br>这是一款使用micro:bit创作的飞船游戏：2333年，人类为寻找新能源，开启了大航天时代。宇航员zka独身前往M78星云探索永恒的能源，但不小心误入陨石海。操作者要用A、B按钮控制飞船去躲避从天而降的陨石。 |

# 附录 B　Python 语言基础

这里简单地介绍一些我们在今后学习、使用中将会接触到的Python语言基础知识，以便在之后的学习过程中能有初步的印象。你也可以到网络上搜索相关的学习资源。

## B.1　基本语法

### B.1.1 关键字

在定义标识符时不能使用以下这些关键字，因为它们都已经被系统占用了。

False、None、True、and、as、assert、break、class、continue、def、del、elif、else、except、finally、for、from、global、if、import、in、is、lambda、nonlocal、not、or、pass、raise、return、try、while、with、yield

### B.1.2 符号

算术运算符号

| | | |
|---|---|---|
| + | 加 | 两者相加 |
| - | 减 | 得到负数或者一个数减去另一个数 |
| * | 乘 | 两个数相乘或者返回一个重复若干次的字符串 |
| / | 除 | 一个数除以另一个数 |
| % | 取模 | 一个数除以另一个数，取余数。5%2=1 |
| // | 取余 | 一个数除以另一个数，取整数。5//2=2 |
| ** | 幂 | 一个数的几次方。5**2=25 |

比较判断符号

| | | |
|---|---|---|
| == | 等于 | 比较两者是否相等 |
| != | 不等于 | 比较两者是否不相等 |
| > | 大于 | 比较前者是否大于后者 |
| < | 小于 | 比较前者是否小于后者 |

续表

| | | |
|---|---|---|
| >= | 大于等于 | 比较前者是否大于等于后者 |
| <= | 小于等于 | 比较前者是否小于等于后者 |
| 赋值运算符号 | | |
| = | 赋值 | 将右边的结果赋值给左边 |
| += | 加法赋值 | a+=b等效于 a=a+b |
| – = | 减法赋值 | a– =b等效于 a=a–b |
| *= | 乘法赋值 | a*=b等效于 a=a*b |
| /= | 除法赋值 | a/=b等效于 a=a/b |
| %= | 取模赋值 | a%=b等效于a=a%b |
| //= | 取余赋值 | a//b等效于a=a//b |
| **= | 幂赋值 | a**=b等效于a=a**b |
| 逻辑运算符号 | | |
| and | 与 | 当左右的判断都为真时，返回真，否则返回假 |
| Or | 或 | 当左右的判断中有一个为真时，返回真，否则返回假 |
| not | 非 | 当后面的判断为真时，返回假，反之返回真 |
| 注释符号：（注释里的所有东西电脑都会忽略掉，我们可以在我们的代码里使用注释充当提醒和备忘） | | |
| # | 单行注释 | #后面的语句都视作注释 |
| ''' ''' | 单引号 | ''' ''' 单引号里面的都视作注释 |
| """ """ | 双引号 | """ """ 双引号里面的都视作注释 |
| **B.1.3 数据类型** | | |
| 在编程时有一种东西可以当成任何东西用，那就是变量。变量是什么，取决于我们给它赋的值是什么，它可以是一个数字，可以是一个字符串，也可以是一个数组列表。<br>Python中的变量不需要声明，每个变量在使用前都必须赋值，变量赋值以后该变量才会被创建。在Python中，变量就是变量，它没有类型，我们所说的“类型”是变量所指的内存中对象的类型。例如： | | |
| a = 1 | #a 就是整型变量 | |
| b=1.1 | #b 就是浮点型变量 | |
| c= “micro” | #c 就是字符串 | |
| Python3 中有6个标准的数据类型：Number（数字）、String（字符串）、List（列表）、Tuple（元组）、Sets（集合）、Dictionary（字典） | | |

续表

| B.1.4 库文件 |
| --- |
| Python中含有丰富的库文件和函数，就像一个武器库，我们可以在里面直接挑选要使用的武器，就不需要自己再制作了。而函数就是武器，我们可以轻松调用它们来减少我们的工作量。<br>在这里简单介绍几个我们将会用到的库，具体的使用方法在实例中会表现出来。<br>math数学库能让我们很方便使用各种数学函数，例如开平方、取绝对值。<br>random随机数库能让我们调用其中的随机数函数，例如在1和10之间随机取整数。<br>microbit库是我们使用micro:bit时必须要使用的库，在这个库中能调用micro:bit上的所有功能函数。<br>radio无线库能让我们通过无线电传输数据。<br>neopixel彩灯库能让我们使月neopixel彩灯。<br>music音乐库能够让micro:bit发出声音。<br>其中，micro:bit库含有丰富的函数和小库，我们可以在官方网站中查询。 |

# B.2　MicroPython 常用的库

## B.2.1　函数

| | |
| --- | --- |
| accelerometer.get_x() | 返回加速度计的x轴数据 |
| accelerometer.get_y() | 返回加速度计的y轴数据 |
| accelerometer.get_z() | 返回加速度计的z轴数据 |
| accelerometer.was_gesture ( “shake” ) | 之前是否处于某个姿势 |
| accelerometer.is_gesture( “shake” ) | 现在是否处于某个姿势 |
| accelerometer.get_gestures() | 返回当前的姿势 |
| accelerometer.current_gesture() | 当前的手势 |
| button_a.is_pressed() | 按钮A（或按钮B）是否已经按下 |
| button_a.was_pressed() | 按钮A（或按钮B）是否曾经按下 |
| button_a.get_presses() | 返回按钮A（或按钮B）按下的次数并清零 |
| compass.calibrate() | 校正指南针 |
| compass.is_calibrated() | 指南针是否已经校正 |
| compass.heading() | 指南针方向（度数为0° ~360° ，正北方为0° ） |
| compass.get_field_strength() | 指南针磁场强度 |
| display.get_pixel(X,Y) | 获取第X列第Y行位置的亮度 |

续表

| | |
|---|---|
| display.set_pixel(X,Y,Z) | 设置第X列第Y行LED的亮度到Z |
| display.clear() | 清除显示内容 |
| display.show() | 显示图像（可以与内置图像结合） |
| display.scroll() | 滚动显示图像（不能与内置图像结合） |
| display.on() | 打开屏幕 |
| display.off() | 关闭屏幕 |
| display.is_on() | 显示屏幕是否已经打开 |
| reset() | 复位micro:bit |
| sleep(1000) | 睡眠等待 |
| running_time() | micro:bit的运行时间 |
| temperature() | micro:bit的温度 |
| music.play(music.DADADADUM,wait=True,loop=False) | 开始播放音乐（音乐名，是否等待，是否循环） |
| music.pitch(440,1000) | 播放音调（音调号，等待毫秒数） |
| music.reset() | 重置音乐设置 |
| music.stop() | 停止播放音乐 |
| music.set_tempo(4,120) | 设置节拍（每个节拍的滴答数，每分钟节拍数） |
| music.get_tempo() | 获取当前节拍 |
| neopixel.NeoPixel(pin0,1) | 引脚pin0控制，彩灯数为1 |
| neopixel.NeoPixel(pin0,1).show() | 显示neopixel彩灯 |
| neopixel.NeoPixel(pin0,1).clear() | 清除neopixel彩灯 |
| pin0.read_analog() | 读取引脚0时模拟电压 |
| pin0.write_analog(0) | 设置模拟量0到引脚0 |
| pin0.read_digital() | 读取引脚0的数字输入 |
| pin0.write_digital(0) | 设置数字输出0到引脚0 |
| radio.on() | 打开蓝牙 |
| radio.off() | 关闭蓝牙 |
| radio.config(length=32,queue=3,channel=7,power=0,data_rate=radio.RATE_1MBIT) | 配置蓝牙信息长度为32，最大队列数量为3，通道为7，功率为0，数据速率为1Mbit/s |
| radio.reset() | 重置蓝牙 |
| radio.send() | 发送信息 |
| radio.receive() | 接收信息 |

### B.2.2 内置图像

| | | | |
|---|---|---|---|
| Image.HEART | 心形 | Image.ASLEEP | 睡着 |
| Image.HEART_SMALL | 小心形 | Image.SURPRISED | 惊讶 |
| Image.HAPPY | 开心 | Image.SILLY | 愚蠢 |
| Image.SMILE | 笑脸 | Image.FABULOUS | 极妙 |
| Image.SAD | 伤心 | Image.MEH | 无聊 |
| Image.CONFUSED | 困惑 | Image.YES | 是 |
| Image.ANGRY | 生气 | Image.NO | 否 |
| Image.CLOCK1-12 | 时钟1~12点 | Image.ARROW_NE | 箭头东北 |
| Image.ARROW_N | 箭头北 | Image.ARROW_SE | 箭头西南 |
| Image.ARROW_E | 箭头东 | Image.ARROW_SW | 箭头西南 |
| Image.ARROW_S | 箭头南 | Image.ARROW_NW | 箭头西北 |
| Image.ARROW_W | 箭头西 | Image.TRIANGLE_LEFT | 左三角形 |
| Image.TRIANGLE | 三角形 | Image.DIAMOND | 菱形 |
| Image.CHESSBOARD | 棋盘 | Image.SQUARE | 方形 |
| Image.DIAMOND_SMALL | 小菱形 | Image.RABBIT | 兔子 |
| Image.SQUARE_SMALL | 小方形 | Image.MUSIC_CROTCHET | 四分音符 |
| Image.COW | 牛 | Image.MUSIC_QUAVERS | 颤音 |
| Image.MUSIC_QUAVER | 八分音符 | Image.XMAS | 圣诞树 |
| Image.PITCHFORK | 叉子 | Image.TARGET | 目标 |
| Image.PACMAN | 吃豆人 | Image.ROLLERSKATE | 轮滑 |
| Image.TSHIRTT | 恤衫 | Image.HOUSE | 房子 |
| Image.DUCK | 鸭子 | Image.BUTTERFLY | 蝴蝶 |
| Image.TORTOISE | 乌龟 | Image.GHOST | 幽灵 |
| Image.STICKFIGURE | 线条画 | Image.GIRAFFE | 长颈鹿 |
| Image.SWORD | 宝剑 | Image.UMBRELLA | 伞 |
| Image.SKULL | 头 | Image(“00000:00000:00000:00000: 00000”) | DIY自己想要的图像，在5×5的LED点阵屏设置每个LED的亮度 |
| Image.SNAKE | 蛇 | | |

### B.2.3 姿势

| | | | |
|---|---|---|---|
| up | 上 | down | 下 |
| left | 左 | right | 右 |
| faceup | 朝上 | facedown | 朝下 |
| freefall | 自由下落 | 3g | 3倍重力加速度 |
| 6g | 6倍重力加速度 | 8g | 8倍重力加速度 |
| shake | 摇晃 | | |

### B.2.4 音乐

| | |
|---|---|
| music.DADADADUM | music.ENTERTAINER |
| music.PRELUDE | music.ODE |
| music.NYAN | music.RINGTONE |
| music.FUNK | music.BLUES |
| music.BIRTHDAY | music.WEDDING |
| music.FUNERAL | music.PUNCHLINE |
| music.PYTHON | music.BADDY |
| music.CHASE | music.BA_DING |
| music.WAWAWAWAA | music.JUMP_UP |
| music.JUMP_DOWN | music.POWER_UP |
| music.POWER_DOWN | |

## B.3 Python数学内置函数

| | | |
|---|---|---|
| abs() | 绝对值 | abs(-5)==5 |
| divmod() | 取整除和余数 | divmod(6,4) ==(1,2) |
| pow() | x的y次方 | pow(2,5)==32 |
| sum() | 求和 | sum( “1,2,3” )==6 |
| bin() | 转换二进制 | bin(5)==0b101 |
| range() | 范围 | range(1,10,2)== “1,3,5,7,9” |
| int() | 取整数 | int(6.5)==2 |
| float() | 转换为浮点数 | float(2)==6.0 |

www.ingramcontent.com/pod-product-compliance
Lightning Source LLC
LaVergne TN
LVHW050846051026
849532LV00006BA/2130
* 9 7 8 7 1 1 5 4 9 0 6 4 3 *